THOMAS

ELEGY IN A COUNTRY CHURCHYARD

LATIN TRANSLATIONS
1762-2001

THOMAS GRAY

ELEGY IN A COUNTRY CHURCHYARD

LATIN TRANSLATIONS
1762-2001

Edited by

Donald Gibson
Peter Wilkinson
Stephen Freeth

THE HOLDEN PRESS

2008

Published in 2008 by
The Holden Press
76 Nightingale Road
Petts Wood
Orpington
BR5 1BQ

ISBN 978 0 9558942 0 6

Printed by Hobbs the Printers Ltd., Totton, Hampshire.

CONTENTS

FOREWORD

This volume is concerned with the pleasure as well as the toil of erudition. It combines a tribute to a famous and great English poem with a powerful reminder of the original usefulness and traditional strength of Latin as the pre-eminent language of scholarship. It has been assembled in respectful appreciation of the dedicated labours of the numerous scholars who have set themselves the task of translating Gray's *Elegy* into that language.

Donald Gibson, himself an archivist and private scholar, became fascinated with the number of Latin translations he was discovering in the British Library. It is possible, although only much longer and wider research would confirm it, that no other English poem of this length and complexity has been rendered into Latin so frequently, something which has to do with its undiminished emotional power.

He transcribed versions from a variety of small booklets and pamphlets long hidden in libraries and collections, and prepared them – along with an excellent translation of his own – for students of Latin in our time. But does one need a special erudition to examine and enjoy them?

I would say not. Students of Classics at university level, and even those with a reasonable knowledge of Latin at G.C.S.E or Advanced Level ought, with a little patience and perseverance, to be able to do it and compare these scholars' attempts at a very interesting and challenging task. An understanding and appreciation of Gray's *Elegy* itself (the poet himself was a classical scholar) will be a prerequisite; but then I assume that no one able to read with pleasure a little Latin literature in the original will have found that a very difficult undertaking.

Alan Brownjohn

May 2002 [1]

---

[1] This foreword was written in the final weeks of Donald Gibson's illness. At that time we hoped that it would be possible to publish the book in his lifetime – at least as a collection of the translations he had discovered at that date.

PREFACE

Gray's *Elegy in a Country Churchyard* contains many of the most familiar phrases in the English language. Of the one hundred and twenty-eight lines of the *Elegy*, sixty-four are quoted in *Bartlett's Familiar Quotations*, and seventy-three in the *Penguin Dictionary of Quotations*. Nor is the poem's popularity confined to English-speaking countries. First published in 1751, by 1839 translations existed in French, German, Italian, Spanish and Portuguese; by 1946 in Danish, Dutch, Greek, Hebrew, Hungarian, Icelandic and Japanese. Clearly, independent of possible felicity of expression in a variety of languages, the poem must appeal by virtue of congenial sentiment. In Dr Johnson's phrase, 'the *Churchyard* abounds with images which find a mirror in every mind, and with sentiments to which every bosom returns an echo.'

For nearly two centuries the Latin versions, nearly all published in England, fitted easily into the general culture of most readers. When the *Elegy* was first printed, Latin still retained something of its medieval status as the ordinary language of scholarship. Even for social purposes, Dr Johnson conversed in Latin when he visited Paris in 1775. As late as 1822 Colton suggests that his own Latin version would convey to a foreigner something of the *Elegy*'s merits. Even in 1901, Sheringham, Archdeacon of Gloucester, hoped – optimistically – that sales of his translation would contribute to the restoration of Tewkesbury Abbey.

The translations too may owe much to the tradition of Latin verse translation which existed in public schools throughout the nineteenth century. Quiller-Couch was advised by a sixth-form master circa 1880, 'you may give up Latin verse for this term if you will, but I warn you no one can be a real scholar who does not constantly practise verse.' And there is a direct reference to the *Elegy* in Kipling's *Stalky and Co.*: 'I have seen M'Turk being hounded up the stairs to elegise the Elegy in a Churchyard.' In adult life such former schoolboys might re-elegise the *Elegy* as a means of, for a few hours, turning back the clock of time to the morning of life and enjoying, as I have done, the creative pleasure of decking our long familiar sentiments in long familiar antique dress.

As for the quality of such dress, poetry is notoriously 'what gets lost in translation'. But in rare cases what gets lost may be replaced by something comparable or even better, as with the English Authorised Version of the Bible. The translations here offered therefore can be considered as independent literary achievements, hardly more derivative than Gray's own *Elegy* which is 'studded with literary reminiscences and paraphrases'.[2] Gray's images of course quite properly recur in the translations, such as the 'weary ploughman' and 'mute inglorious' poets; but

---

[2] A.L. Lytton Sells, *Thomas Gray, His Life and Works* (London, 1980).

expression of such images admits of considerable variety. Gray's first line, 'The curfew tolls the knell of parting day', is of only eight words. The twenty-three translations here offered contain a total of sixty-nine words between them.[3] To find familiar sentiments echoed in diverse versions, and in the hallowed tongue of antiquity, reawakens the delight of a first reading of Gray's *Elegy*.

Donald Gibson

March 2002

---

[3] After Donald Gibson wrote this preface, we were able to add a further 22 versions. We are confident that they will still show the same width of vocabulary. (Eds.)

IN MEMORIAM

VIRI DOCTISSIMI

COMITIS HILARIS

DONALDI CAROLI GIBSONI

HVNC LIBELLVM

PROPTER MORTEM EIVS INTERMISSVM

AMICI LAETE COMPLEVERE

INTRODUCTION

> 'Every reader of taste being able to repeat the greatest part of
> the inimitable performance might peruse the translation with the
> pleasure we naturally feel on beholding the just resemblance of a
> beloved friend.'
>
> *Monthly Review*, 1786, p. 233 [reviewing John Wright's *Elegia*]

But what drove them to attempt their translations? Most of all it must have been a personal response to a poem whose language, rhythm and resonances stirred them – and which seemed to echo the phrases of Virgil, Horace, Ovid and Lucretius. Gray's language,[4] thought and feeling were shaped by the world of Rome and Greece. Although he may have composed the most English of elegies, yet it remains profoundly classical: pastoral, Stoic and – despite the churchyard setting and the dutiful Epitaph – non-Christian. A world of manly virtues (no place for women in the Forefathers' narrow cells) – a world where death is final and not a gateway to Heaven. It is hardly surprising that a significant number of the *Elegy*'s readers have felt the need to return it to an imaginary Latin original.

The poem they chose to translate has a number of variations. The text used in most modern editions consists of 29 stanzas making up the Elegy proper, followed by the three stanzas of the Epitaph. Three other stanzas, rejected by Gray, have appeared in some editions and have been rendered by some translators. These are included (numbered 3A, 25A, 29A) in the English text below, which precedes the translations. The last, the 'Redbreast' stanza, was praised by Byron: 'As fine a stanza as any in his elegy' ('Logbook', 27 February 1821). Two translators, Anonymous 'G' (no. 12) and Hickie (no. 19), included after stanza 15 two apocryphal verses, which attempted to provide female counterparts for Hampden, Milton and Cromwell. These had been composed by Thomas Edwards (d. 1757), a poet and literary editor and author of *The Canons of Criticism*, and had been published in the *Gentleman's Magazine*, vol. 52, p. 120 (1782), with the justification:

> The late Mr Edwards, … who … was more attentive to the fair sex than
> the Pindaric Mr Gray, endeavoured to supply what he thought a defect.

The text of these stanzas is given in a footnote to no. 12.

Even before the first translations of the *Elegy*, Gray had attracted a Latin imitation. In 1760 his friend Thomas Warton published his *Mons Catharinae, prope Wintoniam*, a version of the *Ode on a Distant Prospect of Eton College*. This somewhat free adaptation, which not only transferred the prospect from Eton to Winchester but

---

[4] See note at end of this introduction.

also omitted Gray's introspection and pessimism, achieved immediate popularity with three editions. Perhaps it also helped to cement the Eton connection for translators. Later, a Victorian commentator assumed that most versions of the *Elegy* were the loyal efforts of Etonians to honour their predecessor – not unreasonably for a school which still presents every leaver with a copy of Gray's *Poems*. Surprisingly, the school has provided only seven translators, of whom only one, Robert Langrishe in 1775, claims to have written his version while a pupil.

For Gray and several generations of his successors, Latin represented the language of permanence. English literature was not part of a gentleman's education but a recreation to be indulged in later life. Gray had planned a radical, almost frivolous, step when he contemplated – but failed to write – the first ever *History of English Poetry*. Not until a generation later did his friend Thomas Warton (twenty years after his *Mons Catharinae*) publish the first attempt.

The mindset of every English schoolboy who progressed to what we would call secondary education was shaped by the teaching of Latin. The purpose of the mediaeval and post-Reformation grammar schools (and the public schools which developed from them) was to teach Latin. Throughout the eighteenth and nineteenth centuries it was accepted that Latin provided the intellectual training for public life as well as the foundation for cultivated leisure. The value of writing Latin verse was unquestioned. At Gray's Eton – and for a century after him – the Third Form was divided into two streams: Sense and Nonsense. The division reflected the different attainments of the boys, whose verse was required to make sense or merely to scan.

Even when Thomas Arnold's reforms brought Christianity into the teaching of the Victorian public schools, it remained within a classical framework. Tom Brown's Lower Fourth consisted of 'young gentlemen of all ages from nine to fifteen who expended their energies … upon a book of Livy, the Bucolics of Virgil and the Hecuba of Euripides'. Later, in 1861, William Johnson Cory proclaimed his famous manifesto of the ideals of Eton teaching:

> You go to a great school not so much for knowledge as for arts and habits: for the habit of attention, for the art of expression, for the art of assuming at a moment's notice a new intellectual position, for the art of entering quickly into another person's thoughts, for the habit of submitting to censure and refutation, for the art of indicating assent or dissent in graduated terms, for the habit of regarding minute points of accuracy, for the art of working out what is possible in a given time, for taste, for discrimination, for mental courage, and for mental soberness.

Radical, modern and universal as this may sound, it still reflects an education built on the teaching of the Classics. And that education must include the writing of

Latin verse, a practice which Cory specifically advocated and defended – and demonstrated by writing some of the finest Latin odes of the nineteenth century.

*   *   *   *

Who were the men for whom the *Elegy* issued its imperious demand? They form a surprisingly interesting and diverse group. They number among their ranks Kennedy of *Latin Primer* fame; a Lord Chief Justice; a cricketer; a New Zealand premier; and a criminal lunatic. Fifteen of them find a place in the *Oxford Dictionary of National Biography*.

The earliest translators were mostly established literary figures, writing for a mainstream, cultivated readership. The first, Christopher Anstey, achieved a national reputation (and a place in Westminster Abbey's Poets' Corner) with *The New Bath Guide*, a satire on current fashions. His translation appeared in 1762 and is the only one 'which had the advantage of Gray's criticism' (*ODNB*). Close behind came Robert Lloyd, another established poet and friend of Charles Churchill. Before the end of the century appeared the translation by Gilbert Wakefield, a scholar and radical controversialist, who provided an almost canonical text – the most widely read (and sometimes plagiarised) version during the next century. Another early translator was Arthur Murphy, a playwright and friend of Samuel Johnson (whom he introduced to Mrs Thrale). At the fringe of the early writers is one major English poet, Percy Bysshe Shelley; but as he only tackled the 12-line Epitaph he cannot be accorded the full dignity of a translator.

But from the beginning the *Elegy* attracted the efforts of the amateur as well as the man of letters. More specifically, it was tackled by schoolboys – and the quality of versions like those by Langrishe in 1775 and the Blackburn Grammar School boys in 1805 is remarkably competent. (It may be that the anonymous version of 1876 also falls into the same category.) We suspect that these versions may owe some of their polish to the use of a 'crib' – though the term should not be taken pejoratively. From at least the seventeenth century onwards boys were encouraged to polish their attempts at Latin by mining classical phrases from such books as William Walker's *Dictionary of English and Latin Idioms*, which went through six editions between 1672 and 1712. The practice continued well into the nineteenth century, as attested by J. Gow, writing in the *Classical Review* in 1902:

> In ancient days schoolboys used to learn from Arnold and Wilkins long lists of useful phrases, and the schoolmaster, when dictating one of Shilleto's fair copies,[5] would direct his pupils to underline some four or five examples of little idioms neatly introduced.

---

[5] Richard Shilleto (1809-1876) was the renowned Cambridge classics 'coach' during the middle decades of the century. A selection of his 'pieces of composition … which were in common use by

Whether Shelley can be added to this group is more difficult to say. Like Langrishe, he seems to have undertaken it when an Eton pupil – almost certainly unwillingly, as he seems simply to have cribbed most of his lines from an established translation, that by Wakefield.

Additionally, we should not deny some credit to ambitious schoolmasters. In the 1790s John Dupré's translation was published in unashamed promotion of the academic attainments of his Berkhamsted School. A decade later, the introductory note to the Blackburn Grammar School version praises 'the talents of the scholars, and … the abilities of the master'. Later, in the age of Victorian educational reform, a reputation for fluency in Latin verse might add a certain kudos for masters at such schools as Hawkshead, Beverley and Repton.

In the last decades of the eighteenth century the *Elegy* cast a particular spell over Italians, particularly those in or near the Venetian Republic. Perhaps they were attracted by Gray's empathy with Italian poets – it is significant that his only notes to the *Elegy* identify his echoes of Petrarch and Dante. Additionally, the inspiration of Melchiorre Cesarotti (translator of Homer and Ossian) and of English scholars and diplomats such as John Symonds and John Strange helped to create something of a cult of the poem. The Irishman Dominic Trant had provided a literal Italian translation for those less fluent in English. A group of writers, mainly in Padua and Verona, translated the *Elegy* into Italian and Latin, sometimes in explicit rivalry. 1772 saw its publication by Costa and an anonymous version probably by Antonio Evangeli – while a MS translation by Barbieri survived from the same year.[6] Even though del Bene published considerably later, he claimed that he was writing to emulate Barbieri. English travellers soon brought the work of Italian translators to Britain. Mason published Costa's Latin and Crocchi's and Gennari's Italian in 1775; at least four editions of translations into Italian were published in England between 1776 and 1798. The Italian cult of 'pre-Romantic' and 'churchyard' poetry continued in the work of Ippolito Pindemonte with his explicit references to 'Leucocolia', Gray's 'Leucocholy' or 'white melancholy'. It left its mark in the consciousness of at least one major Italian romantic. Cesarotti's most famous pupil, Ugo Foscolo, took for the epigraph of his *Ultime Lettere di Jacopo Ortis* (1798) the phrase from Costa's translation: 'naturae clamat ab ipso vox tumulo'. The cult of Gray continued into the nineteenth century with the publication at Verona in 1817 of Alessandro Torri's polyglot edition of the *Elegy*. This contains 18 versions in six languages, with the Latin including Costa, Barbieri and del Bene. In the second edition, 1843, the total had risen to 31.

---

old pupils and others engaged in tuition' was published by his sons: Richard Shilleto, *Greek and Latin Compositions* (Cambridge, 1901).
[6] It was published in Torri's 1817 collection.

In Britain, from the 1820s, the pattern subtly changes: there is a shift to a more private, almost self-indulgent style. For the next half century the majority of translators are clergymen and/or schoolmasters: publication is usually in small, privately printed, pamphlets. One of the first, in 1823, is the Revd Daniel Bamfield Hickie, author of school editions of major classical texts, and headmaster of Hawkshead Grammar School – an establishment which numbered among its earlier pupils William Wordsworth, perpetrator of a demolition job on Gray in the Preface to the *Lyrical Ballads*. Half a century later, in 1877, comes Gavin Hamilton, Principal of Elgin Academy, author of *The True Theory of the Subjunctive; Or the Logic of the Latin Language*, and numerous other ferociously learned publications between 1862 and 1889. In his anonymous translation he identifies himself as 'a countryman of George Buchanan', perhaps the greatest Scottish writer of Latin verse.

But Hamilton is one of the pioneers of a new group – which became perhaps the largest one. The years 1870-1898 saw a positive torrent of translations, providing 11 out of the total 45. Most were private publications or for a limited readership; and we suspect that few if any of these translators had read the efforts of their contemporaries. However some versions were by highly academic translators writing for a general, though scholarly, readership – even though their prefaces sound increasingly like elegies for the dethronement of contemporary Latin verse. They include the 1873 translation by Professor Hugh A.J. Munro, of Trinity College, Cambridge. His version has joined Wakefield in the canon of excellence – and was recently rediscovered and praised by Colin Dexter in *Ad Familiares*, the journal of the Friends of Classics. As a schoolboy at Shrewsbury, Munro had been taught by Benjamin Hall Kennedy – of *Latin Primer* fame; and Kennedy published his own version in 1877.

But in the same period the 'amateur' tradition continued to flourish, particularly among the clergy. Contributions came from the Revd James Pycroft, a muscular Christian now best remembered for *The Cricket Field*, one of the most important early contributions to the history and science of the game. The Empire is represented by Henry Sewell, the first premier of New Zealand; and the judiciary by Sir Alexander Cockburn, later Lord Chief Justice of England. But perhaps the most striking – or at least touching – figure among this group is the Revd Henry John Dodwell. His career included the headmastership of Colyton Grammar School, Devon – until its roll of pupils dropped to one. Later he was chaplain to Brighton Workhouse, but was dismissed by the Guardians. This event seems to have been the last straw, and after losing a court action for reinstatement, he shot the Master of the Rolls (but omitted to put a ball in the pistol). His translation was published in 1884 from Broadmoor Criminal Lunatic Asylum, where he spent the remaining years of his life.

The spate diminishes to a trickle (a total of six) in the twentieth century. John William Sheringham, Archdeacon of Gloucester, published his translation in an optimistic attempt to raise funds for the restoration of Tewkesbury Abbey. Percival Robert Brinton tackled not only the *Elegy* but also Lewis Carroll's *The Hunting of the Snark*. Scholarly contributions came from Herbert Lionel Drake, of Pembroke College, Oxford, and Ulric Gantillon, linguist and reader for the Oxford University Press.

2001 saw the final translation, from Donald Gibson, on the 250th anniversary of Gray's original publication – the *fons et origo* of this book.

*   *   *   *

What would Gray have thought of all this? A clue is provided by Christopher Anstey's son, John, in the introduction to his edition of his father's *Poetical Works*.[7] He quotes extensively from a letter (undated, c.1761) to his father from Gray about the translation:

> Every language has its idiom, and not only of words and phrases, but of customs and manners, which cannot be represented in the tongue of another nation, especially a nation so distant in time and place, without constraint and difficulty; of this sort ... are the curfew bell, the Gothic church with its monuments, organs and anthems, the texts of Scripture etc. There are certain images, which though drawn from common nature ... yet strike us as foreign to the turn and genius of Latin verse; the beetle that flies in the evening, to a Roman, I guess, would have appeared too mean an object for poetry; "that leaves the world to darkness and to me", is good English, but has not the turn of a Latin phrase, and therefore, I believe, you were in the right to drop it. ... Might not the English characters be romanised? Virgil is just as good as Milton, and Caesar as Cromwell, but who shall be Hampden?

Anstey's introduction continues: 'It must be confessed, however, that notwithstanding the just encomiums ... he passes upon this translation ... there appears to be a coyness in the Author ... lest the delicacy of his Muse should suffer some degree of violence in exchanging the simplicity of her attire, for the harshness of the Roman dress; and I question whether he would not have been as well pleased, if the experiment had never been made.'

*   *   *   *

What was the canon of the *Elegy* translations? Which were the versions to which translators and readers most readily turned? To discover this we need some way

---

[7] *Poetical Works of the late Christopher Anstey, Esq.* (1808)

of measuring their impact. The most obvious measurement is commercial: the number of editions and reprints. In the nineteenth century there was also a special passport to a wider readership: inclusion in one of the prestigious university anthologies of Latin verse, notably *Arundines Cami* and *Anthologia Oxoniensis*. The other major factor is their public reception, as evidenced by reviews or their use by later translators. Allied to this is the – highly subjective – evidence to be gathered from echoes and borrowings within the translations.

The list must start with Anstey/Roberts (no. 1, 1762/1778), which had at least nine editions or reprints. It was the only one commented on by Gray, and its phrases are among those most frequently repeated in later efforts. Next comes Lloyd (no. 2, 1762) – also seen by Gray and praised by Dupré. Wakefield (no. 7, 1776) provides the version that is most praised and reprinted. At about the same time comes Wright (no. 8, 1786), who achieved a solid review. For the next half century, most of the translations seem to have had a limited market with little impact. Hildyard (no. 20, 1838) makes the next breakthrough, with several editions including John Martin's polyglot edition of 1839. Even more significant is Macaulay's (no. 21, 1841), which appeared in *Arundines Cami*, an anthology of Cambridge Latin verse which achieved a number of reprints as well as reaching a wide and cultivated readership. Almost all the translations after Macaulay were private or limited publications and difficult of access. Latham's collection of verse (no. 25, 1864) was perhaps better known than others – at least this is suggested by a significant number of borrowings by his successors. The last major player is H.A.J. Munro (no. 28, 1873), whose version was respected because of his formidable academic reputation. It achieved contemporary notoriety – through a series of acrimonious exchanges in *Macmillan's Magazine* – and praise from later readers.

As we collected later or less known translations, for the most part born to blush unseen, it was difficult to avoid making comparisons with those which had gained recognition in the canon. If we wanted to make our own additions to it our choice was bound to be subjective, and we would need criteria to support it. So we looked for four qualities: closeness to the original; a good fit with the form and movement of Gray's verse; a resonance that echoed the emotions of his English; and a respect for classical prosody. In our judgement, the translations that seemed to come closest to these standards were: Adams (no 22A, 1853); Kennard (no. 35, 1892), despite some doubts as to his possible plagiarism; Owen (no. 36, 1898); Drake (no. 40, 1934); and Brinton (no. 41, 1938). Without being partisan, we are proud also to be able to include Donald Gibson (no. 43, 2001). Among the translations we found less attractive were those which adopted more paraphrase; but we would make an honourable exception for Murphy (no. 9, 1786). His Horatian style with its alcaics seems to catch the spirit of Gray and add a freshness that makes it stand out from the others. But we remain conscious that our choices are personal and subjective; and we shall be happy if readers find equal or greater enjoyment among the *Elegies* that have not been singled out – and of course we would be most interested to hear of them.

Within this canon – and also among the less known translators – we can begin to explore borrowings and echoes. For convenience, we shall give these two words tidy but arbitrary meanings – using 'borrowing' to indicate the conscious use of another writer's phrase, while making 'echo' indicate a use which may not be deliberate or even conscious. A third term, 'coincidence', can indicate occasions when two or more writers have independently hit on the same word or phrase as the most appropriate translation.

In the process of collecting and transcribing the *Elegies*, it became obvious that some phrases appeared in more than one version. Whether we can identify them as thefts is a difficult question. Specifically, will a translator consciously steal a phrase to gain credit for his version? Or does the act of translation allow a different view of another's work? It can be argued that each translation is not a unique original creation but an attempt towards the perfect, definitive rendering of Gray's verse into Latin. To adopt Sir Isaac Newton's analogy, each translator is seeking to advance by standing on the shoulders of his predecessors. If an earlier translator has hit on a good phrase, why not use it again? Dupré seems to imply this when he states that 'no Latin Version has hitherto satisfied the present Translator' – thus providing a justification for his deliberate borrowing of 'one or two combinations' from Lloyd. The editors were aware while comparing different versions (and particularly the stanzas of the elegiac couplets) of the temptation to produce a 'master', composite *Elegy*, made up of stanzas (or even couplets or lines) selected from the whole range of the translations.[8] They resisted it.

All this makes the task of evaluating borrowings and echoes extremely difficult. We cannot claim that our method has much rigour or objectivity. In two cases we have had an initial pointer from comments in C.S. Northup's bibliography. The identification of others has been made by highly unscientific word searches through the digital text, initially based on about 20 recurring phrases we happened to notice. The number of 'hits' produced by these searches suggested the comparison of a number of texts – mainly of Victorian translators. We are sure, however, that a more rigorous and scientific approach would find many more correspondences and relationships.

Who copied whom? It is simplest to start with those who can be positively unmasked as plagiarists. Sadly, the first offender is Shelley (Appendix, 1808-1809). He translated the Epitaph only – and in doing so adopted a distinctive metre, the sapphics used by Wakefield. Of his 24 lines, 17 show phrases or reworkings from

---

[8] Reminiscent, perhaps, of those 'Greatest Test Teams of all Time' beloved of schoolboys and cricket writers. Perhaps a reader may attempt it?

Wakefield – including the whole of the last stanza. It would be unfair to be condemnatory, however: Shelley composed it when an Eton schoolboy, aged 16 or 17. His efforts probably represent an attempt to dispatch a piece of drudgery as quickly and painlessly as possible.

The next culprit cannot claim leniency. Shelley's friend and kinsman, Thomas Medwin (no. 23, 1856), followed his example in using Wakefield as model for his complete translation. In the main *Elegy*, 36 of his 116 lines contain borrowings or reworkings from Wakefield. In the Epitaph, we see him following closely in his friend's footsteps as the proportion rises dramatically. 15 of the 24 lines owe their origin to Wakefield; while to add insult to injury, we find that seven of those 15 are actually taken from Shelley – to say nothing of a further four thefts of Shelley's own phrasings. Given Medwin's dubious reputation, he is perhaps the translator we might most expect to show up as a plagiarist.

The third and last of the positive plagiarists is a mysterious figure. An anonymous translation (no. 24, c.1860) survives in the Library of Trinity College, Cambridge. It can best be described as a reworking of Macaulay's translation (no. 21, 1841) – so much so that only 30 of the 128 lines are not indebted to it in some way. The tally of borrowings amounts to three complete stanzas, 62 complete lines, and phrases and reworkings from a further 36. Oddly, a few phrases unique to this anonymous version appear in six stanzas, specifically attributed to Macaulay, in the 1860 edition of *Arundines Cami*. Overall, one is left with the impression that no deliberate fraud was intended; instead one is tempted to consider it an attempt to add a few improving touches to an admired version.

In the remaining eight versions where we have noted significant echoes and/or borrowings, charges of plagiarism are more difficult to substantiate. Dupré (no. 11, 1793), as mentioned above, spoke specifically of using a few phrases from Lloyd in his attempt to produce the definitive translation. In fact, his version contains about 20 echoes, mostly in phrases of two or three words: about half these instances may represent 're-translations' or coincidences – phrases he may have reached independently. Hildyard (no. 20, 1838) provides a striking and suspicious opening line, 'Audin' ut occiduae sonitum campana diei' – borrowed almost verbatim from Anstey's first version of 1762 (later reworked). Oddly, however, Hildyard includes only two further short phrases which could be considered borrowings or echoes from Anstey.

Among the Victorian translations, a further three make some use of Macaulay – if nothing else providing evidence of the regard in which his translation was held. Latham's (no. 25, 1864) contains eight two- or three-word phrases which probably qualify as echoes or perhaps coincidences. Pycroft (no. 33, 1880) notches up a more substantial total with a dozen phrases of two or three words. Additionally he uses a handful of phrases from Latham; so there is clear evidence that he knew and studied his immediate predecessors. It seems probable that, like Latham, he was not deliberately plagiarising. Kennard (no. 35, 1892) poses a more serious case. His version reproduces from Macaulay 13 longer and seven shorter phrases, together with similar totals from Latham and even a handful from Pycroft. This quantity must suggest some deliberate plagiarism.

Other Victorian borrowers operate on a smaller scale – and look further back. Cockburn (no. 27, ?1871) harks back to Wright for one almost complete line (st. 5.4) and a shorter echo. Dodwell (no. 34, 1882) uses a handful of phrases from Dupré and just possibly a couple from Lloyd. Some minor borrowings appear in the twentieth century translation by Brinton (no. 41, 1938). He incorporates the second line (st. 1.2) verbatim from Drake (no. 40, 1934) and follows with a couple of phrases in the second and fourth stanzas; but makes no further borrowings.

We are sure that a more rigorous and scientific comparison of all the translations would reveal many more echoes and borrowings. But at least the examples we have provided demonstrate the range of both serious and minor instances.

*   *   *   *

Borrowings of a more respectable kind permeate the translations. It was natural for translators to remember their schooldays. All would have read widely in Latin poetry, perhaps most frequently in Horace and Virgil. They would all also presumably have composed Latin verse, the recommended practice being to imitate the style of approved ancient authors as closely as possible. So it is not surprising that there are many echoes of Latin authors. Colton (no. 18), Munro (no. 28) and Hamilton (no. 31) all state their intention of writing Ovidian (or 'Nasonian') verses; though the allusion seems to be more to using the elegiac metre than to imitating Ovid's light, rather amoral, style of writing, which would hardly suit the present theme. An Ovidian line in Sheringham (no. 37, st. 31.4) – 'Nec potiora valet, nec potiora cupit' – seems perhaps a little too clever in the context. The Horatian or Virgilian mood, on the other hand, was more appropriate; and Wheelwright's Epitaph (no. 15) seems a particularly good Horatian pastiche.

But there are also deliberate quotations. Hildyard (no. 20) helpfully flags his borrowings by means of inverted commas in the text; Adams (no. 22A) conscientiously provides footnote references. Many other quotations have been noted, most of them probably intentional; but many others must have been missed in what has been only a random search. Some quotations occur in more than one translation, either because of copying or because the same allusion occurred to different translators independently.

Certain passages in ancient authors offered themselves naturally. Virgil's *Eclogues* embody the pastoral location which Gray's poem also inhabits; and the opening of the first Eclogue ('Tityre, tu patulae recubans sub tegmine fagi') was irresistible to nearly half the translators. The *Aeneid*, especially Book 2 (the Fall of Troy) and Book 6 (Aeneas's Visit to the Underworld), is a store of suitable lines providing inspiration for such phrases as: 'suadentia somnos' (no. 1, st. 2), 'venit summa dies' (no. 27, st. 28), 'ineluctabile tempus' (nos. 7, 14, 27, 29, 39, all in st. 9), 'quisque suos patiens manes' (no. 20, st. 4), 'vivus/vivi/ducti de/ex marmore vultus' (nos. 7, 20, 23, 31, 41, all in st. 11), and 'lunae sub luce maligna' (no. 42, st. 3). Horace's *Odes* also figure largely, for instance 'Omnes eodem cogimur' (*Odes* 2.3) (see no. 37, st. 9), and the famous 'Eheu fugaces' (2.14), round which Murphy (no. 9) crafted his version. Lucretius' *De Rerum Natura* (in one or two famous passages) and Juvenal's *Satires* supplied other sources. Some translators found ways of including or alluding to well-known tags like 'dis aliter visum' (no. 36, st. 17) or 'nullam sperare salutem' (no. 38, st. 27) from the *Aeneid*, 'pro patria mori' from Horace (nos. 12, 15, both in st. 16), Ennius' famous epitaph on himself, 'volito vivos per ora virum' (nos. 9, in the Epitaph; and 41, in st. 16), and Tacitus' on Galba, 'capax imperii, nisi imperasset' (nos. 27, 42, both in st. 12). Though most allusions are to ancient sources, at least one more modern poem, Crashaw's epigram on the miracle at Cana, 'Nympha pudica Deum vidit, et erubuit', was called into contribution (nos. 10, in st. 15; 12, in st. 15A; and 37, in st. 18).

*   *   *   *

Of course the most basic classical influence exerted on the translators appears in their choice of metres. Two alone account for forty-three of the forty-five translations of the body of the poem. Thirty-seven translators naturally felt elegiacs to be the most appropriate metre. It is striking that the elegiacs of almost all translations match tightly with Gray – not only stanza for stanza, but mostly couplet for couplet, and very often line for line. While this must reflect the translators' skill, it perhaps also reflects the classical cast of Gray's thought and expression. Only three translators, Lloyd (no. 2), Kerr (no. 13), and Hildyard (no. 20), felt it necessary to expand occasional verses to six or more lines, which rather breaks the flow of the poem.

Six translators used hexameters instead of elegiacs. Here too Gray's stanzas were often matched by four-line units, though they are not always shown as such in the printed text. Both Barbieri (no. 16) and Kennedy (no. 32) ignored Gray's verse breaks, though Barbieri included verse numbers in his text to show where they were, often mid-line. The effect in both cases is of a piece of continuous hexameter verse in Lucretian or Virgilian style. The two other metres used for the body of the poem (each once only) are trochaics (Costa's second version, no. 5) and Horatian alcaics (Murphy, no. 9).

Generally the concluding Epitaph used the same metre as the body of the poem; but some translators preferred a variation. Horatian lyric metres, with their greater conciseness and more lapidary character, were favoured. Two translations have sapphics (Wakefield, no. 7; Medwin, no. 23), and one alcaics (Wheelwright, no. 15); Shelley's version of the Epitaph (only) is also in sapphics. Murphy on the other hand moved from alcaics in the main poem to elegiacs in the Epitaph. Anstey/Roberts (no. 1), somewhat eccentrically, made use of Catullan hendecasyllables, a rather light, conversational metre.

EDITORIAL NOTE

This book has had a complicated gestation. In the late 1990s Donald Gibson started his collection of the translations. He worked in traditional style by visiting major libraries, notably the British Library, Cambridge University Library and Eton College, and transcribing the texts he unearthed there – eventually completing 22. By the time that illness made further research impossible, it looked as though all the versions had been found. Alan Brownjohn and John McCormick embarked on a heroic attempt to get the transcripts into print before he died – but sadly the time was too short.

After Donald's death, Peter Wilkinson and Stephen Freeth (later invaluably reinforced by Tim Hudson and John Hawkins) offered to help with the last stages of publication. We thought it would be a short and simple task – but modern technology decreed otherwise. Traditional methods had been transformed by the internet: notably by the development of digital library catalogues, and such research tools as Alexander Huber's magnificent website, The Thomas Gray Archive, the *Oxford Dictionary of National Biography*, the Times Digital Archive, and the 18th and 19th Century Discussion Lists. It soon became obvious that there were further translations which must be included. With the scale of the book expanding, we needed to establish firm editorial principles. We decided therefore to include all published complete versions. Both adjectives have to be qualified. The term 'published' we have tried to interpret generously, so as to include versions which were printed for private circulation and not published in the usual sense; and of course Donald Gibson's own *Elegy* appears in print here for the first time. 'Complete' we have also stretched to allow the inclusion of two translations which omit the Epitaph. To provide the best texts, we have included variant readings where found. Having widened the net, we thought briefly of seeking out and including unpublished translations. We quickly dropped the idea when we realised that generations of schoolboys must have fudged their way through the task, and that there might be trunkfuls of their efforts lurking among family papers in record offices throughout the country.

We also decided to include a brief biographical and bibliographical note with each text. This exercise added a new and enjoyable dimension to the research involved in compiling the book. The results have been built on the solid foundation provided by the expertise of John Hawkins who, as we have acknowledged elsewhere, generously provided essential biographical data for nearly all the translators. For the better-known translators our accounts have been based on information provided by the *Oxford Dictionary of National Biography*, and obituaries from *The Times* or the *Gentleman's Magazine*; and we have indicated these sources at the end of the account. For figures who did not achieve this level of public notice, the information has been drawn from a range of biographical sources, notably the published volumes of university alumni, and the wealth of genealogical information available in the International Genealogical Index and the Ancestry.com websites, and the catalogues of the English copyright libraries.

Five years on, we have added 22 'new' translations to Donald Gibson's 23.[9] We are reasonably confident that we have collected all the accessible texts. The charts for our voyage of discovery have been the two exhaustive Gray bibliographies by C.S. Northup (1917) and H.W. Starr (1953). They flagged up 37 translations; Donald had already unearthed a further two; and we have been able to add five more. There is a frustrating lacuna, however. Northup provides a reference to a version by H.T. Liddell, 1st Earl of Ravensworth – but our efforts to track it down have proved unsuccessful. Perhaps the publication of this book may lead to its discovery.

In the course of our researches we found that we were not the first to attempt this task. The pages of *Notes & Queries* between 1849 and 1857, and again between 1904 and 1911, contain several lists of translations. The Bodleian Library holds a small collection of letters of F.T. Rickards of Bombay, who in 1906 had collected 26 versions for an intended publication. Perhaps we can feel that all the researchers and editors are following in Gray's footsteps 'mindful of th' unhonour'd dead'.

Let not Ambition mock their useful toil.

*   *   *   *

Putting together texts composed over a 250-year period by over 40 authors and as many printers does not lend itself to a simple and uniform presentation. As far as possible we have left each *Elegy* to speak for itself, retaining the author's verse layout, punctuation and capitalization. For clarity and consistency we have inserted stanza numbers (whether the translator provided them or not) in the same basic style, and have also indented the alternate lines in the elegiacs. Variants are given in footnotes and indicated by italics in the text. Where appropriate we have included some footnotes inserted by the translators (indicated by quotation marks). Other footnotes are the responsibility of the editors. Most of the older translations used double quotation marks to mark each line of the verses uttered by the hoary-headed swain (stanzas 25-29); for consistency we have adopted this format for the relevant lines in all the translations. We have also used it on the handful of occasions where translators have indicated quotations in their text. Where the translations posed problems with misleading, or at least idiosyncratic, punctuation, we have made a number of silent amendments for the sake of clarity. We have also corrected a number of obvious typographical errors.

---

[9] This figure includes his own translation.

ACKNOWLEDGEMENTS

During the past ten years, an exercise which started as a retirement hobby for Donald Gibson has swollen into a team research project. As contributors we have each enjoyed mutual benefit from our fellow participants, and it is right first to record that here. Donald produced the original idea, and discovered and transcribed half the *Elegies*. Alan Brownjohn and John McCormick helped Donald to prepare his original text for the printer until his illness meant that work had to be abandoned; subsequently they have given advice and unfailing encouragement throughout the remaining phases. After Donald's death Peter Wilkinson and Stephen Freeth offered to complete the book – and decided that we should expand it so that it could become a definitive collection. We undertook the research for 'new' translations, and transcribed and proofed all the texts. Tim Hudson joined us in the task and contributed invaluable classical expertise both in proofing the texts, and in preparing the introduction. Once we decided to embark on biographies of the translators, John Hawkins volunteered his formidable research skills and provided us with the basic life story of almost all of them. Our faltering steps along the mysterious byways trodden by the Italian translators were guided by the enthusiasm and generous expertise of Dottor Luca Gandolfi – who introduced us to a fascinating new literary world.

The course of our research was dramatically widened when we first made use of the Thomas Gray Archive, the superb website created by Alexander Huber. We owe much to the site itself, and even more to Mr Huber: without his thoughtfulness and guidance we would have missed several translations and a great deal of important editorial material. Most notably, it was through his good offices that we were contacted by Thomas Turk of Phoenix, Arizona, U.S.A., who has worked extensively on translations of the *Elegy*. In the nick of time (we were poised to send copy to the printer) Mr Turk offered his expertise and the fruits of his research. With great generosity he has provided the text of one translation which we had given up for lost (Anonymous 'S.N.E.', no. 19A), and another which was completely new to us (Adams, no. 22A).

In collecting our texts we have been dependent on the rich stores of the English copyright libraries: the British Library, the Bodleian Library and the Cambridge University Library. We gratefully acknowledge here their permission to reproduce the texts: 35 from the British Library (nos. 1-3, 5-22, 22A, 25, 27, 28, 30-33, 35-37, 39-41); and six from the Bodleian (nos. 19A, 26, 29, 34, 38, 42). For three further texts we gratefully acknowledge the private collection of Signor Bruno Fagagnini of Verona (no. 4), the Houghton Library, Harvard University (no. 23) and Trinity College Library, Cambridge (no. 24). C.B. Armstrong's translation (no. 42) is reproduced by kind permission of his daughter, Mrs D.D. Furley. We are grateful to Alan Brownjohn, and to Alison Cresswell and Mark Ballard, for allowing us to include their published recollections of Donald: 'A Gentleman and a Player', and

'An Unconventional Archivist', are reproduced by courtesy of *The Guardian* and the *Journal of the Society of Archivists* respectively.

Throughout our research we have received unfailing help from libraries and repositories. In addition to the five libraries mentioned in the preceding paragraph, we are grateful for the courtesy and expertise of the staff of the following institutions: Berkhamsted Collegiate School Library; University of Edinburgh Library; Eton College Library; Exeter College Library, Oxford; Guildhall Library, London; Horsham Museum; University of Michigan Library, Ann Arbor; New York Public Library; Nottinghamshire Archives; St. John's College Library, Oxford; Surrey History Centre; West Sussex Record Office; York Minster Archives. In addition we have received helpful information from the contributors to two internet discussion lists: '18th Century Interdisciplinary Discussion' and 'Victoria 19th Century British Culture & Society'.

We have also had the pleasure of contacts with a host of individuals who have provided expertise and encouragement in many different areas. In particular we would like to thank: Mrs Penny Brook; Mr Richard Childs; Mrs Alison Cresswell; Mrs Zahra Freeth; Miss Brenda Griffith-Williams; Mrs Penny Hatfield; Professor David Hopkins; Dr Peter Jones; Professor Colin Leach; Professor Roger Lonsdale; Mr Timothy McCann; Professor David Money; the Earl of Moray; Professor David H. Radcliffe; Professor Niall Rudd; Professor Estelle Sheehan; Mr Brian Slyfield; Miss Flora Smith; Mr Hugh Wilkinson.

BIBLIOGRAPHY

THE TRANSLATIONS

Adams, Francis, *Arundines Devae; or, Poetical Translations on a New Principle. By a Scotch Physician*, 1853, Edinburgh (no. 22A)

Anonymous [Anstey, Christopher & Roberts, William Hayward], *Elegia Scripta in Coemeterio Rustico Latine Reddita*, 1762, Cambridge (no. 1)

Anonymous [probably Evangeli, Antonio], A CL. ER. P.A., *Thomae Gray Elegia in Rusticum Sepulcretum, ex Anglico in Latinum Conversa*, 1772, Padua (no. 4)

Anonymous [Wakefield, Gilbert], *Elegia in Cæmeterio Rustico Scripta, Numeris Elegiacis Latine Reddita ... Auctore *** Coll: Cant: Alumno*, 1776, London (no. 7). See also under Wakefield.

Anonymous [Anstey, Christopher & Roberts, William Hayward], *Elegia Scripta in Coemeterio Rustico ... Latine Reddita. Editio Nova Prioribus Emendatior*, 1778, London (no. 1)

Anonymous, 'G', *Gentleman's Magazine*, vol. 63, pp. 69, 166, 261, 262, 360, 1793, London (no. 12)

Anonymous, 'S.N.E.', *Elegia Graii Latine Reddita*, 1824, London (no. 19A)

Anonymous, *Elegia a Thoma Grayio in Coemeterio Rustico Conscripta*, c.1860, privately printed, [Cambridge?] (no. 24)

Anonymous, *Inter Juvenilia Imitatio Gray's Elegy*, c.1870, [printed at Chelsea] (no. 26)

Anonymous [Munro, Hugh Andrew Johnstone], *Elegy Written in a Country Churchyard, by Thomas Gray of Peter-House and Pembroke-Hall in the University of Cambridge and now Printed at the University Press by C.J. Clay M.A.*, 1873, privately printed, Cambridge (no. 28). See also under Munro.

Anonymous, *Gray's Elegy Rendered into Latin Elegiacs: An Attempt to Shew that the Mythology and Poetry of Rome Contains, and may have Supplied, Many of its Images; to which is added Collins' Ode to Evening Rendered into Latin Alcaics*, 1876, Oxford & London (no. 30)

Armstrong, Claude Blakeley, *Thomas Gray's Elegy in a Country Churchyard: A Version in Latin Elegiacs*, 1972, privately printed, Leeds (no. 42)

Barbieri, Giovanni Francesco, untitled translation in Alessandro Torri's polyglot editions of 1817 and 1843, q.v. under 'Verse' below (no. 16)

Blackburn Grammar School, 'Gray's Elegy, written in a Country Church-Yard, rendered into Latin by the Scholars of the First Class, February 6, 1805', *The Anti-Jacobin Review*, vol. 20, pp. 443-446, 1805, London (no. 14)

Brinton, Percival Robert, *Fallentis Semita Vitae, A Rendering into Latin Elegiac Verse of Gray's Elegy Written in a Country Church-Yard*, 1938, Oxford (no. 41)

Clarke, William Ambrose, *Elegia Graiana in Coemeterio Rurali Scripta, Latine Reddidit Willelmus A. Clarke*, 1903, Oxford (no. 38)

Cockburn, Sir Alexander James Edmund, *Elegia [Gray's Elegy, in Latin]*, c.1871, privately printed (no. 27)

Colton, Charles Caleb, *Gray's Elegy, Translated into Latin Ovidian Verse. By the Author of 'Lacon'*, 2nd edition, 1822, London (no. 18)

Costa, Giovanni, *Elegia Inglese del Signor Tommaso Gray sopra un Cimitero di Campagna Trasportata in Versi Latini, e Volgari*, 1772, Padua (no. 3)

Costa, Giovanni, *Poema Alexandri Pope De Homine, Jacobi Thomson, & Thomae Gray Selecta Carmina, ex Britanna in Latinam Linguam Translata a Joanne Costa in Seminario Patavino Academiae Praeceptore, cum Nonnullis Ejusdem Poeticis Scriptionibus,* 1775, Padua (no. 5)

Del Bene, *Thomae Gray Carmen de Sepulcreto Rustico Latine Redditum*, 1817, Verona (no. 17)

Dickinson, Henry Strahan, *Elegiam a Thoma Grayio in Coemeterio Rustico Conscriptam Latine Reddidit H.S. Dickinson, A.M.,* 1849, Ipswich (no. 22)

Dodwell, Henry John, *Gray's Elegy in Latin and English. Translated by Henry J. Dodwell, M.A., Oxon., Broadmoor Criminal Lunatic Asylum, June 12 1882,* 1884, privately printed, London (no. 34)

Drake, Herbert Lionel, *Gray's Elegy Written in a Country Churchyard. A Version in Latin Elegiacs*, 1934, Oxford (no. 40)

Dupré, John, *Musae Berkhamstedienses: or Poetical Prolusions by some Young Gentlemen of Berkhamsted School,* 1794, Berkhamsted (no. 11)

Gantillon, James Ulric Innes, *Elegia apud Tumulos Paganos Composita, and Other Versions,* 1928, Oxford (no. 39)

Hamilton, Gavin, *Gray's Elegy, Translated into Latin Elegiacs, by G.H. (Countryman of George Buchanan),* 1877, Edinburgh (no. 31)

Hickie, Daniel Bamfield, *Gray's Elegy Translated into Latin Verse, Including the Author's Rejected Stanzas*, 1823, London (no. 19)

Hildyard, William, *Gray's Elegy in a Country Churchyard, Translated into Latin Elegiac Verse by the Rev. William Hildyard, MA, Second Master of Beverley Grammar School and Assistant Curate of the Minster, Beverley,* 1838, London (no. 20)

Kennard, Robert Bruce, *ECLOGA GRAIANA, Latine Reddidit Robertus B. Kennard, M.A., e. Coll. Di. Joh. Bapt., Oxon; Rector de Marnhull, Dorset,* 1892, Oxford (no. 35)

Kennedy, Benjamin Hall, *Between Whiles, or Wayside Amusements of a Working Life,* 1877, London (no. 32)

Kerr, Nelson, *Poematia, Auctore Nelson Kerr, LL.B.,* 1802, London (no. 13)

Langrishe, Robert, in *Poems of Mr Gray* (ed. W. Mason), 1775, Dublin (no. 6)

Latham, Henry, *Sertum Shaksperianum, Subnexis Aliquot Aliunde Excerptis Floribus, Latine Reddidit Rev. H. Latham,* 1864, London & Oxford (no. 25)

Lloyd, Robert, *Poems by Robert Lloyd, A.M.,* 1762, London (no. 2)

Macaulay, John Heyrick, in *Arundines Cami, sive Musarum Cantabrigiensium Lusus Canori, Collegit et Edidit Henricus Drury, A.M.,* 1841, Cambridge (no. 21)

Medwin, Thomas, *Nugae,* 1856, privately printed, Heidelberg (no. 23)

Munro, Hugh Andrew Johnstone, *Translations into Latin and Greek Verse,* 1884, privately printed, Cambridge; later published, with a prefatory note by J.D. Duff, 1906, London (no. 28). See also under 'Anonymous'.

Murphy, Arthur, *The Works of Arthur Murphy*, 1786, London (no. 9)

Owen, Sidney George, in S.G. Owen & J.S. Phillimore, *Musa Clauda, Translations into Latin Elegiac Verse,* 1898, Oxford (no. 36)

Pycroft, James, *Elegeia in Coemeterio Rustico. Anglice Scripta a Thoma Graio. Latine Reddidit Jacobus Pycroft, B.A., E Coll. Trin. Oxon. (1832-6)*, 1880, Brighton (no. 33)

Sewell, Henry, *Gray's Elegy. Translated by Henry Sewell, Late Attorney-General of New Zealand*, 1875, privately printed (no. 29)

Sheringham, John William, *Graiana Elegia, by J.W. Sheringham, M.A., Archdeacon and Canon of Gloucester. For Tewkesbury Abbey Restoration*, 1901, Gloucester (no. 37)

Wakefield, Gilbert, *Poemata Latine Partim Scripta, Partim Reddita: Quibus Accedunt Quaedam in Q. Horatium Flaccum Observationes Criticae*, 1776, Cambridge (no. 7). See also under 'Anonymous'.

Wheelwright, Charles Apthorp, *Poems, Original and Translated, Including Versions of the Medea and Octavia of Seneca, by C.A. Wheelwright, A.B. of Trinity College, Cambridge*, 1810, London (no. 15)

Woty, William, *Poetical Amusements*, 1789, Nottingham (no. 10)

Wright, John, *Elegia Scripta in Sepulchreto Rustico, Latine Reddita a J. Wright, Cui Subjiciuntur Alia Poemata*, 1786, London (no. 8)

FRAGMENTARY TRANSLATIONS

Apart from Shelley's Epitaph, none are included in this volume. We have not attempted to include in the list below short versions covering a few lines or one or two stanzas.

In Medwin, T., *The Life of Percy Bysshe Shelley*, 1847, London. Translation by P.B. Shelley of the Epitaph, stanzas 30-32 (Appendix).

In *The Albion*, vol. 1, p. 23, 1823, New York. Anonymous translation of stanzas 1-8. Opening line: 'Decedente die, sonat aes lugubre per auras'. Ex inf. Professor David Radcliffe.

In *Anthologia Oxoniensis*, ed. William Linwood, 1846, London. Translation by Goldwin Smith of stanzas 1-3, 3A. Opening line: 'Rettulit exequias lucis vox ferrea; reptat'. Listed in Northup.

VERSE

Drury, Henry (ed.), *Arundines Cami,* 1841, 1843, 1846, 1851, 1860, 1865

Kennard, R.B. (ed.), *Arundines Sturi,* 1878

Kennedy, B.H. and others (eds.), *Sabrinae Corolla*, 1850, 1859, 1867, 1890

Torri, Alessandro, *L'Elegia di Tommaso Gray sopra un Cimitero di Campagna Tradotta dall'Inglese in più Lingue con Varie Cose Finora Inedite*, 1817, Verona

Torri, Alessandro, *Elegia di Tommaso Gray sopra un Cimitero di Campagna Tradotta dall'Inglese in più Lingue con Aggiunta di Varie Cose Finora Inedite per Cura del Dottore Alessandro Torri ... Edizione II Accresciuta*, 1843, Livorno

Warton, Thomas, *Mons Catharinae, prope Wintoniam*, 1760

MONOGRAPHS AND ARTICLES

Bradner, L., *Musae Anglicanae*, 1940

Bradner, L., 'Musae Anglicanae: A Supplemental List', *The Library*, 5th series, vol. XXII, no. 2, June 1967

Cary, H.F., *Lives of English Poets, from Johnson to Kirke White. Designed as a Continuation of Johnson's Lives,* 1846

Cowper, Henry Swainson, *Hawkshead: The Northernmost Parish of Lancashire,* 1899

Garrison, J.D., 'Pietoso Stile: Italian Translations of Gray's Elegy to 1900', *Modern Language Notes,* vol. 121, 2006

Garstang, John, *A History of Blackburn Grammar School, Founded A.D. 1514,* 1897

Higham, T.F., *Some Oxford Compositions,* 1949

Kebbel, T.E., and Munro, H.A.J., 'Recent Latin Verse', *Macmillan's Magazine,* Jan.-April 1875, pp. 253-258, 340-346, 472, 533-534

Money, D.K., *The English Horace: Anthony Alsop and the Tradition of British Latin Verse,* 1998

Northup, C.S., *A Bibliography of Thomas Gray,* 1917

Starr, H.W., *A Bibliography of Thomas Gray,* 1953

Tongiorgi, D., ' "Rozze Rime e Disadatte Forme": (Pre)storia di una Traduzione Elegiaca', in *Quaderni di Acme,* Università degli Studi di Milano, Facoltà di Lettere e Filosofia, 51, 2002

Turk, T.N., 'The Latin Translations of Gray's Elegy', *Classical and Modern Literature,* 26 (1), 2006, pp. 56-72

Williams, B.H. Garnons, *A History of Berkhamsted School, 1541-1972,* 1980

'Monthly Catalogue: Poetical', *Monthly Review,* pp. 231-233, 1786

[Review of *Arundines Cami*], *Quarterly Review,* pp. 440-471, March 1842

REFERENCE WORKS; UNIVERSITY AND SCHOOL REGISTERS

Shilleto, Richard, *Greek and Latin Compositions,* 1901

Walker, William, *Dictionary of English and Latin Idioms,* six editions [with varying titles], 1672-1712

Anderson, Peter John, *Roll of Alumni in Arts of the University and King's College of Aberdeen, 1596-1860,* 1900

Anderson, Peter John, *Fasti Academiae Mariscallanae Aberdonensis: Selections from the Records of the Marischal College and University, MDXCIII-MDCCCLX,* 1898

Venn, John & Venn, J.A., *Alumni Cantabrigienses, A Biographical List of All Known Students, Graduates and Holders of Office at the University of Cambridge, from the Earliest Times to 1900,* 1922-1954

Burtchaell, George Dames & Sadleir, Thomas Ulick, *Alumni Dublinenses,* 1924

[Laing, D.], *A Catalogue of Graduates of the University of Edinburgh: Faculties of Arts, Divinity and Law,* 1858

Addison, W. Innes, *A Roll of the Graduates of the University of Glasgow from 31st December, 1727 to 31st December, 1897,* 1898

Foster, Joseph, *Alumni Oxonienses: The Members of the University of Oxford, 1715-1886,* 1891

Anderson, James Maitland, *The Matriculation Roll of the University of Saint Andrews, 1747-1897,* 1905

Stapylton, H. E.C., *The Eton School Lists, from 1791 to 1850,* 1864
Stapylton, H. E.C., *Second Series of Eton School Lists, Comprising the Years between 1853 and 1892,* 1900
Messiter, Minna, *Repton School Register 1557-1910,* 1910

DIRECTORIES AND JOURNALS
Church Times, 1863-
Clergy List, 1841-1917
Crockford's Clerical Directory, 1858-
Gentleman's Magazine, 1731-1868
Notes & Queries, 1849-

WEBSITES
The Thomas Gray Archive (Editor, Alexander Huber),
http://www.thomasgray.org.uk
The Perseus Digital Library, http://www.perseus.tufts.edu/
The Times Digital Archive, http://infotrac.galegroup.com/itw/infomark/
Oxford Dictionary of National Biography, http://www.oxforddnb.com/
Ancestry.co, http://ancestrylibrary.proquest.com
FamilySearch.org, http://www.familysearch.org/
Attributions of Authorship in the Gentleman's Magazine *1731-1868: An Electronic Union List* (Editor, Emily Lorraine de Montluzin),
http://etext.virginia.edu/bsuva/gm/intro.html
British Library Integrated Catalogue, http://catalogue.bl.uk
Bodleian Library Catalogue, http://www.lib.ox.ac.uk/olis/
Cambridge University Library Catalogue, http://hookec.lib.cam.ac.uk/

THE LATINITY OF GRAY'S ENGLISH

Suitably to the subject, Gray's language is Latinate in various ways.

1. Inversion of normal word order.
In stanza 9, lines 1-3 ('The boast of heraldry … th' inevitable hour'), object appears before subject, as indicated by the singular verb. Is the same true in stanza 2, line 2 ('all the air a solemn stillness holds')? In many other lines word order is juggled with for the sake of the rhyme or to put emphasis on the final word of a line ('The mopeing owl …'; 'Yet ev'n these bones …'; 'A Youth to Fortune …'; etc); but this is hardly uncommon.

2. Personification.
Extensively used: e.g. Ambition, Grandeur, Knowledge, Penury, Luxury, Pride, Nature, Science, Melancholy.

3. Words used in the sense of their Latin root:
'rude Forefathers' (rough, uncultured); 'glebe' (soil, clod of earth); 'storied/animated/mansion' (three words in two lines); 'provoke' (call forth); 'genial' (life-creating); 'serene' (clear). But what exactly does 'ingenuous (shame)' mean? And, stretching root to origin, does '(noble) rage' stand for 'furor' (madness, rage; but also passion, frenzy)?

4. Unusual words of Latin derivation: e.g. 'jocund'; 'tenor'.

5. 'Mute inglorious' (Milton) may be a direct memory (conscious or unconscious) of *Aeneid* 12.397. There may be other such memories we have failed to spot.

But all this comes nowhere near the full-blooded Latinizing of Milton or Johnson. And much else, especially occasional extravagant words and images, seems anti-classical/'Romantic'/Shakespearian: 'glimmering'; 'wheels (his droning flight)'; 'lisp'; 'The breezy call …'; 'The pealing anthem …'; 'madding'; 'unfathom'd'; 'wade through slaughter'; 'peep of dawn'. Of course we must not forget that many of Gray's best effects, too, come from simple Saxon monosyllables, e.g. 'the paths of glory lead but to the grave' (8 words out of 9 in this line).

AD POETAM.[10]

Nos quoque per tumulos, et amica Silentia dulcis
Raptat Amor; Tecum liceat, Divine Poeta,
Ire simul, tacitaque lyram pulsare sub umbra.

Non tua securos fastidit Musa Penates,
Non humiles habitare casas, et sordida Rura;
Quamvis radere iter liquidum super ardua Coeli
Coerula, Pindarica non expallesceret Ala.
Quod si Te Latiae numeros audire Camoenae
Non piget, et nostro vacat indulgere labori;
Forte erit, ut vitreas recubans Anienis ad undas,
Te doceat resonare nemus, Te flumina, Pastor,
Et tua caerulea discat Tiberinus in Urna
Carmina, cum tumulos praeterlabetur agrestes.

Et cum pallentes inter numeraberis Umbras,
Cum neque Te vocale melos, neque dulcis amici
Colloquium, neque naturae mirabilis ordo,
Ex humili poterunt iterum revocare cubili;
Quamvis nulla tuum decorent Insignia Bustum,
At pia Musa super, nostrae nihil indiga Laudis,
Perpetuas aget excubias, lacrymaque perenni
Nutriet ambrosios in odoro Cespite flores.

C.A. et W.H.R.

TO THE POET

Dear Love speeds us in search of the peace found among tombs,
Just as it hurried you. Therefore, Divine Poet,
May we go with you and strike our lyre in the quiet shade?
Your Muse does not disdain the hearth free from all cares,
Or the life of modest homes set in lowly countryside
– Even though it did not fear to soar on a clear course

---

[10] Dedicatory poem to Gray by Christopher Anstey and William Hayward Roberts, originally prefacing their translation in 1762 and slightly revised in the 1778 edition.

Above the blue heights of heaven on bold Pindaric wing.
But if you are not averse to hearing some lines inspired
By our own Latin Muse – and your leisure will permit? –
It might, Shepherd, even chance that while your Muse reclines
By Anio's glassy stream, ours may teach grove and flood
To re-echo you, and cause Tiber's own green banks to sound
With your poems as he flows on past his own quiet country graves.

And when you yourself are numbered among those same pale Shades,
When neither sounding song nor converse with dear friend,
Nor even Nature can for all its ordered power
Rouse you from your humble grave … And though no 'storied urn
Or animated bust' shall adorn your place of rest,
Even so your devoted Muse, not needing our poor praise,
Will maintain her constant watch and with continual tears
Nourish the timeless flowers which grow in that fragrant earth.

ALAN BROWNJOHN, 2008

THOMAS GRAY, 1751.[11]

Elegy Written in a Country Churchyard.

1.   The curfew tolls the knell of parting day,
       The lowing herd wind slowly o'er the lea,
    The plowman homeward plods his weary way,
       And leaves the world to darkness and to me.

2.   Now fades the glimmering landscape on the sight,
       And all the air a solemn stillness holds,
    Save where the beetle wheels his droning flight,
       And drowsy tinklings lull the distant folds;

3.   Save from that yonder ivy-mantled tow'r
       The mopeing owl does to the moon complain
    Of such, as wand'ring near her secret bow'r,
       Molest her ancient solitary reign.

3A.   *Hark! how the sacred Calm, that breathes around,*
       Bids every fierce tumultuous passion cease;
    In still small accents whispering from the ground,
       A grateful earnest of eternal peace.[12]

4.   Beneath those rugged elms, that yew-tree's shade,
       Where heaves the turf in many a mould'ring heap,
    Each in his narrow cell for ever laid,
       The rude Forefathers of the hamlet sleep.

5.   The breezy call of incense-breathing Morn,
       The swallow twitt'ring from the straw-built shed,
    The cock's shrill clarion, or the echoing horn,
       No more shall rouse them from their lowly bed.

---

[11] The text, from *The Poetical Works of Gray and Collins*, edited by Austin Lane Poole (2nd edition, Oxford, 1926), is that of *Poems by Mr Gray* (Dodsley, London, 1768).

[12] This stanza is omitted from the majority of editions of Gray's poem. It appears in two translations: Pycroft (no. 33) and Dodwell (no. 34).

6.   For them no more the blazing hearth shall burn,
      Or busy housewife ply her evening care:
No children run to lisp their sire's return,
      Or climb his knees the envied kiss to share.

7.   Oft did the harvest to their sickle yield,
      Their furrow oft the stubborn glebe has broke;
How jocund did they drive their team afield!
      How bow'd the woods beneath their sturdy stroke!

8.   Let not Ambition mock their useful toil,
      Their homely joys, and destiny obscure;
Nor Grandeur hear with a disdainful smile,
      The short and simple annals of the poor.

9.   The boast of heraldry, the pomp of pow'r,
      And all that beauty, all that wealth e'er gave,
Awaits alike th' inevitable hour.
      The paths of glory lead but to the grave.

10.   Nor you, ye Proud, impute to These the fault,
      If Mem'ry o'er their Tomb no Trophies raise,
Where thro' the long-drawn aisle and fretted vault
      The pealing anthem swells the note of praise.

11.   Can storied urn or animated bust
      Back to its mansion call the fleeting breath?
Can Honour's voice provoke the silent dust,
      Or Flatt'ry soothe the dull cold ear of Death?

12.   Perhaps in this neglected spot is laid
      Some heart once pregnant with celestial fire;
Hands, that the rod of empire might have sway'd,
      Or wak'd to extasy the living lyre.

13.   But Knowledge to their eyes her ample page
      Rich with the spoils of time did ne'er unroll;
Chill Penury repress'd their noble rage,
      And froze the genial current of the soul.

14. Full many a gem of purest ray serene,
       The dark unfathom'd caves of ocean bear:
     Full many a flower is born to blush unseen,
       And waste its sweetness on the desert air.

15. Some village-Hampden, that with dauntless breast
       The little Tyrant of his fields withstood;
     Some mute inglorious Milton here may rest,
       Some Cromwell guiltless of his country's blood.

16. Th' applause of list'ning senates to command,
       The threats of pain and ruin to despise,
     To scatter plenty o'er a smiling land,
       And read their hist'ry in a nation's eyes,

17. Their lot forbad: nor circumscrib'd alone
       Their growing virtues, but their crimes confin'd;
     Forbad to wade through slaughter to a throne,
       And shut the gates of mercy on mankind,

18. The struggling pangs of conscious truth to hide,
       To quench the blushes of ingenuous shame,
     Or heap the shrine of Luxury and Pride
       With incense kindled at the Muse's flame.[13]

19. Far from the madding crowd's ignoble strife,
       Their sober wishes never learn'd to stray;
     Along the cool sequester'd vale of life
       They kept the noiseless tenor of their way.

20. Yet ev'n these bones from insult to protect
       Some frail memorial still erected nigh,
     With uncouth rhimes and shapeless sculpture deck'd,
       Implores the passing tribute of a sigh.

---

[13] Here Gray originally concluded the *Elegy* with four stanzas which were later omitted, though reworked lines or phrases were subsequently included elsewhere in the poem. One stanza (now our 3A) appears in some editions and in two translations (Pycroft, Dodwell).

21.   Their name, their years, spelt by th' unletter'd muse,
        The place of fame and elegy supply:
    And many a holy text around she strews,
        That teach the rustic moralist to die.

22.   For who to dumb Forgetfulness a prey,
        This pleasing anxious being e'er resign'd,
    Left the warm precints of the chearful day,
        Nor cast one longing ling'ring look behind?

23.   On some fond breast the parting soul relies,
        Some pious drops the closing eye requires;
    Ev'n from the tomb the voice of Nature cries,
        Ev'n in our Ashes live their wonted Fires.

24.   For thee, who mindful of th' unhonour'd Dead
        Dost in these lines their artless tale relate;
    If chance, by lonely contemplation led,
        Some kindred Spirit shall inquire thy fate,

25.   Haply some hoary-headed Swain may say,
        "Oft have we seen him at the peep of dawn
    "Brushing with hasty steps the dews away
    "To meet the sun upon the upland lawn.

25A.   *"Him have we seen the greenwood side along,*
        "While o'er the heath we hied, our labours done,
    "Oft as the woodlark pip'd his farewell song,
        "With wistful eyes pursue the setting sun.[14]

26.   "There at the foot of yonder nodding beech
        "That wreathes its old fantastic roots so high,
    "His listless length at noontide would he stretch,
        "And pore upon the brook that babbles by.

---

[14] This stanza is omitted from the majority of editions of Gray's poem. It appears in four translations: Colton (no. 18), Hickie (no. 19), Pycroft (no. 33) and Dodwell (no.34).

27. "Hard by yon wood, now smiling as in scorn,
      "Mutt'ring his wayward fancies he would rove,
    "Now drooping, woeful wan, like one forlorn,
      "Or craz'd with care, or cross'd in hopeless love.

28. "One morn I miss'd him on the custom'd hill,
      "Along the heath and near his fav'rite tree;
    "Another came; nor yet beside the rill,
      "Nor up the lawn, nor at the wood was he;

29. "The next with dirges due in sad array
      "Slow thro' the church-way path we saw him borne.
    "Approach and read (for thou can'st read) the lay,
      "Grav'd on the stone beneath yon aged thorn."

29A. *There scatter'd oft, the earliest of the year,*
      By hands unseen are show'rs of violets found;
    The redbreast loves to build and warble there,
      And little footsteps lightly print the ground.[15]

The Epitaph.

30. Here rests his head upon the lap of Earth
      A Youth to Fortune and to Fame unknown.
    Fair Science frown'd not on his humble birth,
      And Melancholy mark'd him for her own.

31. Large was his bounty, and his soul sincere,
      Heav'n did a recompense as largely send:
    He gave to Mis'ry all he had, a tear,
      He gain'd from Heav'n ('twas all he wish'd) a friend.

32. No farther seek his merits to disclose,
      Or draw his frailties from their dread abode,
    (There they alike in trembling hope repose,)
      The bosom of his Father and his God.

---

15 This stanza is omitted from the majority of editions of Gray's poem. It appears in four translations: Woty (no. 10), Anon. 'G' (no. 12), Colton (no. 18) and Hickie (no. 19).

GRAY, Thomas, 1716-1771.

He composed the *Elegy* over the period 1745-1750 and published it in 1751. Five editions appeared in that year, and a further three versions in periodical publications. Within the decade the poem had become so much part of the national consciousness that General Wolfe, on the night before the assault on Quebec, 'repeated nearly the whole of Gray's *Elegy* ... adding ... that he would prefer being the author of that poem to the glory of beating the French tomorrow'.[16] By 1762 there had been 11 editions and at least six other published versions. Gray's own notes to the poem did not refer to any classical influences but indicate three phrases where he is echoing Italian poets: Dante (once) and Petrarch (twice).

Gray was a pupil at Eton College, 1725-1734, and a student at Peterhouse, Cambridge, 1734-1738. He made the Grand Tour with Horace Walpole, 1739-1741, residing in Italy for the period November 1739-July 1741. He returned to academic life at Cambridge (Peterhouse and later Pembroke College) from 1742 until his death in 1771. From 1742 onwards he spent periods in Stoke Poges; and he was buried there.

ODNB

---

[16] J. Playfair, 'Biographical Account of J. Robinson', in *Transactions of the Royal Society of Edinburgh*, vol. vii, p. 499, 1814.

1. CHRISTOPHER ANSTEY AND WILLIAM HAYWARD ROBERTS, 1762 and 1778.[17]

ELEGIA SCRIPTA IN COEMETERIO RUSTICO A THOMA GRAY LATINE REDDITA.
Editio nova prioribus emendatior.

1. *INGEMINAT signum occiduae Campana diei;*
    Jam tardo per prata boum pede flectitur agmen,
    Mugitusque ciet; vestigia fessus arator
    Aegra domum trahit,[18] et solus sub nocte relinquor.

2. *Jam*[19] rerum species evanida cedit, et omnis
    Aura silet, nisi qua pigro Scarabaeus in orbes
    Murmure se volvat, nisi tintinnabula longe
    Dent sonitum, faciles pecori suadentia somnos;

3. Aut nisi sola sedens hederoso in culmine Turris
    Integret ad Lunam ferales Noctua cantus,[20]
    Visa queri, propter secretos forte recessus
    Si quis eat, turbetque antiqua et inhospita Regna.

4. Hic subterque rudes ulmos, Taxique sub umbra
    Qua super ingestus crebro tumet aggere Cespes,
    Aeternum posuere angusto in Carcere duri
    Villarum Patres, et longa oblivia ducunt.

5. Non vox Aurorae croceos spirantis odores,
    Non quae stramineo de tegmine stridit Hirundo,
    Non Galli tuba clara, neque hos resonabile Cornu,
    Ex humili poterunt iterum revocare cubili:[21]

---

[17] The first version was published in 1762. The changes in 1778 are indicated in each case by italics, and the 1762 version is given in the footnotes.

[18] Audin' ut occiduae signum Campana Diei
   Vespertina sonet! flectunt se tarda per agros
   Mugitusque armenta cient, vestigia Arator
   Fessa domum trahit, ... (1762)

[19] Nunc (1762)

[20] Ad Lunam effundat lugubres Noctua cantus (1762)

[21] Ex humili ulterius poterunt revocare cubili: (1762)

31

6.   Non illis splendente foco renovabitur ignis,
        Sedula nec curas urgebit vespere Conjux;
        Non Patris ad reditum tenero balbutiet ore
        Certatimve amplexa genu petet Oscula Proles.

7.   Illis saepe seges matura cessit Arista,
        Illi saepe graves fregerunt vomere glebas;
        Ah! quoties laeti sub plaustra egere Juvencos!
        Ah! quoties duro nemora ingemuere sub ictu!

8.   Nec vitam, utilibus quae incumbit provida curis,
        Nec sortem ignotam, *neque rustica gaudia temnat*
        Ambitione tumens; nec honore superbus avito[22]
        Annales Inopum quoscunque audire recuset.

9.   Sceptri grande decus, generosae stirpis honores,
        Quicquid opes, aut forma dedit, commune Sepulchrum
        Opprimit, et leti non evitabilis hora.
        Ducit Laudis iter tantum ad confinia Mortis.

10.   *Nec tamen ut culpa dignos urgete, superbi,*
        Nulla quibus memori surgunt Insignia Busto,[23]
        Qua longos per Templi aditus, laqueataque tecta
        Divinas iterare solent gravia Organa Laudes:

11.   Inscriptaene valent Urnae, spirantiaque aera,
        Ad sedes fugientem animam revocare relictas?
        Dicite, sollicitet cineres si fama repostos?
        Gloria si gelidas Fatorum mulceat Aures?

12.   *Forsitan*[24] hic Animus neglecta in sede quiescat
        qui prius incaluit coelestis semine flammae;
        Forsitan hic tolerasse Manus quae pondera nossent
        Imperii, magicumve lyra elicuisse canorem.[25]

---

[22]   … securaque gaudia Ruris
  Rideat Ambitio, tumidove Superbia fastu (1762)
[23] Parcite sic tellure sitis (ita fata volebant)
  Si nulla in memori surgant Insignia Busto (1762)
[24] Quis scit, an hic &c (1762)
[25] Quis scit, an hic sceptri Manus haud indigna recumbat,

13.   Annales sed nulla suos His Musa reclusit,
        Dives opum variarum, et longo fertilis aevo;
        Pauperies angusta sacros compescuit ignes,
        Et vivos animi glaciavit frigore cursus.

14.   Saepe coruscantes puro fulgore sub antris
        Abdidit Oceanus, caecoque in gurgite gemmas;
        Saepe etiam flos, in solis qui nascitur agris,
        Neglectus rubet, inque auras disperdit Odorem;[26]

15.   Hic aliquis forte HAMDENUS, qui pectore firmo
        Obstitit Imperio *dominantis in arva Tyranni,*[27]
        MILTONUS tumulo rudis atque inglorius illo
        Dormiat, aut patrii CROMVELLUS sanguinis insons.

16.   Eloquio attenti moderarier ora Senatus,
        Dura pati,[28] saevique minas ridere doloris,
        Per patriam largos Fortunae divitis imbres
        Spargere, et in laeto populi se agnoscere vultu,

17.   Hos sua sors vetuit; tenuique in Limite clausit
        Virtutes, scelerisque simul compescuit ortum;
        Ad solium cursus per caedem urgere cruentos,
        Atque tuas vetuit, Clementia, claudere portas,

18.   Conatus premere occultos, quos conscia Veri
        Mens fovet, ingenuique extinguere signa pudoris,
        Luxuriaeve[29] focos cumulare, Aedemque superbam
        Thure pio, quod Musa suis accenderat aris.[30]

19.   Insanae procul amotis certamine turbae
        Sobria non illis didicerunt Vota vagari;
        Securum vitae per iter, vallemque reductam,
        Servabant placidum, cursu fallente, tenorem.

Quaeve lyrae poterat magicum inspirasse furorem? (1762)
[26] Neglectus saepe, in solis qui nascitur agris,
  Flos rubet, inque auras frustra disperdit Odorem. (1762)
[27]   … parvi in sua rura Tyranni (1762)
[28] Exitium saevique &c (1762)
[29] Luxuriaeque (1762)
[30] Thure, quod in sacris Musarum adoleverat aris. (1762)

20.   His tamen incautus tumulis ne forte Viator
     Insultet, videas circum monimenta caduca,
     Qua numeris incompositis, rudibusque figuris
     Ossa tegit lapis, et suspiria poscit euntem.

21.   Pro moestis Elegis, culto pro carmine, scribit
     Quicquid Musa potest incondita, Nomen et Annos:
     Multaque, queis animum moriens soletur Agrestis,
     Dogmata dispergit sacrai Scripturai.

22.   Sollicitae quis enim, quis amatae dulcia Vitae,
     Taedia, sustinuit mutare silentibus umbris,
     Deseruitve almae confinia laeta diei,
     Nec Desiderio cunctantia Lumina flexit?

23.   Projicit in gremium sese moriturus amicum,
     Deficiensque oculus lacrymas, pia munera, poscit;
     Quinetiam fida ex ipso Natura Sepulchro
     Exclamat, solitoque relucent igne favillae.

24.   At te, cui curae tumulo sine honore jacentes,
     Incomptoque memor qui pingis agrestia versu;
     Si quis erit, tua qui cognato pectore quondam
     Fata roget, sola secum meditatus in umbra,

25   Forte aliquis memoret, canus jam Tempora Pastor,
     "Illum saepe novo *Lucis conspeximus ortu*[31]
     "Verrentem propero matutinos pede Rores,
     "Nascenti super arva jugosa occurrere Soli.

26.   *"Illic antiquas ubi devia fagus in altum*
     "Radices agit, umbroso sub tegmine, lentus[32]
     "Solibus aestivis, se effundere saepe solebat,
     "Lumina fixa tenens, rivumque notare loquacem.

---

[31] sub Lucis vidimus ortu (1762)
[32] Illic antiquas ubi torquet devia fagus
   Radices per humum, patulo sub tegmine, lassus (1762)

27.   "Saepe istam assuetus prope sylvam errare, superbum
      "Ridens nescio quid; nunc multa abnormia volvens,
      "Aut desperanti similis, nunc pallidus ibat,
      "Ut cura insanus, miserove agitatus Amore.

28.   "Mane erat, et solito non illum in colle videbam,
      "Non illum in campo, nota nec in arboris umbra:
      "Jamque dies novus ortus erat;[33] neque flumina propter,
      "Nec propter sylvam, aut arvis erat ille jugosis;

29.   *"Tertius accessit, cum portatum ordine moesto*[34]
      "Vidimus, et tristes, qua semita ducit ad Aedem,
      "Rite ire Exequias; ades huc, et perlege Carmen
      "(Nam potes,) inscriptum lapidi sub vepre *vetusto.*"[35]

      EPITAPHIUM.

30. *Hic famae jacet inscius, nec haeres* [36]
     Fortunae Juvenis, super silenti
     Telluris gremio caput reponens.
     Non cunas humiles, Laremve parvum
     Contempsit pia Musa; flebilisque
     Jussit Melpomene suum vocari.

31. Huic largum fuit, integrumque pectus,
     Et largum tulit a Deo favorem:
     Solum quod potuit dare, indigenti
     Indulsit lachrymam; Deusque Amicum,
     Quod solum petiit, dedit roganti.

32. Virtutes fuge curiosus ultra
     Scrutari; fuge sedibus tremendis
     Culpas eruere, in Patris Deique
     Illic mente sacra simul repostae
     Inter spemque metumque conquiescunt.

---

[33] Iamque nova est exorta Dies (1762)
[34] Adveniente alia, portatum hunc ordine moesto (1762)
[35] vetusta (1762)
[36] Nec famae, neque notus, hic quiescit, … (1762)

ANSTEY, Christopher, 1724-1805, and ROBERTS, William Hayward, 1734-1791.

Anstey's translation, composed in co-operation with his friend William Hayward Roberts, *Elegia Scripta in Coemeterio Rustico Latine Reddita*, was first published in 1762 at Cambridge; in 1778 they published a revised version. The translation was reprinted on at least nine occasions between 1768 and 1843, and seems to have been the only version to achieve publication in Italy. As well as being the earliest version, it is the one with the strongest personal links with Gray and with Eton. Anstey left Eton in 1742, only eight years after Gray; Roberts a decade later. Both had been King's Scholars there, and schoolboy leaders as Captains for the 'Ad Montem'.   Both followed Gray to Cambridge, proceeding to Eton's sister foundation, King's College. Roberts returned to Eton as an assistant master in 1760, finally serving as Provost for the decade up to his death in 1791. Of the two translations published during Gray's lifetime, this is the only one for which we have 'the advantage of Gray's criticism' (*ODNB*): a rather guarded endorsement in a letter to Anstey. A later commentator, H.F. Cary, was less kind: 'His Latin verses might well have been spared. In the translation of Gray's *Elegy* there is more than usual crampness [sic]; occasioned, perhaps, by his having rendered into hexameters the stanzas of four lines, to which the elegiac measure of the Romans would have been better suited.'[37]

Anstey was an established poet: in 1766 he achieved a national reputation with *The New Bath Guide*, a satire on current fashions. Although he never repeated this success in his later publications, he is commemorated in Westminster Abbey's Poets' Corner. Despite Cary's strictures, he was one of the better known writers of Latin verse in his period.

Roberts was a more serious poet, winning commendation from Robert Southey and Fanny Burney. His major works were a Miltonic epic, *Judah Restored: A Poem in Six Books* (1776), and *A Poetical Essay on the Existence of God* (1771).

ODNB

---

[37] *Lives of English Poets, from Johnson to Kirke White* (1846).

2. ROBERT LLOYD, 1762.

CARMEN ELEGIACUM, In CIMAETERIO RUSTICO compositum.

1. Audistin! quam lenta sonans campana per agros,
  Aerato occiduam nuntiat ore diem.
 Armenta impellunt crebris mugitibus auras,
  Lassatusque domum rusticus urget iter.
 Solus ego in tenebris moror, et vestigia solus
  Compono tacita nocte, vacoque mihi.

2. Omnia pallescunt jam decedentia visu,
  Et terra et coelum, qua patet, omne silet.
 Cuncta silent, nisi musca suam sub vespere sero
  Raucisonans pigram qua rotat orbe fugam;
 Cuncta silent, nisi qua faciles campanula somnos
  Allicit, et lento murmure mulcet oves.

3. Quaque hedera antiquas socia complectitur umbra
  Turres, feralis lugubre cantat avis;
 Et strepit ad lunam, si quis sub nocte vagetur
  Imperium violans, Cynthia Diva, tuum.

4. Has propter veteres ulmos, taxique sub umbra
  Qua putris multo cespite turget humus,
 Dormit, in aeternum dormit gens prisca colonum,
  Quisque sua angusta conditus usque domo.

5. Hos nec mane novum, Zephyrique fragrantior aura,
  Nec gallus vigili qui vocat ore diem,
 Nec circumvolitans quae stridula garrit hirundo
  Stramineumque alta sub trabe figit opus,
 Undique nec cornu vox ingeminata sonantis
  Aeterno elicient hos, repetentque toro.

6. Amplius his nunquam conjux bene fida marito
  Ingeret ardenti grandia ligna foco;
 Nec reditum expectans domini sub vespere sero
  Excoquet agrestes officiosa dapes;

Nec curret raptim genitoris ad oscula proles,
   Nec reducem agnoscent aemula turba patrem.

7.   Quam saepe Hi rastris glebam fregere feracem!
      Saepe horum cecidit falce resecta seges.
   Quam laeti egerunt stridentia plaustra per agros,
      Et stimulis tardos increpuere boves!
   Horum sylva vetus quam concidit icta bipenni,
      Quaque ruit late vi tremefecit humum!

8.   Ne tamen Ambitio risu male laeta maligno
      Sortemve, aut lusus, aut rude temnat opus!
   Nec fronte excipiat ventosa Superbia torva
      Pauperis annales, historiasque breves!

9.   Et generis jactatus honos, dominatio regum,
      Quicquid opes, quicquid forma dedere boni,
   Supremam simul hanc expectant omnia noctem:
      Scilicet ad lethum ducit honoris iter.

10.   Nolite hos humiles culpae insimulare, Superbi,
      Quod domini ostendant nulla trophaea decus,
   Qua canit amissum longo ordine turba patronum,
      Clarosque ingeminant claustra profunda sonos.

11.   An vanis inscripta notis angustior urna,
      Phidiacumve loquens nobile marmor opus,
   An revocent animam fatali a sede fugacem?
      Detque iterum vita posse priore frui?
   Possit adulantum sermo penetrare sepulchrum?
      Evocet aut manes laus et inanis honor?

12.   Forsan in hoc, olim divino semine praegnans
      Ingenii, hoc aliquis cespite dormit adhuc.
   Neglecto hoc forsan jaceat sub cespite, sceptra
      Cujus tractarint imperiosa manus.
   Vel quales ipso forsan vel Apolline dignae
      Pulsarint docto pollice fila lyrae.

13.   Doctrinae horum oculis antiqua volumina priscae
        Nunquam divitias explicuere suas.
    Horum autem ingenium torpescere fecit egestas
        Aspera, et angustae sors inimica domi.

14.   Multa sub oceano pellucida gemma latescit,
        Et rudis ignotum fert et inane decus.
    Plurima neglectos fragrans rosa pandit odores,
        Ponit et occiduo pendula sole caput.

15.   Aemulus Hamdeni hic aliquis requiescat agrestis,
        Quem patriae indignans exstimulavit amor;
    Ausus hic exiguo est villae oppugnare tyranno,
        Asserere et forti jura paterna manu.
    Aut mutus forsan, fatoque inglorius, alter
        Hac vel Miltono par requiescat humo.
    Dormiat aut aliquis Cromuelli hic aemulus audax,
        Qui patriam poterit vel jugulasse suam.

16.   Eloquio arrectum prompto mulcere senatum,
        Exilii immoto pectore ferre minas,
    Divitias larga in patriam diffundere dextra,
        Historiam ex populi colligere ore suam,

17.   Illorum vetuit sors improba, – nec tamen arcto
        Tantum ad virtutem limite clausit iter,
    Verum etiam et vitia ulterius transire vetabat,
        Nec dedit his magnum posse patrare scelus.
    Hos vetuit temere per stragem invadere regnum,
        Excipere et surda supplicis aure preces.

18.   Sentire ingenuum nec dedidicere ruborem,
        Conscia suffusus quo notat ora pudor.
    Luxuria hi nunquam sese immersere superba,
        Nec Musae his laudes prostituere suas.

19.   At placide illorum, procul a certamine turbae
        Spectabant propriam sobria vota domum;
    Quisque sibi vivens, et sponte inglorius exul,
        Dum tacito elabens vita tenore fluit.

20.   Haec tamen a damno qui servet tutius ossa,
        En tumulus fragilem praebet amicus opem!
    Et vera agresti eliciunt suspiria corde
        Incultae effigies, indocilesque modi.

21.   Atque locum supplent elegorum nomen et anni
        Quae forma inscribit rustica Musa rudi:
    Multa etiam sacri diffundit commata textus,
        Queis meditans discat vulgus agreste mori.

22.   Heu, quis enim dubia hac dulcique excedere vita
        Jussus, et aeternas jam subiturus aquas,
    Descendit nigram ad noctem, cupidusque supremo
        Non saltem occiduam respicit ore diem?

23.   Decedens alicui saltem mens fidit amico
        In cujus blando pectore ponit opem,
    Fletum aliquem exposcunt jam deficientia morte
        Lumina, amicorum qui riget imbre genas.
    Quin etiam ex tumulo, veteris non inscia flammae,
        Natura exclamat fida, memorque sui.

24.   At tibi, qui tenui hoc deducis carmine sortem,
        Et defunctorum rustica fata gemis,
    Huc olim intentus si quis vestigia flectat
        Et fuerit qualis sors tua forte roget,

25.   Huic aliquis forsan senior respondeat ultro,
        Cui niveis albent tempora sparsa comis,
    "Vidimus hunc quam saepe micantes roribus herbas
        "Verrentem rapido, mane rubente, gradu.
    "Ad roseum solis properabat saepius ortum,
        "Summaque tendebat per juga laetus iter.

26.   "Saepe sub hac fago, radices undique circum
        "Quae varie antiquas implicat alta suas,
    "Stratus humi meditans medio procumberet aestu,
        "Lustraretque inhians flebile murmur aquae.

27.　"Saepius hanc sylvam propter, viridesque recessus
　　　"Urgeret meditans plurima, lentus iter,
　　　"Intentam hic multa oblectaret imagine mentem,
　　　"Musarumque frequens sollicitaret opem,
　　　"Jam veluti demens, tacitis erraret in agris,
　　　"Aut cujus stimulat corda repulsus amor.

28.　"Mane aderat nuper, tamen hunc nec viderat arbos,
　　　"Nec juga, nec saliens fons, tacitumve nemus;
　　　"Altera lux oritur; nec aperta hic valle videtur,
　　　"Nec tamen ad fagum, nec prope fontis aquam.

29.　"Tertia successit – lentoque exangue cadaver
　　　"Ecce sepulcrali est pompa secuta gradu.
　　　"Tu lege, namque potes, caelatum in marmore carmen,
　　　"Quod juxta has vepres exhibet iste lapis."

EPITAPHIUM.

30.　Cui nunquam favit fama aut fortuna secunda,
　　　Congesto hoc juvenem cespite servat humus.
　　　Huic tamen arrisit jucunda Scientia vultu,
　　　Selegitque, habitans pectora, Cura sibi.

31.　Largus opum fuit, et sincero pectore fretus,
　　　Accepit pretium par, tribuente Deo.
　　　Indoluit miserans inopi, lacrymasque profudit.
　　　– Scilicet id, miseris quod daret, omne fuit.
　　　A coelo interea fidum acquisivit amicum,
　　　Scilicet id, cuperet quod magis, omne fuit.

32.　Ne merita ulterius defuncti exquirere pergas,
　　　Nec vitia ex sacra sede referre petas.
　　　Utraque ibi trepida pariter spe condita restant,
　　　In gremio Patris scilicet atque Dei.

LLOYD, Robert, 1733-1764.

Lloyd's translation was first published by Lloyd himself in *Poems by Robert Lloyd, A.M.* (London, 1762), and was the second and last version to appear in the lifetime of Gray – who acknowledged its existence but without comment. It appears to have been popular, being reprinted in 1768 and 1775 as part of editions of Gray's poems published in Dublin, as well as in W. Kenrick's *The Poetical Works of Robert Lloyd A.M.* (1774). It also appeared in 1794 and again in 1810, both times as part of anthologies of British poets. J.D. Baird in the *ODNB* describes the translation as 'a virtuoso rendering'.

A poet and playwright, the son of a clergyman, Lloyd was educated at Westminster School and Trinity College, Cambridge. As a member of a Westminster literary circle (he was briefly Usher at the school), he was a friend of William Cowper, the playwright George Colman (with whom he collaborated in a parody of Gray's *The Bard*), and the satirist Charles Churchill. He followed Churchill into a life of dissolution; and was perhaps a member of the Hell Fire Club. The publication of his *Poems* in 1762 was part of an unsuccessful attempt to overcome his financial problems; he died as a debtor in the Fleet Prison two years later.

ODNB

3. GIOVANNI COSTA, 1772.

Elegia inglese del signor Tommaso Gray sopra un cimitero di campagna
trasportata in versi latini.

1.   Aes triste ingeminat cedentis signa diei,
　　　　Mugit tardigradum per loca sola pecus;
　　Tecta petens, mundo tenebrisque mihique relicto,
　　　　Sollicitum fessus carpit arator iter;

2.   Deficiens oculis regio se subtrahit: aethram
　　　　Augustus latè, mutus et horror habet.
　　Solum raucisonis melolonthe[38] se rotat alis,
　　　　Et mulcet clausas semisopitus oves

3.   Tinnitus longe; solum illa ex turre corymbis
　　　　Vestita, ad lunam secum habitans queritur
　　Secretos bubo deserta in sede recessus
　　　　Turbari inviso, regna vetusta, pede.

4.   Illis sub scabris ulmis, taxique sub umbra,
　　　　Pulvis ubi molles tollitur in cumulos,
　　Rurigenae, quicunque sua, clauduntur in arcta
　　　　Sopiti cella tempus in omne Patres.

5.   Non Vox thuriferae Aurorae spirantis in aura,
　　　　Non quae de culmis trinsat hirundo casae,
　　Non galli clangor, non jam resonabile cornu
　　　　Eriget ex humili pectora strata toro.

6.   Non illis focus ardebit, non sedula sero
　　　　Uxor adibit opus, nec patris ad reditum
　　Accurrent balbi nati, nec basia circum
　　　　Genua adrepentes invidiosa petent.

---

[38] The 1772 edition glosses this word with: 'Genus scaraboei flavi, μηλολόνθη apud Aristophanem
in Nub.' The 1775 edition repeats this, and adds, 'Metri autem gratia η longum in e breve
convertitur.'

43

7.   Illis saepe seges cessit sub falce resecta,
        Saepe illis duro gleba refracta solo est.
    Ut laeti junctis petierunt arva juvencis!
        Ut gemuit validis ictibus omne nemus!

8.   Non almi Ambitio spernat benefacta laboris,
        Gaudia et illa domus, fataque tecta situ:
    Non dedignanti subridens audiat aure
        Fastus simplicium parvula gesta virum.

9.   Splendorem generis, praelustria Nomina, Opesque,
        Quidquid et ipse Decor, Divitiaeque ferunt,
    Occupat atra aequè non evitabilis Hora,
        Gloriaque in tumulum dirigit alta vias.

10.   At Tu ne vitio Gens verte superba, quod illis
        Mnemosyne in bustum nulla tropaea levet
    Sub longis alis, crustati & fornice templi,
        Laudis ubi resonis intonat aura modis.

11.   An primas animam in sedes revocare fugacem
        Artifices urnae, saxave viva queant?
    An tacitos cineres Honor excitet ore, placensve
        Blandities gelida Mortis in aure sonet?

12.   Fors cor neglectus premit angulus ille repostum,
        Quod plenum aetheriis ignibus intus erat,
    Fors dextram imperii data sceptra tenere valentem,
        Aut vivas oestro sollicitare fides.

13.   Ast ampla his nunquam Doctrina volumina lapsi
        Ditata exuviis temporis explicuit;
    Frigida Paupertas rabiem compressit, & acrem
        Cursum Animae inducto strinxit acuta gelu.

14.   Sic tegitur late radianti luce serena
        Oceani coecis plurima gemma vadis,
    Invisusque rubet flos plurimus, atque profuso
        Desertas redolens implet odore plagas.

15.   Rusticus Hampdenus fors hic, quem pectore vidit
       Se contra intrepido stare Tyrannus agri,
   Miltonusve jacet mutus sine nomine, puras
       Aut Cromuel gaudens caedis habere manus.

16   Patribus eloquio captis indicere plausus,
       Nil poenae, exitii nil timuisse minas,
   Spargere ridentem faecundo munere terram,
       Atque sua in populi cernere picta oculis

17.   Sors acta hos vetuit: nec jam crescentia solum
       Germina Virtutum, sed Vitia omne genus
   Repressit simul, ad solium ne in sanguine narent,
       Ne miserum objicerent pectora clausa malis,

18.   Neve graves simulans tegeret Mens conscia motus,
       Ingenuo extinctus vel Pudor ore foret,
   Vel thura ad flammas Musarum accensa sonarent
       Luxus et fastus accumulata focis.

19.   Hi, stulti abjecto procul a certamine Vulgi,
       Haud unquam votis edidicere suis
   Errare, egelida sed vitae in valle reducti,
       Et soli tacita semper iere via.

20.   Ossibus hisce tamen monumenta caduca tuendis
       Addita, & abnormi carmina sculpta manu
   Suspiri unius, quicunque accesserit isthuc,
       Munere donari praetereunte rogant;

21.   Nominaque, atque Anni, quos Musa inscripsit agrestis,
       Pro Fama, & numeris sunt, Elegia, tuis;
   Et lecta e Sacris sententia plurima Chartis
       Circumfusa, docet rustica corda mori.

22.   Nam muti Oblivi quis praeda futurus, ab illo
       Optato cessit, quo viget, estque, bono,
   Et laeti liquit tepefactas luminis oras,
       Nec retro ardentes flexit amans oculos?

23.   Dulce super pectus jam jam exhalanda quiescit
        Vis animae, atque pias lumina lacrymulas
    Claudenda exposcunt: Naturae clamat ab ipso
        Vox tumulo, & vivax flamma tenet cineres.

24.   At de Te, Vates, qui nunc ingloria vita
        Functorum memori carmine facta colis,
    Huc aliquis solo meditandi ductus amore,
        Et tibi persimilis si tua fata roget,

25.   Fors illi canus tum pastor dicet: "in ipso
        "Vidimus hunc albi limine saepe die
    "Verrentem celeri pede rores, Solis ut orti
        "Obvius exciperet, qua patet ora, jubar.

26.   "Illo nutantis fagi sub tegmine, cujus
        "Radicum ingenium tortile ludit humi,
    "Projectus medio, lentusque jacebat in aestu,
        "Spectabatque caput lene fluentis aquae.

27.   "Juxta illum errabat lucum spernente renidens
        "Nunc ore, & tenui murmure vana crepans,
    "Nunc languens, moestusque, & pallidus, ut miser, amens,
        "Et qui transverso pressus amore jacet.

28.   "Una dies venit; solito nec colle, nec ipsum
        "Vidi ego dilectos arboris ante pedes:
    "Altera successit; nec fontis lympha, nec ipsum
        "Amplius illa placens ora, nemusve dedit:

29.   "Proxima cum luxit, meritae maesto ordine pompae
        "Elatum sacra vidimus ire via.
    "Accede et legito (legere est tibi copia) carmen,
        "Sub spino veteri quod rude marmor habet:"

EPITAPHIUM.

30.　　Hic Forti[39] ignotus Juvenis, Famaeque, reclivem
　　　　　　Cervicem Terrae detinet in gremio:
　　　　Non humili Doctrina loco pulcherrima natum
　　　　　　Sprevit, Tristities composuitque suum.

31.　　Larga illi[40] Bonitas sincero in pectore; at inde
　　　　　　Aeque ille a Caelo praemia larga tulit:
　　　　Aerumnae (hoc habuit) lacrymam dedit ille; Sodalem
　　　　　　Illi (hoc optarat) Numen habere dedit.

32.　　Ne merita ulterius quaeras cognoscere, parva
　　　　　　Neu vitia horrenda e Sede vocare velis.
　　　　In spe cuncta illic pariter trepidante quiescunt,
　　　　　　Illius inque sinu stant Patris, atque Dei.

COSTA, Giovanni, 1736-1816.

The text above is taken from *Elegia Inglese del Signor Tommaso Gray sopra un Cimitero di Campagna Trasportata in Versi Latini, e Volgari* (Padua, 1772). In this edition it was accompanied by an Italian translation by Giuseppe Gennari (one of the three earliest Italian versions, all produced in this year). It was reprinted in *Poema Alexandri Pope De Homine, Jacobi Thomson, & Thomae Gray Selecta Carmina, ex Britanna in Latinam Linguam Translata a Joanne Costa in Seminario Patavino Academiae Praeceptore, cum Nonnullis Ejusdem Poeticis Scriptionibus* (Padua, 1775). (This latter volume also contains his second translation, this time in trochaics instead of the more usual elegiacs; see no. 5 below.) It was again reprinted in several later editions, including Torri's polyglot editions of 1817 and 1843.

A classics teacher at the University of Padua, Costa was an admired writer of Latin verse, which included translations of Pindar, Alexander Pope (*Essay on Man*), James Thomson (*Hymn to the Creator*) and Gray's *Progress of Poesy* and *The Bard*.

----

[39] The 1772 and 1775 editions have 'Forti', which is beyond doubt. Torri (1843) gives 'sorti'.
[40] The 1772 edition has 'illi'. The 1775 edition and Torri (1843) have 'olli', an archaic form; so also does an edition of 1791

Thomae Gray elegia in rusticum sepulcretum,
ex anglico in latinum conversa.

Nec verbum verbo curabis reddere fidus
Interpres.
Horat. Epist. ad Pison.

1   Lugubrem aera die cava dant moriente sonorem,
  It lente querulum lata per arva pecus;
 Atque mihi, & Nocti permittens rusticus orbem,
  Membra domum longo fracta labore trahit.

2.   Jam tenebris sensim tellus vanescit obortis,
  Perque ingentem late aethera cuncta silent.
 Lene culex tantum mussat, blandusque soporem
  Tinnitus clausis suadet inire ovibus.

3.   Quin & iners hederosa illic ab turre videtur
  Infenso ad lunam carmine bubo queri,
 Nescio quos illi veteris penetralia regni,
  Atque silentem ausos obstrepuisse domum.

4.   Hic scabrisque ulmis, tristique ubi nubila taxo,
  Pulvereo passim se aggere tollit, humus,
 Perpetuum angusta deposti in sede quiescunt,
  Quisque sua, indigenae, rustica turba, patres.

5.   Vox Zephyri, antevolat qui tus Pallantida olentem,
  Procne e straminea multa gemensve casa,
 Aut galli clangor, resonans aut buccina jam non
  Ex humili hos possint corripuisse toro.

6.   Ipsis lucebit jam non focus igne, nec uxor
  Serum urgebit opus; filiolive ruent
 In patrem balbi redeuntem, ad genvaque repent,
  Dividui partem suavioli ut rapiant.

---

[41] The original does not break the text into verses, but each quatrain matches Gray's equivalent stanza. For the convenience of the reader stanza numbers have been inserted by the editors.

7.   Quot cecidere illis messes tondentibus! illis
      Est solidus quoties vomere scissus ager!
   Ut junctos egere boves laeti! icta bipenni
      Ut valida late corruerunt nemora!

8.   Utilis, Ambitio, labor, atque domestica agrestum
      Gaudia ne, & tenebris sors adoperta tibi
   Sordeat; et claris, tu, quanquam haud fulgeat actis,
      Ne tenuem, Fastus, ride inopum historiam.

9.   Et ventosus Honos, celsaque Potentia fronte
      Vadens, atque Decor quicquid, Opesque parant,
   Se frustra extremae subducere nititur horae;
      Ad Laudem qua itur, itur & ad tumulum.

10.   Neve illis tumidus vitio quis verte, tropaeis
      Quod non busta super Mnemosyne decoret,
   Laudem ubi per longi resonans lacquearia templi
      Ingeminatam ingens tollit in astra canor.

11.   An spirans signum, & pulchre caelata fugacem
      In gelidos artus urna animam revocet?
   An tacitos Titulus cineres exsuscitet, aures
      Aut Leti rigidas Illecebrae afficiant?

12.   Forte loco situs est nulli agnoscendus in isto,
      Pectora caelesti cui caluere face,
   Aut cui digna fuit regali dextera sceptro,
      Flexanimisve fides apta movere modis.

13.   Doctrina ast illis nunquam ampla volumina pandit,
      Sunt Aevi innumeris quae gravia exuviis.
   Frigida praeclaros Paupertas contudit ignes,
      Fluminaque in glaciem nexuit ingenii.

14.   Quam multas liquido radientes lumine gemmas
      Aequoris antra ulli non adeunda tegunt!
   Quot rutilant solo sibi tantum in litore flores,
      Et vacuum indecores aethera odore replent!

15.   Hampdenus hic aliquis, domuit qui agrestis agrestem
      Conantem patrio ponere jura solo,
   Forte jacet, Miltonve inglorius, aut Cromuel quis,
      Cui non est patriae tincta cruore manus.

16.   Cum libuit, plausum mirantis ferre Senatus,
      Nil strictas horrere in sua fata acies,
   Ditia ridentes diffundere dona per oras,
      Et versos populi in se usque videre oculos,

17.   Fortuna hos vetuit; nec sese efferre parantes
      Haec modo Virtutes pressit, at & Vitia.
    Ad solium vetuit per caedem enare, cruoremque,
      Et miserum surda negligere aure preces,
18.   Abdere quasque parit veri mens conscia curas,
      Et facere ingenuus ne notet ora rubor;
    Aut Fastus, Luxusque adolere altaria ture,
      Quod cremet e Pindi flamma petita jugis.
19.   Insani fugiens vulgi certamina, coeptam
      Haec nunquam liquit sobria turba viam;
    Inque hac frigidula vitae ceu valle, remotum,
      Jucunda usque fruens pace, cucurrit iter.
20.   Tuta ergo ut placidis jaceant & sedibus ossa,
      Carminibus surgunt haec super illepidis,
    Et rudibus formis monumenta insculpta, petuntque
      Des, levia, ut gemitum, munera, quisquis ades.
21.   Quae cuique est aetas, & nomen rustica monstrat
      Hic Famae praestans Musa, Elegumque vicem;
    Passim & scripta legas veneranda oracula, agrestes
      Quae rite edoceant ultimum obire diem.
22.   Nam quis, vita malis scateat licet, oderit illam,
      Seque premi aeternum nocte ferat tacita?
    Quis, blandae tepidas lucis cum linqueret oras,
      Languidula haud flexit lumina, solem inhians?
23.   Gaudet se caris, quisquis moriturus, in ulnis;
      Si foveas, guttis ora rigesque piis.
    Ex imo clamat tumulo Natura, vetustae
      Et retinent flammae semen adhuc cineres.
24.   Quid tu, compositi tangit quem cura popelli,
      Hujus & hic mores quem cecinisse juvat?
    Cognato tibi secum animo quae versat, ab illis
      Huc quis forte actus si, quid agas, rogitet;
25.   Dicta olli incanus fors reddet talia pastor:
      "Aurora vidi saepe rubente hominem
    "Rores decutere, clivum superare patentem
      "Dum properat, primoque obvius it jubari.
26.   "Nutanti sub fago, imis quae stirpibus illic
      "Anfractu gaudet serpere multiplici,
    "Artus de medio ille die sternebit inertes,
      "Intentis haerens garrulam in undam oculis.

27.   "Lucum juxta illum modo, ceu qui vilia ridet,
     "Nescio quid secum carminis ore fremens
   "Errabat, modo languens, tristis, pallidus, exspes,
     "Ceu quem sive dolor, seu ferus angit amor.

28.   "Mane erat, at collem, silvamque haud ille revisit,
     "Nec carae exceptus arboris hospitio est.
   "Altera lux oritur, tumuli sed gramen aprici
     "Illum, nec fontis ripa, nemusve habuit.

29.   "Tertia eum, tristi pompa comitante, pheretro
     "Impositum hac tardo templa gradu petere
   "Vidi: ades, atque datur tibi quando, perlege, sculptas
     "Septus habet dumis quas lapis ille, notas."

[EPITAPH.]

30.   Hic, Terrae in gremio posita cervice, quiescit
     Ignotus juvenis, Fors, tibi, Fama, tibi.
   Pulchra humili hunc Sophie[42] non sprevit sanguine cretum,
     Tristitiesque suam finxit in effigiem.

31.   Simplex illi animus fuit, & miserescere velox,
     Praemia at hoc superi digna tulere animo.
   Quod potuit, miseris lacrimas dedit ille; sodalem
     Numina at olli, unum quod cupiit, dederunt.

32.   Menda viri ulterius fuge jam, fuge quaerere laudes:
     Terrifico quam sunt illa reposta loco!
   In summi pariter recubant Patrisque Deique
     Illa sinu, hic inter spemque metumque labant.

EVANGELI, Antonio, 1741-1805.

We were unable to find a copy of his translation in British or Italian libraries; but through the scholarship and generosity of Dottor Luca Gandolfi, located a copy in the private collection of Bruno Fagagnini of Verona. We are most grateful to Signor Fagagnini for permission to publish this text and to Dottor Gandolfi for his help with transcription. *Thomae Gray Elegia in Rusticum Sepulcretum, ex Anglico in Latinum Conversa. A CL. ER. P.A.* (Padua, 1772) is bound with the Latin

---

[42] Perhaps, to fit the metre, the Greek Ionic dialectal form (found in Homer) instead of the Attic 'Sophia'.

translation by Giovanni Costa and the Italian version by Melchiorre Cesarotti, both of 1772. The author's name is not given, and we have not been able to identify the initials, but as the title corresponds literatim with that quoted by Northup, it seems reasonable to identify it as by Evangeli.

Evangeli was a religious at Somasca and teacher at Padua as well as a poet and translator. His publications include *Poesie Liriche della Bibbia Esposte in Verso Italiano* (1793), and a preface to the works of Jacopo Stellini (1781-1784).

5. GIOVANNI COSTA, 1775.[43]
Second translation: Trochaics.

Ne mireris, Benigne Lector,
ELEGIAE THOMAE GRAY
Versionem alteram extra locum tibi sisti. Ad id enim me, properantibus
ad finem praelis, eorum, quorum plurimum apud me valere debet
auctoritas, consilium impulit.

TROCHAICUM.

1.   Languidi fugam diei nuntiat missus cavo
   Aere tinnitus: pererrat mugiens lento gradu
   Littus armentum, trahitque fessa fervidus domum
   Membra arator, atque Mundum linquit umbris, et mihi.

2.   Deficit, fugitque visus forma Terrae, et Aetheris
   Vasta late templa mutum possidet silentium;
   Rauca solum melolonthe se rotat strepentibus
   Triste in alis, et sopora lene tintinnabula
   Abditos procul remulcent fascino soni greges;

3.   Bubo solum turre ab illa, quam corymbi tortiles
   Nexili cingunt amictu, cogitabundus gemit
   Ad jubar Lunae, doletque caeca oberrantum pede
   Regna turbari, vetustae regna solitudinis.

4.   Asperis illis sub ulmis, illiusque luridam
   Taxi ad umbram, qua tumentes pulverans in aggeres
   Gleba surgit, cella in arcta quisque conditi sua
   Ruris antiqui, rudesque dormiunt semel Patres.

5.   Non Favoni vox in aura thus olentis primulo
   Mane, non hirundo trinsans hispidae e culmis casae,
   Nec sono stridens acuto gallus, aut crepantium
   Cornuum clangor resultans excitabit amplius

[5-6.] Infimo toro jacentes; non heris focus suis
   Amplius flammante luce fulgurabit ignium,
   Non inemptas apparabit corde anhelo vesperi
   Uxor escas, non reverso turba natorum patri
   Advolabit ore balbo verba miscens dulcia,

---

[43] The original does not break the text into verses, but in only four cases does the break between stanzas fall within a line. For the convenience of the reader stanza numbers have been inserted by the editors. Square brackets [ ] indicate points where the break occurs within the line.

Lubrico certansque nisu genua supra repere
Invidendis se beari postulabit osculis.

7. Saepe flava cessit Illis secta falcibus seges,
Saepe pertinax adunco fracta gleba vomere:
Ut boum laeti per agros panda duxerunt juga!
Ut suis flexere fortes ictibus nutans nemus!

8. Ne, Fames hians honoris, ne laborum despice
Utiles curas, domique nata Genti gaudia,
Obsitumque nocte fatum: neu breves, et simplices
Pauperum Annales repellens aure Fastus rideat.

9. Inclytum Genus, decusque splendidum Potentiae,
Quodque rara Pulcritudo, quodque Opes summae ferunt,
Cuncta adaeque nigra raptat Hora inevitabilis,
Et suos fert alta gressus in sepulcrum Gloria.

10. Ne probro Vos illud ipsis, ne, Superbi, vertite,
Quod tropaea nulla Mnesis rusticum in bustum levet,
Qua patentibus sub alis, atque Templi fornice
Illito crustis sonantes aura Laudes intonat.

11. Num decoris urna signis, aut imago vivida
In suas sedes fugacem num reducent Spiritum?
Num silentem Vox honoris suscitabit pulverem?
Frigidamve Mortis aurem tanget Assentatio?

12. Fors inobservato in illo Cor reclinatum jacet
Angulo, Caeli supernis quod tumebat ignibus:
Fors in isto Dextra torpet par vel ipsa providum
Imperi tractare sceptrum, vel lyrae vivo sono
Pendulas mentes beatis par tenere sensibus.

13. At suum Doctrina nunquam praeda onustum Temporis
Rusticis Volumen ingens explicavit visibus:
Nobilem frigens furorem vinxit Indigentia,
Et suo cursum fluentem mentis adstrinxit gelu.

14. Sic inexpertis, nigrisque sub recessibus maris
Multa candenti nitore saepe gemma fulgurat:
Sic et invisus rubescit multus, et solum aera
Saepe flos odorat alma suavitate evanidus.

15. Forsan hic Hampdenus unus, qui ruentes in bona
Parvuli Tyranni aheno fregit ausus pectore,
Aut jacet Miltonus alto mutus ore inglorius,
Patriove intactus alter Cromueles sanguine.

16.   Imperanti voce magnos adstupentis Curiae
        Ferre plausus, expedita tela Poenae, et Exiti
        Spernere instantes procellas, larga Tellurem super
        Dulce ridentem benigno dona cornu fundere,
        Et sua in grato tueri picta visu Civium

17.   Clara facta Sors vetavit; sed premendo germina
        Prima Virtutum repressit Criminum stirpes simul.
        Non cruentas Hi per undas enatarunt ad thronum,
        Non gementibus petitos corde tangi nescio

[17-18.]   Auxili clausere fontes, non remordentis sinum
        Turbidas mentis serena fronte celarunt minas:
        Non verecunda rubescens flos Pudoris gratia
        Visus extingui, nec igne tacta Musarum suis
        Viderunt congesta thura Luxus, et Fastus focis.

19.   A furentis Hi reducti perdito Turbae ambitu
        Sobrioque errare nunquam conscii cupidine
        Vitae in alma valle, grato recreata frigore
        Otii plenam quieti semper instabant viam.

20.   Ossibus tamen tuendis hisce ab insultu prope
        Stans lapis caducus index, et rudi sculptum manu
        Carmen unius, Viator, te rogant suspiritus

[20-21.]   Triste munus: suntque Famae, et Neniae illustris loco
        Nomina, atque Anni jacentum, quos agrestibus notis
        Arte nulla Musa scripsit litterarum nescia:
        Eque Sacris lecta Chartis fusa circum plurima
        Simplices monent, docentque Verba gentes EMORI.

22.   Namque muti quis futurus certa praeda Oblivii
        Hocce vitae dulce, anhelum quis resignavit Bonum?
        Quis tepentes purpurantis liquit oras luminis,
        Pupulae nec jecit ictum languidum, ardentem retro?

23.   Pectori incumbens amico Spiritus fidit fugax:
        Guttulas pias requirunt jussa claudi lumina:
        Quin sonans Naturae ab ipso Vox sepulcro clamitat,
        Atque primis usque vivax pulvis ardet ignibus.

24.   At quid olim Te futurum reris ipse, qui memor
        Illaborato canore Mortuorum ingloria
        Facta claras? Siquis unus ingeni consors tui
        Forte contemplator isthuc solus afferet pedem,

[24-25.]   Fors tuum fatum roganti Pastor incanus caput
Dicet: "Illum saepe in ipso limine albentis die
"Roscidum verrente gramen ire vidimus gradu
"Concitatum, Solis orti quo resurgens obvius,
"Montuosa qua patescit ora, carperet jubar.

26.   "Ad pedes nutantis illic ille fagi, quae suis
"Tortilis ludit vetustis altius radicibus,
"Negligentius per aestum longitudinem suam
"Lentus abjecit, strepentis fixus in rivi caput.

27.   "Ille saepe propter illud asperum erravit nemus
"Ore nunc spernente ridens, nunc levi secum sono
"Murmurans, crepansque vanas somniorum imagines,
"Languidusque nunc, gemensque, pallidusque, ceu miser,
"Quique Cura victus acri, quique desperans stupet
"Perditi transverso Amoris occupatus impetu.

28.   "Mane fulsit: sed nec Illum colle noto, nec suae
"Arboris vidi sub umbra: mane surrexit novum:
"Sed nec Illum fons, nec ora, nec frequens dedit nemus;

29.   "Proxima die solutis rite Justis ordine
"Flebili pompae sacrata vidimus latum Via.
"Adpropinqua, et hoc (legendi nam facultas est tibi)
"Sculptile incubante spino Carmen abditum lege:"

EPITAPHIUM.

30.   HIC SUUM TENET RECLINE GENUA TELLURIS SUPER,
GLORIAE FORTIQUE PUBER NOMEN IGNOTUM, CAPUT.
HAUD NITENS DOCTRINA SPREVIT PAUPERE EXORTUM LOCO,
ET SUUM SIBI NOTAVIT MOESTA CONTEMPLATIO.

31.   CORDE SINCERO, BENIGNA LARGUS INDULGENTIA
PRAEMIUM A CAELO REPENDI SENSIT IS LARGUM SIBI.
ILLE (ID UNUM POSSIDEBAT) LACRIMAM AERUMNAE DEDIT:
ILLI (ID UNUM CONCUPIBAT) SORS AMICI CONTIGIT.

32.   SCIRE PORRO, QUAE MERETUR, NE LABORES AMPLIUS,
NEU LEVIS DELICTA LAPSUS SEDE AB HORRENDA VOCES.
CONTREMUNT ILLIC, SIMULQUE SPE TENENTUR PENDULA,
PATRIS ET SUI, DEIQUE CONQUIESCUNT IN SINU.

COSTA, Giovanni, 1736-1816.
For biographical and bibliographical details see translation no. 3 above.

6. ROBERT LANGRISHE, 1775.

Elegy written in a country churchyard.

Translated by Mr R. Langrishe, at Eton College.

1.   Vespertina notat finem campana diei,
    Pigra armenta boant, tarde tenduntque per agros,
    Passibus erga domum lassis se vertit arator,
    Et totas terras tenebrisque mihique relinquit.

2.   Nunc se lugubris prospectus condit in umbris,
    Undique et aura levis taciturna silentia servat,
    Quo tendit cursum segnem nisi cantharus ater,
    Tinnitus ad somnum pecudes ducitque soporans;

3.   Quo nisi cinctae hederis ex celso culmine turris
    Ad lunam bubo dat moestas ore querelas
    De illis, errantes qui condita frondea juxta,
    Antiqua infestant gradibus sua regna remota.

4.   His rigidis ulmis, taxi patulaeque sub umbra
    In tumulis multis quo putrida terra tumescit,
    Aeternum cella contracta quisque repostus,
    Antiqui villae procumbunt pace coloni.

5.   Aurora aspergens salubres sed odoribus auras,
    Stramineo nido stridens haud segnis hirundo,
    Aut cantus galli clarus, lituusve sonorus,
    Arcessent humili lecto non amplius illos:

6.   Ignis non illis iterum inflammabitur ardens,
    Non operi incumbent diligenter vespere matres,
    Non puer ad reditum balbutiet ore paternum,
    Nec genua ascendet partiri basia grata.

7.   Curvatae quoties falci submisit arista,
    Perduram quoties glebam perfregit aratrum!
    Quam laeti pingues protela egere per agros,
    Seque atrae silvae valido flexere sub ictu!

8.   Rideat Ambitio ne aptum durumque laborem,
       Gaudia ruricolae vitae, celataque fata –
       Audiat indigno risu neque pompa superba
       Pauperis innocui annales humilesque, brevesque.

9.   Splendida nobilitas, atque imperiosa potestas,
       Quicquid opes dederant, quicquid speciosa venustas,
       Expectant pariter non evitabile tempus –
       Ad tumulum tantum deducit semita famae.

10.   Nec culpas injuste illis ascribe superbe,
       Erigat in tumulis si Memoria nulla trophaea,
       Per longum templum, per marmoreumque lacunar
       Divinae anthymnus quo cantat carmina laudis.

11.   Bustum triste potest, coelata aut urna figuris
       Corporis ad sedes animam revocare fugacem?
       Provocet aut tacitos defunctos nomen honoris,
       Auri blanditiae placeant aut mortis inerti?

12.   Hoc parvo spatio neglecti ponitur agri
       Cor, quondam pregnans coelesti forte calore;
       Dextrae, rexissent quae juste sceptra suprema
       Ducere blanda Lyra aut potuissent carmina dulci.

13.   Annales oculis sed docta Scientia nunquam
       Detexit, spoliis antiqui temporis amplos;
       Ardorem illustrem contracta repressit egestas,
       Egregii cursus animi rapidosque gelavit.

14.   Gemmas quot puras claro fulgore nitentes
       Neptunus retinet tenebroso in carcere ponti?
       Quot flores vernant obscuri suavis odoris,
       Nidorem gratum aut deserta per aera mittunt?

15.   Rusticus Hamdenus forsan, qui pectore firmo
       Imperio parvi domini oppugnavit agrorum –
       Hic sine laude aliquis Miltonus forte quiescat,
       Aut hic Cromwellus, Patriae sed sanguinis insons!

16. Attonita eloquio dominari in corda senatus,
     Fortunaeque minas, et saevos spernere casus,
     Per terras laetas diffundere gaudia plena,
     Historiamque suam populi reperire per ora,

17. Haec vetuit sua sors; et non repressit honores
     Crescentes tantum, sed facta coercuit atra;
     Saeva frui vetuit parto per vulnera sceptro,
     Supplicis aut audire preces, non pectore moto;

18. Occulti miseros veri celare dolores,
     Purpurea ingenui compescere signa pudoris,
     Luxuriae tumidae aut cumulare altaria fastus,
     Ad musarum aras accenso thure sacratas.

19. Insanae turbae procul a certamine turpi
     Non horum didicit moderata errare voluntas;
     Semoti strepitu ast in vitae valle quieta,
     Servabant tacitumque viae, placitumque tenorem.

20. Opprobrio turpi tamen haec nuda ossa tueri,
     Non procul aedificata manent monumenta caduca,
     Indoctis numeris, rudibusque ornata figuris,
     Mollia quae poscunt tenero suspiria corde.

21. Aetas et nomen quae inscripsit rustica Musa,
     His supplent elegique locum famaeque perennis,
     Dispergit praecepta sacra et compluria passim,
     Vulgus agreste mori doceant quae pectore firmo.

22. Nam quis in aeternum se ad muta oblivia tradens,
     Concessit morti jucundae gaudia vitae –
     Laeti decedit geniali ex lumine Solis,
     Neve peroptanti saltem circumspicit ore?

23. Deficiens animus gremio confidit amico,
     Atque pias lacrymas morientia lumina poscunt;
     Quinetiam tumulo clamat Natura fidelis –
     Quinetiam solitos retinent cineresque calores.

24.   Ast tibi neglecti memor es qui morte perempti,
Ingenuas humili narras hoc carmine sortes,
Si quis, dum secum fugientia tempora versat,
Quae fuerint meditans forsan tua fata requiret;

25.   Forte aliquis dicet senio confectus agrestis,
"Vidimus ah quoties hunc ipsum lumine primo
"Verrentem gradibus dispersas roribus herbas,
"In montis saltus orienti occurrere Soli —

26.   "Illic antiquae fagi patulaeque sub umbra,
"Undique longaevas stirpes quae torquet in auras,
"Corpus in aestivum protendere segne solebat,
"Praetereuntis aquae rivum firmeque tueri. —

27.   "Hanc sylvam juxta nunc ridens ore superbo,
"Plurima revolvens animis errare solebat;
"Nunc aegro similis, nunc debilitatus abibat,
"Perplexus curis, spreto aut cruciatus amore.

28.   "Mane erat in qua illo per colles ipse carebam,
"Arbos non illum vidit, dilecta nec arva;
"Altera successit, sed non ad flumina nota,
"Nec fuerat campis, luco aut conspectus in atro.

29.   "Tertiaque advenit, sed tunc in funere moesto
"Ad tumulum tristem portatum vidimus omnes —
"Huc ades et lege (namque potes) perflebile carmen,
"Quod manet inscriptum juxta has in marmore vepres."

EPITAPHIUM.

30.   Hic jacet in tacitae telluris pectore duro
Fortunae ignotus juvenis, famaeque loquaci;
Ast humilem natum non pulchra scientia tempsit,
Solicita atque suum jussit mala cura vocari.

31. Huic fuit et probitas, et munificentia larga,
    Munificenter ei demisit praemia caelum;
    Nam dedit afflictis lacrymas (sors plura negavit),
    E caelo accepit (non plus optavit) amicum.

32. Castas ne ulterius virtutes pandere quaeras,
    Aut pravas culpas a sacra sede referre,
    (Inter solicitam quo spemque metumque quiescunt),
    Clementisque Dei venerandi et pectore patris.

––––––––––––––––––––––

LANGRISHE, Robert, 1756-1835.

It is unclear exactly when Langrishe composed his version, but if it was 'translated at Eton College' (which he left in 1770) he cannot have been more than 14 years of age. His skill, if somewhat literal, is therefore impressive. One suspects his work may owe something to the Headmaster, Dr John Foster, who was accounted a good classical scholar. There are nevertheless signs of youth and inexperience. Some words are used repeatedly, such as the adjective 'ater' (four times in various inflexions); the phrase 'patulaeque sub umbra' is used twice; and there is a serious error in verse 10, line 2, where 'si' cannot possibly scan short.

Langrishe's translation was published only once, in the two-volume *Poems of Mr Gray* edited by William Mason and issued in Dublin in 1775. This edition was reprinted in Dublin the following year, and the translation is once again listed in the Contents. In addition, the Notes, at volume ii, p. 294, state that 'To this edition *only* is added a most elegant Latin translation of the Elegy, by an Irish gentleman at Eton College, which, by the Learned, is deem'd a most ingenious and capital performance.' Oddly, the translation is omitted, and there is no gap in the pagination at the place indicated.

The son of Sir Hercules Langrishe, Bart., of Knocktopher, Kilkenny, Robert was educated at Eton and Glasgow University. He was MP for Knocktopher, 1783-1796, and Commissioner of Revenue, 1810-1823. He succeeded to the baronetcy in 1811.

7. GILBERT WAKEFIELD, 1776.[44]

ELEGIA in CAEMETERIO RUSTICO SCRIPTA, Numeris ELEGIACIS
Latine Reddita, AUCTORE * * * Coll: Cant: Alumno.

1. Vesper adest, lugubre sonat Campanula; tardis
   Armentum reboans flexibus errat agro:
   Nocturnusque domum pede lasso serpit Arator,
   Et tenebris mundum dat, tenebrasque mihi.[45]

2. Vultum sublustri pallore crepuscula pingunt
   Naturae, et Caeli triste profunda silent;[46]
   Ni qua se Scarabaeus iners provolvit in orbem,
   Tinnitusque pigra voce soporat oves;

3. Ni Bubo insidens hederae, quae prodiga lapsu
   Multiplici Turris putre cacumen obit,
   Cum Luna queritur vetus incola, limina regni
   Intempestivum praeteriisse pedem.

4. In rudium Ulmorum, Taxique istius in umbra,
   Qua putrescentem sublevat herba sinum,
   Agrestum, angustis ex ordine condita cellis,
   Turba Senum duro vincta sopore jacet.

5. *Mane salutiferum, et spirantes leniter Aurae,*
   Culmine straminei garrula Hirundo laris;
   Martia vox Galli, et resonanti murmure Cornu,
   Non humili excutient jam cita membra toro.[47]

---

[44] The text above was published anonymously in London in 1776. All the variants given in the
footnotes are to be found in another version published in Cambridge in the same year.

[45] Atque errabundo rediens pede lassus Arator
   Orbe mihi vacuo dat, tenebrisque frui.

[46] Naturae: Coeli triste …

[47] Mane salutifero spirantes leniter Aurae,
   Garrula per lutei stramen hirundo laris;
   Martia vox Galli, et cornu resonabilis ultra
   Non humili excutient murmura rauca toro.

6.   Non illi ulterius genialis flamma micabit,
          Aut vespertinum Sponsa movebit opus:
       Aemula non reditum crepitans balbo ore propago
          Praeripere occurrent oscula blanda patris.

7.   *Saepe sua sub falce Ceres cumulata resecta est;*[48]
          Luctantem vomer saepe revellit humum:
       Quam per agros hilares agitarent plaustra! sub ictu
          Quam valido nemorum praecipitaret *honos!*[49]

8.   Nec temnat *pulchros indignabunda labores*[50]
          Ambitio, et *curas,*[51] et sine laude vicem:
       Risuve[52] excipiat titulis Gens clara maligno
          Annales nudos, Historiamque brevem.

9.   Quicquid *vel titulorum Ordo,*[53] vel Forma decori
          Largitur, quicquid Gloria, quicquid Opes,
       Supremum expectant, et ineluctabile tempus;
          In Tumuli fauces ducit Honoris iter.

10.   Sed neque, Vos Proceres, his fraudi vertite, claris
           Si bustum decorent nulla tropaea notis,
        Per longum Templi introitum sculptumque lacunar,[54]
           Qua tumidum ingeminant Organa pulsa melos.

11.   Num fugientem Animam vivus de marmore vultus,
           Ad veterem revocat num memor Urna domum?
        Ecquid Honor *cineres* potis est animare *silentes?*
           Laus aurem gelidam blanda movere Necis?[55]

---

[48] Saepe seges falci matura cessit arista;
[49] honor!
[50] curas indignabunda salubres
[51] lusus
[52] Nec risu
[53] Nobilitas, quicquid
[54] Per longos aditus, laqueataque culmina Templi
[55] cinerem … silentem
    Mortis in aure gelu blanda loquela liquat?

12. Cor, praegnans olim divinae semine flammae,
       Fert haec forte suo[56] gleba inhonora sinu:
       Dextram, quae potuisset eburnea sceptra tulisse –
       Quae strepitus vivos elicuisse lyra.[57]

13. *Sed non Historicas annosa Scientia chartas,*
       Temporis exuvias nec patefecit opes:
       Ingenii fontes vivos, Animique vigorem[58]
       Strinxit Pauperies invidiosa gelu.

14. Multa per Oceani tenebrosos gemma recessus,
       Aemula *stellarum,*[59] fundit inane jubar:
       Permulto deserta rubent aviaria flore;
       Atque illibatum dissipat aura decus.[60]

15. *HAMPDENI hic jaceat*[61] similis, qui saepe Tyrannum
       Exilem impavido corde repressit agri:
       Lingua silens par forte tuae, MILTONE; manusque
       Par, CROMUELLE, tuae – sed mage pura manus.

16. Blanditiis bibulam *Caetus*[62] stillare per aurem,
       Damnosas alta spernere fronte minas;
       Spargere opes, laeto Populi se *cernere*[63] vultu
       Expressos – fati vae! vetuere vices:

17. Et si Virtutis lethali rore *rigarunt*[64]
       Germina, fine brevi continuere scelus.
       Non tepidum dederint HUMANO sanguine sceptrum,
       Ferratas CLADI non aperire fores.[65]

---

[56] Haec fortasse tenet
[57] Forte manus, virgam imperii tractasse capaces;
       Aut strepitus &c
[58] Non evolvendas annosa Scientia chartas,
       Non dedit Historiae, grande volumen, opes.
     Ingenii latices vivos, Animique calorem
[59] sideribus
[60] Ingratoque fugax aere languet odor
[61] Dormiat Hampdeni
[62] Coetus
[63] Agnoscere
[64] rigarint
[65] Non undans solium dederunt torrente cruoris;

18. *Isse laboranti luctatum e pectore verum*
     Haud puduit, castam nec rubuisse genam; [66]
    Non sacra Luxuriae tulerunt, ad divitis Arae
     Indociles Musae thura litare focos.

19. Spes procul a strepitu, procul a certamine Vulgi,
     Non humilis limen transiluere casae.
    Uno per *gelidi jucunda*[67] oblivia vallis
     Fallentem tenuit Vita tenore viam.

20. Qui *vero*[68] opprobrium cineri defendere possit
     Haec etiam fragilis stat super ossa lapis:
    Sculpturaque rudi, et male culto carmine mundus
     Ex oculo lachrymam praetereunte petit.

21. *Nomen et Aetatem dat rustica Musa; coruscis*
     Non radiant Tituli, non Elegia notis;
    Multaque de SACRO praecepta VOLUMINE circum,[69]
     Spargit, ut erudiat pectus agreste mori.

22. Quis Vitae, mentem passus torpere veterno,
     Unquam sollicitae dulce reliquit onus,
    Lumine nec cupido, nec tabescente, diei
     Respexitque oras, et geniale jubar?

23. Deficiens anima in gremium se fundit amicum,
     Caligansque piam poscit ocellus aquam:
    Vel de secessu clamat Natura sepulchri;
     Vel viret in gelido pulvere Flamma vetus.

Luctificas Cladi non &c
[66] Non Artes pressere malae luctamina Veri
   Conscia; non castam dedidicere genam:
[67] gelidae tranquilla
[68] tamen
[69] Descriptum indocili Musa stat nomen, et Aetas;
   Non celebrant Tituli, non Elegia dolet:
  Multaque de SACRO documenta VOLUMINE circum

24. *De te, qui versu turbae sine honore jacentis,*
        Non hoc fastidis fata docere rudi,[70]
    Si qua, sepulchrales contemplans sola recessus,
        Mens cognata volet scire, vicesque tuas;

25. "O! quoties," quis forte Senex jam tempora canus
        Dicet, "*cum*[71] rubuit mox oritura dies,
    "Vidimus, ad *saltum*[72] properantem occurrere Soli,
        "*Rorata impigro*[73] verrere rura pede!

26. "Tegmine sub Fagi, *repit radicibus altis*[74]
        "Quae per gramineum luxuriosa torum,
    "A Sole *aestivo*[75] prostratus inertia membra,
        "Inspiceret rivi dulce crepantis aquam.

27. "*Nescio quid mussans hilari sub pectore, propter*
        "*Hanc Silvam*[76] inflexum carpere suevit iter.
    "Nunc capite obstipo, velut expes; pallidulus nunc
        "Cura quasi, aut laevus dilaceraret Amor.

28. "Nuper, mane orto, non Arbor amica morantem
        "Non Juga, non Saltus detinuere pedem:
    "*Altera lux inde exoritur, sed non erat Arvo,*[77]
        "Non Nemore, et soliti non prope Fontis aquam.

29. "*Tertia successit, tristes rite ordine lento*
        "*Cum Templi exequias vidimus ire viam:*
    "*Quin age, et insculptum (nam tu potes) En! lege carmen*
        "*Saxo, longaevus quod tegit iste rubus.*"[78]

---

[70] Te, sortem obscuram turbae sine honore jacentis,
        Qui memor ingenua simplicitate doces,
[71] dum
[72] saltus
[73] Roscida praecipiti
[74] sinuosa volumina nectit
[75] aetherio
[76] Hanc propter Silvam, quid laeti pectore mussans,
        Devius inflexum &c
[77] Altera lux oritur, sed non errabat in Arvo
[78] Tertia successit: pullas rite ordine lento
        Exequias Templi vidimus ire viam:
    Quin Tumulo, quin secta legas (nam potes) isto

EPITAPHIUM.

30. Hic reclinatus caput hospitali
     In sinu Terrae Juvenis quiescit;
     Ille Fortunae, popularis ille
         Nescius Aurae.

     Infimos ortus humilesque cunas
     Fronte non vidit SOPHIA arroganti,[79]
     Et suum tristis voluit vocari
         SOLLICITUDO.

31. Indoles illi *generosa;*[80] sedem
     VERITAS istam sibi vindicavit:
     Et pari tantis meritis beavit
         Munere Caelum.

     Ille (nil ultra potuit) misertus
     Fudit Aerumnae *lacrymam;*[81] recepit
     Dulce (nil ultra voluit) fidelis
         Munus Amici.

32. Caeteras sed tu fuge curioso
     Velle Virtutes oculo retectas:
     A sua Culpas fuge velle tractas
         Sede tremenda:

     Sede Virtutes pariterque Culpae
     Spe tremiscentes recubant in illa;
     In sui PATRIS gremio (tremenda
         Sede!) DEIQUE

    Carmina, quem vepris fronde vetustus obit.
[79] Infimum vultu genus insolenti
   MUSA non vidit, nec inauspicato;
[80] bene larga;
[81] lachrymam;

WAKEFIELD, Gilbert, 1756-1801.

Wakefield published two translations of the *Elegy* in the same year, 1776. One appeared in Cambridge as part of a volume entitled *Poemata Latine partim Scripta, partim Reddita: Quibus Accedunt Quaedam in Q. Horatium Flaccum Observationes Criticae; a Gilberto Wakefield, A.B., et Coll. Jesu apud Cantab. Socio*; the other was published in London in an anonymous pamphlet. This latter edition has been used as the main text here, and variants in the Cambridge translation are given in the footnotes. His translation was republished alongside a French version by Guédon de la Berchère in 1788. In 1786 Wakefield had published an edition of Gray's Poems, extensively annotated, in which he referred to his translation of the *Elegy* as 'a task not only far beyond my strength but above the powers of the Roman Elegy, which by is by no means adequate to the grandeur and dignity of the English poem.' Such modesty did not prevent him from including in his notes some 17 stanzas of his translation. With the exception of Langrishe and the boys of Blackburn Grammar School, Wakefield was the youngest translator, publishing at the age of 20 – though he was already a fellow of his college. Although C.W. Broadribb (*Notes & Queries*, 11th series, iv, p. 135, 1911) described the translation as 'schoolboyish', it had become something of a canonical text. It provided a source for extensive plagiarism by Thomas Medwin and the schoolboy Shelley; and it supplied the yardstick for evaluation of translations in *Macmillan's Magazine* in 1875.

Wakefield had shown considerable classical talent by the time he attained his fellowship at Jesus College, Cambridge; he came to be estimated the equal of his contemporary and opponent Richard Porson. His career was dominated by the differing demands of classical and biblical scholarship, and political radicalism. After the ordination required for his fellowship, he soon found himself unable to hold to the tenets of the Church of England and moved towards Unitarianism – resigning his Liverpool curacy after denouncing the Slave Trade in 1779. During the rest of his life he published extensively, writing with remarkable speed. A series of theological works over the years 1781-1784 was followed in the period 1788-1797 by classical editions of Horace, Virgil, Greek tragedies, Moschus and Bion, and (his greatest achievement) Lucretius. During the same period he produced his most ambitious work, the five-volume *Silva Critica* (1789-1795), intended to demonstrate 'the union of theological and classical learning … a profitable heathenism … and a rational theology'. He continued active as a political radical and controversialist, enthusiastically welcoming the French Revolution. In 1798 he was convicted of publication of a seditious (anti-Pitt) pamphlet and imprisoned for two years. His friend Charles James Fox and other political dissidents rallied to support him, raising a subscription of £5000, and leading Wakefield to remark that he owed his fortune to His Majesty's Attorney-General. He died of typhus a few months after his release.

ODNB

ELEGIA SCRIPTA IN SEPULCHRETO RUSTICO
Latine Reddita

1.   TRISTE dat occidui signum campana diei,
       Et tardi incedunt ore querente boves,
    Vix trahit aegra domum vestigia lassus agrestis,
       Atque mihi, et tenebris lurida cuncta vacant.

2.   Jam subducta oculis rerum vanescit imago,
       Et tumidis parcens flatibus aura silet;
    Ni qua pervolitat lento scarabaeus in orbe
       Et longos mulcent aera sopora greges;

3.   Aut qua lugubris rauco jacit ore querelas
       Ad lunam herbosa noctua turre sedens;
    Antiquos si forte lares, et inhospita regna
       Intempestivi praeteriere pedes.

4.   Sub tristi taxorum umbra, atque horrentibus ulmis,
       Plurima qua putri cespite terra tumet,
    Sarcophagi exiguo jamdudum limite clausa
       Agrestum dormit rustica turba patrum.

5.   Non hos stramineo tuguri de culmine hirundo,
       Nec vox Aurorae blanda, et odora novae;
    Non galli *cantus rursum, non cornua rauca*
       Ex humili poterunt *voce* ciere toro. [83]

6.   Non his (ut quondam) dulci cura ingeret uxor
       Sedula nocturno grandia ligna foco;
    Nec reduci accurret soboles, nec in oscula raptim
       Aemula solicito porriget ora patri.

---

[82] The published text contains a few misprints, which have here been silently corrected.
[83] An erratum slip alters these lines from
   '... cantus, resonae non cornua vocis,
      Ex humili poterunt membra ciere toro.'

7.   Illis saepe seges matura cessit arista,
       Glebaque iners forti vix labefacta manu;
    Quam laeti ad campum tardos egere juvencos!
       Quam sylva ingenti vulnere victa ruit!

8.   Ne temne ambitio felicem insana laborem
       Neu, si qua obscurae gaudia sortis habent;
    Neu risu excipiat male laeto turba potentum
       Facta vel exiguae qualiacunque casae.

9.   Stemmata clara domus latique insignia regni,
       Largae quicquid opes, aut bona forma dedit,
    Fata manent eadem; nosque ad commune sepulchrum
       Deducit prono semita honesta gradu.

10.   Nullum crimen inest illis, ingloria quanquam
       Busta jacent memori non decorata nota;
    Templa ubi per laqueata, et longum ducta, sonori
       Tercentum reboant grandius ora chori.

11.   An scriptae revocare urnae, et spirantia signa
       Ad veteres animam (quam fugitiva) lares?
    Novit honor mutos cineres animare? vel aures
       Blanditiae gelidas solicitare necis?

12.   Neglecta fors hac animus sub sede repostus
       Dormiat aetherio fervidus igne prius:
    Et, quae vocales magica arte impellere chordas,
       Quasque habiles poterant sceptra decere, manus.

13.   At non sors illis doctos evolvere fastos,
       Atque in praeteritum luxuriare dedit;
    Pauperies ardorem animi, sacrosque calores
       Pectoris horrenti strinxerat arcta gelu.

14.   Quondam etiam gemmae puro candore micantes
       Aeternum aequoreo delituere sinu;
    Neglecto flos saepe rubens inglorius horto
       Munera dat zephyris discutienda vagis.

15.   Fors jacet Hamdenus, qui parvo in rura tyranno
         Obstitit indocilis subdere colla jugo;
      Miltonusve rudis musarum, et vis Cromuelli
         Immane in patriam sed nihil ausa nefas,

16.   Laudato docilem eloquio retinere senatum,
         Exitii impavido temnere corde minas,
      Cernere gratantis sine voce loquentia gentis
         Lumina munificam testificata manum,

17.   Sors vetuit: segetem virtutum oppressit honestam,
         Nec vitia in magnum crescere posse dedit;
      Luctari vetuit per caedem ad regna cruentam,
         Obstruere et saeva ferrea corda sera.

18.   Eluctans verum premere, atque extinguere si qua
         Forte verecundae subrubuere genae,
      Musarumque sacro castarum accensa calore
         Impia luxuriae thura adolere focis.

19.   Sobria vulgari procul a certamine nunquam
         Pectora discursus edidicere vagos;
      Secretum per iter, vitaeque in valle reducta
         Fallentis tacito praeteriere gradu.

20.   Ne vagus insultet gressu properante viator
         Ossa super fragiles stant inhonesta notae,
      Incompti versus, et signa informia poscunt
         Ex animo gemitus praetereunte pios.

21.   Pro fama atque elegis indocto incisa labore
         Et spatia annorum, et nomina sola vides:
      Et vatum adduntur sacrorum dogmata, agrestes
         Quae doceant quo sit mors obeunda modo.

22.   Ecquis enim in tenebras abit, atque oblivia, vitae
         Nec desiderio dulce reponit onus ?
      Quis soles laetos, quis non confinia lucis
         Respexit lentis suavia luminibus?

23.   Exposcunt blandos morientia lumina fletus,
         Seque anima in dulcem projicit aegra sinum;
      E tumulo emittit monitus natura silentes,
         Et cinis assueto fervidus igne calet.

24.   At tibi, qui versu dudum sine honore jacentum
         Facta memor vivo quantulacunque refers;
      Si tibi quis similis secum mortalia volvens
         Sollicito casus exigat ore tuos;

25.   Forte quis annorum plenus (conspeximus ipsi)
         Dicat, "ad aurorae lumina prima novae
      "Obvius hic soli properans ascendere collem
         "Verrebat celeri roscida prata gradu.

26.   "Sub fago hac, veteri quae nutans vertice torquet
         "Multiplici stirpes flexilis orbe vagas,
      "Ignavos artus, molemque aestivus inertem
         "Ad strepitum vivae projiciebat aquae.

27.   "Jam torva ridens fronte, atque abnormis amabat
         "Incerto mussans ad nemus ire gradu;
      "Jamque amens cura, atque infausto saucius igne
         "Lumina dejiceret pallidus oris humi.

28.   "Mane erat, at cara non ille sub arbore sedit,
         "Nec vidi assuetum scandere rite jugum:
      "Altera lux subiit, non grati ad fluminis undam,
         "Non sylvam, aut saltus venit, ut ante, suos.

29.   "Nec longum tempus, justoque ah funera luctu
         "Duxit lugubri lurida pompa via.
      "Quin lege (namque potes) dumo signata sub isto
         "Verba, sepulchralis qua notat ossa lapis."

EPITAPHIUM.

30.   Hic terrae in gremio juvenis requiescit amico
          Et sorte, et fama splendidiore carens,
      Nascentem averso doctrina haud lumine vidit,
          Impressitque notas huic dea maesta suas.

31.   Larga illi bonitas, et mens erat inscia fraudis,
          Nec bonus indulsit dona minora deus:
      Quod potuit flenti adflebat miseratus, amicum
          Dante tulit (voluit nec meliora) deo.

32.   Inclusam virtutem imis culpasque latebris
          Scruteris nimia sedulitate cave;
      Illic augusto divini corde parentis
          Ancipites inter spemque metumque latent.

WRIGHT, John, fl. 1784-1787.

Elegia Scripta in Sepulchreto Rustico, Latine Reddita a J. Wright, Cui Subjiciuntur Alia Poemata was published in London in 1786 and received favourable comment ('faithful and elegant') in the *Monthly Review* (1786, pp. 231-233).   No further editions have been found.

Wright has proved the most elusive of our translators: his name is too common to make identification possible.   Our only positive information is from the British Library catalogue, which shows that he published one volume and four pamphlets of Latin (and some English) verse between 1784 and 1787.   It seems possible that he was a Yorkshireman, as he wrote an elegy and elaborate epitaph for the Yorkshire MP, Sir George Savile (1726-1784).   A possible but less likely identification is with John Wright (c.1762-1843), fellow of Brasenose College, Oxford, 1786-1801.

9. ARTHUR MURPHY, 1786.

ELEGIA THOMAE GRAY, IN CARMEN LATINUM CONVERSA.

ODE.
IN COEMETERIO RUSTICO SCRIPTA.

EHEU! fugaces praecipiti rota
Volvuntur horae, pronus et aureum
  Jubar sub undis sol recondit,
    Arva mihi tenebrisque cedens.

Opaca lentis jugera passibus
Armenta linquunt: saxa remugiunt
  Sylvaeque & amnes, atque fessis
    Signat humum pedibus colonus.

Nuper renidens mille coloribus
Jam scena transit: Triste silentium
  Incumbit agris; sola raucum
    Musca ciens queribunda murmur

Obtundit aures; vel per ovilia
Saudente somnos murmure perstrepit
  Tinnitus aeris, dum quiescunt
    Graminis immemores capellae.

Audin? tenaces saxa hederae tegunt
Qua celsa turris, flebilis integrat
  Bubo querelas, atque lunam
    Torva tuens gemitu fatigat.

Nigris ut istic frondibus imminens
Contristat herbas ulmus! ut ordine
  Longo trementes cuncta taxi
    Funereis tenebris obumbrant!

Congesta subter vimine textili
Humus resurgit, ruris & accolae,
 Cellis reposti quisque parvis,
  Perpetuo recubant sopore.

Non sorte functos eliciet toro
Aurora blandis vecta favoniis;
 Nec jam ciebit, qui canoro
  Ore diem reducem salutat,

Cristatus ales: Cornua non, feris
Audita, somnos excutient leves;
 Arguta nec subter cacumen
  Stramineum volitans hirundo.

Haud rursus illis sub lare paupere
Focus nitescet; sedula non dapes
 Apponet Uxor, dum tenello
  Ore patrem, pia turba! nati

Adesse clamant, & genua & manus
Et colla densis nexibus aemuli
 Prensant, inexpletumque parvis
  Oscula praeripiunt labellis.

At quantus olim luce fruentibus
Vigor juventae! per segetes darent
 Seu falce stragem, sive sulcum
  Vomer edax ageret per arva.

Quam corde laeti! seu Cereris boves
Onusta donis plaustra reducerent,
 Nutans sub ictu sive quercus
  Praecipitem traheret ruinam.

Ah! ne potentum vana superbia
Haec pura vitae munera pauperis
 Contemnat, aut parvo beatos
  Agricolas, humilesque fastos.

Quid longa prosunt stemmata? quid Tagus
Quod volvit aurum? Forma quid, aut ducum
   Virtus in armis? Marte claros
     Urna manet; cinis aequat omnes.

Si non sepulcro marmorea assidens
Fletu decentes musa rigat genas!
   Tropaea si non vana ludunt,
     Signa novi peritura luctus!

Si non tumescunt organa naeniis
Templi superbis sub laquearibus,
   Nec longa maerentes amici
     Fana docent resonare cantu!

Heu vana rerum ! Phidiaca manu
Sit urna sculpta, aut marmore vivido
   Stet forma spirans; rupta vitae
     Stamina num reparant sorores?

Quid si sacerdos eloquio potens
Ad astra vanis laudibus efferat
   Quondam superbos? Fama manes
     Postuma num veniet sub imos?

Forsan sub isto pulveris aggere
Praeclara torpent pectora, vel manus
   Languescit illic, per subactas
     Quae poterat dare jura gentes.

Hoc forte vates sub tumulo latet,
Sacrum canoris qui poterat melos
   Ciere chordis; qui camoenas
     Pierio elicuisset antro.

Doctrina sed non sacra volumina
Evolvit illis; res tenuis domi
   Tardavit omnes, nec refulsit
     Ingenii generosus ardor.

Saepe inquieto sub maris aequore
Ignota fulvis gemma micat vadis;
   Furtim & rubescens flos in agris
     Dulcem animam zephyris remittit.

Quis scit sub isto an cespite dormiat
Pagi tyrannos indocilis pati
   Agrestis Hamdenus? vel alter,
     Maeonidem superare cantu

Miltonus ardens? nunc sine nomine,
Mutusque! forsan pectore fervido
   Cromvellus, expers sed cruoris
     Immeriti, scelerumque purus.

Heu sortem iniquam! nam neque contigit
 Depraeliantum pectora civium
   Mulcere, pleno dum senatu
     Consiliis moderantur orbem.

Insanientis non licuit truces
Vultus tyranni temnere; non datum
   Per damna, per caedes mereri
     Perpetuae monumenta laudis.

Quod si negata non potuit via
Prodire virtus, nec potuit scelus;
   Nec dira regnandi cupido
     Strage virum viduavit urbes.

His vita semper fallere nescia:
In ore cunctis ingenuus pudor;
   Nec vana mendaci superbos
     Musa dedit decorare versu.

Curis remotis, & procul urbium
Vano tumultu, lene fluentibus
   Vixere fatis, & peregit
     Quisque dies tacitus sub umbra.

Nunc luce cassos terra tegit; locum
Atque ossa tristi carmine consecrat
  Sculptura simplex, & viator,
    Siste gradum pia Musa clamat.

Hic siste, clamat; nam lacrymam brevem
Humana poscunt, sanctaque dogmata
  Illiteratis dant colonis
    Indomitae meminisse mortis.

Quis namque praedam se dedit invidae
Oblivioni? Lucida quis poli
  Convexa linquens non retrorsum
    Vota, preces, gemitusque fudit?

Morte in propinqua deficiens manus
Prensat foventes; saepe oculi diem
  Quaerunt; amicos & reposcunt;
    Igne calent cineres eodem.

Et te, sepulcra haec qui lacrymis rigas,
Qui nunc inani munere pauperum
  Spargis favillam, certa lethi
    Te quoque vis rapiet sub umbras.

Forsan colonus tum senio gravis
Memorque nostri "Vidimus" inquiet,
  "Ut sol reluxit, montis herbas
    "Rore novo madidas prementem.

"Crebro sub ista vidimus ilice
"Nunc membra stratum, nunc ad aquae caput
  "Fixis ocullis, dum per agros
    "Lympha fugit saliente rivo.

"Musis amicus per nemorum avios
"Tractus ruebat, composito tegens
  "Amara risu, vel medullis
    "Vulnus alens, tacitumque amorem.

"At mane super montibus in suis
"Ah! nullus errat: Lux redit altera;
　"Nullus recumbit, qua loquaces
　　"Per salebras trahit amnis undas.

"Aurora surgit tertia, proh dolor!
"Pullatus ordo flebilibus modis
　"It tristis, & portant amici
　　"Enanimum juvenem feretro.

"Adstant sepulcro; fletur, & aggere
"Tectum reponunt: carmina rustico,
　"Qua vepris horret, sculpta saxo
　　"Perlege (namque potes) viator."

EPITAPHIUM.

Hic jacet exiguo juvenis sub pondere terrae,
　Quem non evexit Fama per ora virum;
Qui non splendorem fulvo quaesivit ab auro,
　Nec meruit populo prava jubente decus.
Musa tamen placido nascentem lumine vidit,
　Perculit at coeco vulnere corda dolor.
Quod potuit, dedit usque inopem miseratus; habebat
　Nil praeter lacrymas; flumina larga dedit.
Talibus & meritis coeli Pater annuit aequus,
　(Quod solum in votis) pignus amicitiae.
Virtutes culpasque viri quid quaerimus ultra?
　In gremio maneant cuncta reposta Dei.
Spemque metumque inter trepidat novus advena coeli;
　Dum Domini & Patris respicit ora sui.

MURPHY, Arthur, 1727-1805.

Murphy's translation of the *Elegy* was published in *The Works of Arthur Murphy* (London, 1786), vol. vii, pp. 225-240. It does not appear to have been reprinted. The translation is unusual for being in Alcaics, a particularly demanding metre. Murphy imitates the *Odes* of Horace, in particular *Odes* ii, 14 (Eheu fugaces, Postume, Postume, labuntur anni), of which there are a number of echoes. The resulting Latin is taut and concise, but also fresh and new. He uses many Latin words, probably from Horace, which do not feature in other versions, creating a new poem rather than just another translation. The short lines encourage a free treatment of Gray's stanzas, with Murphy either contracting and simplifying into one verse, or expanding and paraphrasing into two.

Murphy's education and background differ from most of the translators. An Irishman, he was educated at the Catholic English College, St. Omer near Boulogne. He was widely talented and in the 1750s began a journalistic and literary career in London. His reputation is as a dramatist, evidenced by a long succession of plays successfully staged in London in the second half of the eighteenth century and well into the nineteenth. At the same time he published editions of a number of classical texts and maintained a successful career as a lawyer. He moved in London literary circles, publishing an *Essay on the Life and Genius of Samuel Johnson* (1792) and a *Life of David Garrick* (1801). A friend of Johnson, he was responsible for introducing him to Hester Thrale in 1765.

ODNB

10. WILLIAM WOTY, 1789.[84]

Gray's Churchyard Elegy.

1.   DECESSUM graviter pulsat Campana diei,
      Per prata armentum segniter ire juvat.
    Tendit iter pedibus tardis defessus Arator,
      Atque orbem tacitum dat mihi, dat tenebris.

2.   Nunc e conspexu sublucens omne recedit,
      Suaviter in requie volvitur Aether iners;
    Cuncta silent, nisi rauca fugam qua Musca rotundat,
      Tinnulus atque Sonus sopit ovile procul.

3.   Et nisi qua turri, quae stat vestita corymbis,
      Ad lunam claram noctua lusca dolet,
    Juxta persanctum tegumentum siquis aberrans
      Auderet regnum discruciare suum.

4.   Ecce ulmi veteres! veteres ecce et quoque taxi!
      Turget ubi cespes putribus in cumulis,
    Pallidus in cella contracta quisque recumbens,
      Heu! priscae villae dormit agreste genus.

5.   Aurorae perdulce melos spirantis odores,
      Nec quae straminea garrit hirundo trabe,
    Nunquam vox galli, resonantia cornua nunquam,
      Hos humili, poterunt ex revocare toro.

6.   Nec focus incendet tepidissimus amplius illis,
      Aut conjux caveat vespere fida bene;
    Nec soboles current reditum salvere parentis,
      Scandentesque genu basia prima petent.

---

[84] The published text is full of obvious typographical errors. These have been corrected silently by the present editors.

7. Falcibus haud raro frumentum flexit acutis,
    Glebam rastra gravem sepe fregere sua.
    O! quam festive pellebant plaustra per arva,
    Sylvae his percussae quam cecidere cito!

8. Utile non opus Ambitio contemnat eorum,
    Obscurum fatum, laetitiamque rudem,
    Audiat aut Splendor risu male fastidioso,
    Historiam planam pauperis atque brevem,

9. Pompa potestatis, generisque superbia summi,
    Omne quid argentum, forma quid omne dedit,
    Expectant aeque concussum mortis acerbae,
    Terminat in tumulo grandis honoris iter.

10. Hos humiles, neque vos, culpis onerate, superbi,
    Quod supra cippum nulla trophoea nitent,
    Sicut in Ecclesis largis, striatisque capellis,
    Qua laudis notas organa clara sonant.

11. Anne loquens bustum, sculpturae marmoris anne
    Ad sedem solitam mox revocent animam!
    Luminet extinctos cineres an fulmen honoris,
    Auribus aut mortis lingua diserta placet!

12. Forsitan ignotus, caeli semel ignibus urens,
    Hac aliquis putri nunc requiescat humo,
    Qui bene tractarit regni venerabile fraenum,
    Dulciter aut tetigit blandula fila lyrae.

13. Ast locuples spoliis paginam sapientia largam,
    Temporis antiqui non aperibat eis;
    Frigida pauperies ardorem namque repressit,
    Aerumnaeque animas conglaciabat hyems.

14. Plurima gemma super sociam nitidissima gemmam,
    Aequoris in caveis oblivione latet;
    Plurimus atque rubet non visus flosculus halans,
    Deserto et caelo mellea tota terit.

15. Rusticus Hampdenus, qui, firmo pectore praestans,
         Praedonem fundi vidit, et opposuit,
     Alter Miltonus cubet hic sine nomine noto,
         Insons Cromwellus sanguinis aut patriae.

16. Mirantis plausum quam conciliare senatus,
         Exilii fixo pectore ferre Minas,
     Fundere felicem per et usque beatula terram,
         Inque oculis populi corda videre statim,

17. Sors vetuit : nec, jam virtutes clausit eorum,
         Limite Flagitii sed quoque clausit iter:
     Cladibus horrificis vetuit raptare coronam,
         Atque fores veniae claudere supplicibus.

18. Supprimere et foveat quid mens sibi conscia recti,
         Et vultu ingenuo signa pudoris, eheu!
     Spargere luxuriae Monumentum sive superbae,
         Thuro, quod incendit flammea Musa, sacro.

19. A procul insani vulgi certamine diro,
         Errabant nunquam sobria vota domo,
     Per vallem vitae gradientes pace serena,
         Aequam, tranquillam continuere viam.

20. Haec tamen ossa malo defendere mortua damno,
         Erigitur quaedam picta tabella prope,
     Incultis rhithmis, sculpturis et sine forma,
         Quae gemitum poscit, forsitan et lacrymam.

21. Indoctis Musis Anni, quoque nomina scripta,
         Elegiae et Famae chasmata suppeditant;
     Multaque scripturae clementes themata fundunt,
         Quae doceant vos, o rustica turba! mori.

22. Oblivio muto qui, victima certa vicissim,
         Cedebant vitae dulcia et amara semel,
     Linquebant hilares metas tepidasque diei,
         Nec respexerunt, et cupiere moram?

23. Spiritus egrediens circum contorquet amicum,
      Atque oculus moriens poscit opem lacrymae.
     Advocat e tumulo tristi natura canore,
      Ignis consuetus vivit et in cinere.

24. At tibi qui defunctorum non immemor adstas,
      Commentum illorum qui feris arte carens,
     Ipsum si per se meditans hic spiritus ullus,
      Fortuito quaeret, sors tua qualis erat;

25. Forte senex nivei capitis respondeat hocce,
      "Diluculo dubio saepe notamus eum,
     "Verrentem pedibus rores velociter arvi,
      "Solem ut spectaret laetus in alta juga.

26. "Subter pandentis lato velamine fagi,
      "Quae fibras veteres torquet ubique leves,
     "Contente extensus medio procumberet aestu,
      "Murmure bullantis tunc soporatus aquae.

27. "Hanc propter sylvam, nunc fastidiose cachinnans,
      "Erraret, mussans quod sibimet placuit,
     "Despondens nunc, desertus velut omnibus unus,
      "Nunc demens, et nunc ictus amore velut.

28. "Mane super collem quaesivi nuper amicum,
      "Et qua frondescens arbor amaena manet,
     "Altera lux veniit; non sylvam, nec prope collem,
      "Aut bullantis aquae murmur amicus erat.

29. "Denique funereis hymnis et in ordine tristi,
      "Ad tumulum lente (vae mihi) latus erat,
     "Perlege (quippe potes) non illacrymabile carmen,
      "Sculptum sub spina quod tenet iste lapis."

29A. *(Hic sparsae apparent maturo tempore veris,*
      Invisis manibus purpureae violae.
     Gaudet avis modulans hic nidificare rubella,
      Atque premunt glebam parvula signa pedum.)

EPITAPHIUM.

30   Hic juvenis placida sub cespite pace quiescit,
      Cui fortuna dedit, nec bona fama, fidem.
    Praebuit auxilium praeclara Scientia semper,
      Et veluti natum cura notabat eum.

31   Munificos mores habuit, pectusque benignum,
      Mercedem Omnipotens sed pariter tribuit.
    Totum quod poteret – lacrymam – dedit ille dolori,
      Quod magis optaret! Divus amicus erat.

32   Non pete plus, Lector, virtutes pandere raras,
      Extrahere aut culpas a statione sacra.
    In caelo restant, et spe tremulante reponunt,
      "In gremio patris scilicet atque Dei."

WOTY, William, 1732-1791.

His translation was published in his *Poetical Amusements* (Nottingham, 1789) and does not seem to have been reprinted. It is the earliest to include any of Gray's rejected stanzas (29A).

Brought up and educated near Alton in Hampshire, Woty moved to London finding employment as a lawyer's clerk and starting his literary career with verse contributions to periodicals. Around 1767 he was taken up by Earl Ferrers of Staunton Harold, Leicestershire, as 'secretary and advisor in his law transactions'. He continued to publish verse, much of it satirical, and including theatrical prologues. For the latter part of his life he was supported by an annuity from his patron, but the *Gentleman's Magazine* records that 'by a too great indulgence of his passion for conviviality and society he unfortunately injured his constitution'.

ODNB

11. JOHN DUPRÉ, 1793.[85]

ELEGEIA.

1.   FUNERA vergentis resonat campana diei,
      Et reboans lente permeat arva pecus.
    Jamque domum fessus repetens iter urget arator,
      Et nox sola mihi restat in orbe comes.

2.   Abstulit en rebus jam vespera sera colores,
      Aethera jamque tenet pax, et opaca quies.
    Ni segnem rotat orbe fugam qua Cantharus, atque Aes
      Murmure somnifero sopit ovile procul:

3.   Ni, qua turrim hedera obrepens amplectitur istam,
      Ejulat hoc Bubo culmine, moesta *tuens*,[86]
    Incusatque pedes Lunae, sub nocte vagantes,
      Qui soli turbant regna vetusta laris.

4.   Qua scabrae surgunt ulmi, quaque explicat umbram
      Taxus, et in putri cespite terra tumet,
    Quisque diu positus, tumuloque reconditus arcto,
      Aeternum Pagi gens proavita jacet.

5.   *Thuriferam exhalans auram revolubilis eos,*
      Et[87] *quae straminea garrit hirundo casa,*
    Et cornu ingeminans, argutaque buccina galli,
      Ne stimulent[88] *humili corpora lassa toro.*

6.   *Nec*[89] *matrona foco in reditum nunc suscitet ignem,*
      Vespere nec solitum sedula cogat opus.
    Nec pueri adventum referant patris, aemula turba
      Scandere, ut arripiant oscula grata, genu.[90]

---

[85] The text is from the 1799 edition. Various changes since 1793 are indicated by italics, and the 1793 versions are given in the footnotes.

[86] canens

[87] Thura nec exhalans Aurora rubentis Eoi, /Nec &c

[88] Nec cornu ingeminans, nec vox argutula galli, /Extimulent

[89] Haud

[90] Nec puer adventum patris balbutiat almi
    Nec scandat praereptum oscula blanda genu.

7. Falcibus, heu! crebris segetes cecidere resectae;
    Sulcavit[91] glebam vomere dura manus.
    Quam prompti notos agitarunt plaustra per agros,
    Ictibus et quoties sylva subacta ruit!

8. *Ne tamen Ambitio ridens opus utile spernat,*
    Obscurum nomen, laetitiamque rudem.[92]
    Nec risu evolvat, tumidoque Superbia vultu
    Pauperis annales et monumenta domus.

9. Et regum diadema, et avitae gloria famae,
    Quicquid opes dederunt, formaque lauta dedit,
    Expectant fati non evitabilis horam – [93]
    Insuper ad tumulum sistit honoris iter.

10. Nec genus hoc culpate hominum, vos corda superbi,
    Si memor ostendat nulla tropoea lapis,
    Qua laqueatam inter cameram,[94] claustrumque profundum,
    Organa concentus laudis ad astra ferunt.

11. Effigies viva, et praedives honoribus urna,
    Anne animam retrahant, heu![95] semel ore vagam?
    Provocet an cineres Famae vox alta silentum,
    Vel Mors blandiloquos hauriat aure sonos?

12. Mens olim praegnans *divini seminis igne,*[96]
    Forte sub hoc spreto cespite tecta jacet.
    Hic jacet ista manus sceptro dignanda superbo,
    Vel quae pulsaret vivida fila lyrae.[97]

---

[91] Sulcavitque
[92] Ne tamen Ambitio spernat malesana labores,
     Sortem, et queis ludos mens recreata rudes:
[93] Supremam expectant fati implacabilis horam –
[94] Qua rutilas inter cameras
[95] An retrahant animam, heu!
[96] aurai simplicis igne
[97] The original has here a footnote: 'No translation could do justice to the original, "wak'd to ecstasy". – "The living lyre", it is hoped, is in some degree preserved.'

13. Sed longos veterum annales, monimentaque callens
     Doctrinae haud largas pagina fudit opes.
     Ingenii ardores torpens compressit egestas,[98]
     Et pigro astrinxit pectora dia gelu.

14. Ecce sub Oceani marmor, vastumque profundum,
     Clara et scintillans plurima gemma latet.
     Et rosa multa rubet, penitusque abscondita sylvis
     Dissipat[99] ingrato dulcia saepe Noto.

15. Rusticus Hampdenus, ruris violata tyranno
     Qui firma asseruit jura vetusta manu,
     Hic quoque Miltonus, rudis et sine laude, quiescat,
     Hic Cromuel, patrii sanguinis innocuus.

16. Captare eloquii Caetus dulcedine, dira
     Subjicere et pedibus fortis, et omne malum,
     Munere Amaltheae[100] populum ditare beatum,
     Perlegere et proprium gentis in ore decus,

17. Sors vetuit; nec tantum dura coercuit ortas
     Virtutes animi, sed quoque grande nefas.
     Non dedit his regnum crudeli caede paratum,
     Parcere nec miseris nescia corda dedit;

18. Nec celare dolum laeta sub fronte malignum,
     Exuere et signum quo rubet ora pudor,
     Nec Fastus Luxusque onerare altaria thure,
     Thure, quod ardescit carminis igne sacri.[101]

---

[98]   Doctrina haud chartam pandit amoena suam.
   Ingenii ardentis flammam compressit egestas
[99] Prodigit
[100] In one legendary tradition, Amalthea was a goat who supplied milk to the infant Jupiter. One of her horns was accidentally broken off, and then placed among the stars as the Cornu Amalthea, or Cornu Copia, an emblem of plenty. (DG).
[101] Thure, quod Aonidum, heu! calet igne sacro.

19.   *His* nunquam, strepitu procul et popularibus auris,
  Errabant humili vota modesta lare.[102]
 Vita sed effluxit paulatim, in valle reducta
  Ut cursu tacito labitur unda levis.

20.   Attamen hic videas fragilis monumenta sepulchri
  Quae cineres sancta relligione *tegant:*[103]
 Quae gemitum eliciant lachrymasque, sine arte figurae
  Caelatae, atque rudes stant super ossa modi.

21.   Nomen, et annorum series, inculta Camoena
  Expressit; famam namque *Elegia*[104] negat:
 Multaque dispergens de sacro dogmata Libro,
  His docet intentum vulgus agreste mori.

22.   Quis dubiam hanc vitam, quis corpora cara relinquit,
  Nec vult posteritas sit memor usque sui?
 Quis sociale jubar, laetas et deserit auras
  Et non flexa retro lumina sera tenet?

23.   Pectus adest fidum cui mens abeuntis inhaeret,
  Lumina nos fletus morte gravata rogant.
 Extollit vocem tumuli Natura sub umbris,
  Prisca etenim et cineres abdita flamma fovet.

24.   Ast tibi, defunctos et mortis honore carentes,
  Qui memoras, tali carmine fata canens,
 Si mens affinis, repetens mortalia secum,
  Ultima si cupiat discere sorte tua;

25.   "Vidimus hunc primi sub lumina solis et ortus"
  (Sic albus dicat tempora cana senex)
 "Ire salutatum radios in vertice collis,
  "*Dum verrit*[105] celeri roscida rura pede.

---

[102] Hos … Insanus magni nominis arsit amor.
[103] tegunt:
[104] Elegeia
[105] Verrentem et

26.   "Saepe sub hac fago, variis quae nexibus arbor
       "Radices sinuat luxuriata suas,
    "Segnis, iners corpus, medio discumberet aestu;
       "Vultus inhaerebat murmure pronus aquae.

27.   "Hanc propter sylvam, risu solvente labella
       "More indignantis[106] *devia verba dabat.*
    "Tum languens, moestusque, velut quem destituit spes,
       "Curave quem domuit, quemve fefellit amor.

28.   "Una dies fulsit; soliti nec vertice collis
       "Tegmine nec fagi cernitur ille suae.
    "Altera successit; nec propter murmur aquarum
       "Nec sylvam propter, nec juga propter erat.

29.   *"Tertia lux orta: elatumque in tramite corpus*
       "Ire sepulchreti vidimus exequiis.[107]
    "Perlege (nam potis es) tumulum qua sentis inumbrat
       "Perlege quae referat carmina sculpta lapis."

EPITAPHIUM.

30.   Hic caput in gremio terrae juvenile quiescit,
       Quod fortuna latet, quod vaga fama silet.
    Haud torvo aspexit praeclara scientia vultu,
       Excerpsit, meditans tristia, Musa sibi.[108]

31.   Larga fuit, fictae simul et mens inscia fraudis,
       Et facilis tribuit[109] praemia digna Deus:
    Omne dedit miseris, lachrymam; coeloque recepit,
       Hoc erat in votis, pignus amicitiae.[110]

---

[106] Mussabat tacite, et devia &c
[107] Tertia lux oritur: corpusque exangue sepulchro
    Proh dolor! effertur tristibus exequiis.
[108] Melpomene excerpsit lugubris usque sibi.
[109] Misit et in votis
[110] Aerumnis lachrymas dedit (omne quod ipse tenebat)
    Optatum peperit munus – amicus erat.

32. Virtutes reserare ultra jam desine, vitae
         Delicta horrendo vel revocare loco,
      (Illic spem tremulam pariter, suspensa, reponunt)
         Pectore nempe Patris, pectore nempe Dei.

———————————————————

DUPRÉ, John, 1753-1834.

Dupré was Headmaster of Berkhamsted School, and his translation was spoken on the school's Public Day, Wednesday, October 2nd, 1793, by a pupil, John Wardle. It was initially published, with other verse by headmaster and pupils, in separate pamphlets. In 1794 they were brought together as a volume with the title *Musae Berkhamstedienses: or Poetical Prolusions by some Young Gentlemen of Berkhamsted School* (Berkhamsted). They were republished as a set in 1799.

In his 1794 Introduction, Dupré refers to his translation of the *Elegy* thus:
   Of the *Elegy* no Latin Version has hitherto satisfied the present Translator. – Lloyd's, which is the best he has seen, is too diffuse, and abounds too much in images and sentiments which are not in the excellent original. Wakefield has only translated a few stanzas, and in them, as in all his literary works, he has displayed an intimate acquaintance with the beauties of the Latin language. The Translation inserted in this volume was finished long before Wakefield published his edition of Gray's Poems. From Lloyd one or two combinations have been adopted.

Dupré was born in Jersey. At Oxford he came to the attention of Parson Woodforde for causing a riot. Poacher turned gamekeeper, however, and after holding a fellowship at Exeter College, he obtained in 1788 the headmastership of the near-defunct Berkhamsted School. With considerable energy he achieved a revival in the school's fortunes. The delivery of the Headmaster's verses by a senior boy at the Public Day must have helped to promote the school's image, and place it in the mould of Eton, Winchester and Westminster.

B.H. Garnons Williams, *A History of Berkhamsted School 1541-1972* (1980).

12. ANONYMOUS TRANSLATION BY 'G', 1793.

ΛΟΓΟΙ ΕΠΙΤΑΦΙΟΙ.[111]

1. Vesper adest – finem resonat campana diei –
   Jam linquunt pastae mollia prata boves –
   Nota petit tuguri penetralia fessus arator:
   Sobria Caligo, vatis amica, veni!

2. Jam dulcis pagi subito velata tabella
   Diffugit – et circum lenior aura silet;
   Musca strepens alis volitet ni forte canoris,
   Tinnitusve procul reddat ovile leves.

3. Ni pallenti hedera cinctae de culmine turris
   Ferali interdum noctua voce vocet,
   Ad Phoeben lugubre quaerens, si quando viator
   Intrasset vetitae lurida claustra domus.

4. Antiquae qua stant ulmi, tristesque cupressi,
   Ecce! frequens cumulus surgit, agrestis honos,
   Designatque locos, ubi, post sua fata, coloni
   (Obrutus aeterno quisque sopore) jacent.

5. Hos neque, uti pridem, fragrans eliminat[112] aura,
   Nec vicina novum cantat hirundo jubar:
   Hos vigilis galli nec vox argutula lectis
   Evocat, atque alacres ad rude mittit opus.

6. Nec, labente die, redituro fida marito,
   Sopitos ignes anxia sponsa ciet:
   Nec dulces natos ad cari brachia patris
   Oscula quaerentes aemulus urget amor.

---

[111] The phrase refers to the annual orations at Athens for those fallen in battle. The footnotes which follow are those of the translator and were appended to the original version published in the *Gentleman's Magazine.*

[112] 'Horat. 1.i.Ep.5.v.25'

7.   Quam bene callebant terram diffindere aratro,
      Et larga autumni munera ferre domum!
    Quam bene flaveolas rhedis imponere messes,
      Et validum in sylvis sternere robur humi!

8.   Obscuram agricolum sortem, tenuesque labores
      Ipsa vel Ambitio non sine laude notet:
    Temperet et stolidos temulenta Superbia risus,
      Dum villae annales rustica musa canit.

9.   Ipsa quid Ambitio, quid celsa Superbia pollet?
      Quid regum gazae, gloria, fama, decus,
    Si nihil impendens fatum differre valebit,
      Cum demum saevae janua mortis hiat?

10.   Quid, quod marmoreo non dantur membra sepulchro?
      Quid, quod relliquias nulla trophaea tegunt,
    Ut mos, qua grandes referuntur ad organa cantus,[113]
      Dum mens coelestem gestit adire thronum?

11.   An renovare animam, aut caecis revocare latebris,
      Divitis egregii sculptilis urna potest?
    Frustra pallentes vel fraus intercinit umbras,
      Vel graviore sono clamitat acer honos.

12.   Forsitan ignoto jacet hic sub cespite, quem tu
      Ornasti egregiis dotibus, alme Deus!
    Cui frons regali nequaquam indigna corona,
      Cui vel caelesti dextera digna lyra.

13.   Sed fera paupertas, brumalis more pruinae,
      Ingrato mentis frigore strinxit opes,
    Divinos fontes doctrinae ferrea clausit,
      Et larga ingenii munera fixit humi.

14.   Lucida sic crystallus, ubi mare detonat altum
      Ignota, et nunquam conspicienda, jacet –
    Sic frustra ambrosios exhalat myrtus odores
      Qua, valle obscura, devia sylva viret.

---

[113] 'Imitated from the present Archbishop of York's [William Markham] famous copy of Lent verses.'

15. Rusticus hic forsan Cato, Virgiliusve quiescit.
    Discolor at fatum, mens licet una, fuit.
Strenuus ille quidem patrii defensor agelli –
    Hic, vates nemorum, dulce, at agreste canens.

[15A.] *Munditiis simplex, propriique ignara decoris,*
    Hoc forsan tumulo nympha pudica jacet,
Cui mens, ut divae veteres finxere Minervae,
    Forma venusta Helenae, Penelopea fides.

[15B.] *Candida, suavis, amans vixit, pia, sedula conjux,*
    Gaudia summa sui deliciaeque viri:
Virtutisque sacram pia mater lampada proli
    Tradidit, et robur, purpureumque decus. [114]

16. Eloquio captare animas, contemnere lethum,
    Publica fortunis jungere fata suis
Spargere per laetas segetes (vice numinis) agros,
    Vivere pro patria, pro patriaque mori,

17. Haec vetuit magnis paupertas invida rebus:
    Quinetiam vetuit grande patrare nefas –
Splendida per medias diademata quaerere caedes –
    Sanguine civili commaculare manus –

18. Ficta loqui – misere simulare et dissimulare –
    Nulla pudicitiae jura decora sequi –
Luxuriaeque infame genus, fastuque tumentes,
    Venali musa tollere ad astra deos.

---

[114] 'From Dr Edwards's beautiful stanzas *added* to the original poem of Mr Gray, which we subjoin, as less generally known:

    "Some lovely fair, whose unaffected charms
    "Shone with attraction to herself unknown,
    "Whose beauty might have blest a monarch's arms,
    "And virtue cast a lustre on a throne.

    "That humble beauty warm'd an honest heart,
    "And chear'd the labour of a faithful spouse,
    "That virtue, form'd to every decent part
    "The healthy offspring that adorn'd her house." '

19. At procul a strepitu populi, insanoque tumultu,
      Suaviter ante suos consenuere focos –
    Blandaque ducentes tranquillae gaudia vitae
      Extremum fati non metuere diem.

20. Insontes animae! – Tamen haec quoque forsitan ossa
      Nescio quis tumulus protegit, arte carens:
    Et poscit lachrymam rude, sed miserabile, carmen,
      Si quis praeteriens captus amore legat.

21. Qui fuerant – quoque aetatem duxere per annos,
      Abnormis sculptor commemorare studet;
    Et spargit veterum divina oracula vatum
      Unde animus vitae spem melioris habet.

22. Nec male – nam quis homo tam ferreus, ut queat auras
      Linquere vitales, et sociale jubar,
    Et dirae ad mortis sedem, gelidumque sepulchrum,
      Nulla retro flectens lumina, firmus eat?

23. Nonne gemit moriens, et pectus quaerit amicum,
      Pectus quaerit amicum, humidulasque genas?
    Tristis[115] enim et tenebrosa leves via ducit ad umbras,
      Ni cor supremo flagret amore DEI.

24. Tuque adeo demum, simplex indocte poeta,
      Talia qui moesta garrulitate canis,
    Historiam si forte tuam, si forte requirat
      Advena, quem pariter devius error agat,

25. Narrabit, canum quassans caput, incola ruris –
      "Saepe illum celeri vidimus ire gradu
    "Ad montem, solis qua primum lux tremit aurea,
      "Et matutino spargere rore pedem.

---

[115] 'The translator has here taken the liberty, for obvious reasons, to depart from the well-known obscurity of the original.'

26. "Ante aditum sylvae, qua dulce loquax fluit amnis,
      "Qua corylus sedem dat, laquearque simul,
    "Sic placide recubans, horas consumpsit inertes,
      "Despectans rivum transilientis aquae.

27. "At primum, meditans nugas, et totus in illis,
      "Risit amabiliter, suavis, amansque joci –
    "Postea demisso vultu incedebat, et aeger,
      "Cura sit, incertum, sive inimicus amor.

28. "Quid moror? Infelix paulatim desiit hospes,
      "Et fluvium, et collem, dulce et adire nemus.
    "Sol oritur – nec jam cara requiescit in umbra –
      "Crastina lux venit, et crastina; at hospes abest.

29. "Quarta dies aderat, cum luctifico progressu
      "Vatis ad exequias ibat amica cohors.
    "Huc ades, et tumulum, et (tu qui legis) aspice carmen
      "Inscriptum tumulo, qua miser ille jacet.

29A. *"Illic innumeros flores antiqua crataegis*
      "Sternit humi, et violae spargitur almus odor –
    "Et nidum struere et cantare rubecula gaudet,
      "Imprimit exiguo dum pede molle solum."[116]

[EPITAPH.]

30. MATERNAE IN GREMIUM TELLURIS SUAVE RECUMBIT
      QUEM RENUIT FAMAE VOX CELEBRARE, PUER:
    AT PLACIDO SPEXIT FAUTRIX SAPIENTIA VULTU
      NASCENTEM, ET DOCUIT LUGUBRE MUSA MELOS.

31. INGENUUS, SIMPLEX, RE PAUPER, AT INDOLE DIVES,
      FRATERNO PROPRIUM FOVIT AMORE GENUS.
    DUM MISERIS DEDIT HIC LACHRYMAS, ACCEPIT AMICOS –
      O LAUTA, O ANIMO MUNERA GRATA SUO!

---

[116] 'G' adds the quotation marks to this stanza – presumably to make it complete the speech of the hoary-headed swain.

96

32.   SI BENE QUID GESSIT, SI QUID MALE, QUAERERE NOLI:
       SPES, METUS, HAEC SACRA NOCTE SEPULTA TENENT.
       ERRARE, HUMANUM EST; DIVINUM, IGNOSCERE. QUARE
       DESINE – NOTA PATRI CAETERA, NOTA DEO.

———————————————

ANONYMOUS 'G'.

This translation was published anonymously in instalments in the *Gentleman's Magazine*, vol. 63, pp. 69, 166, 261-262, 360 (1793). It does not appear to have been reprinted. It is the earliest translation to include the two stanzas added by Thomas Edwards (d. 1757), a poet and literary editor and author of *The Canons of Criticism*. The only other translator to include them was Hickie (no. 19) in 1823.

We have found no clue to the identity of 'G'. The author is not identified in Emily Lorraine de Montluzin's database: *Attributions of Authorship in the* Gentleman's Magazine *1731-1868: An Electronic Union List* (2003), <http://etext.virginia.edu/bsuva/gm/intro.html>.

13. NELSON KERR, 1802.[117]

Elegia, Rustico Coemeterio Inscripta.
E Gray.

1.   AEDIBUS e sacris lapsae sonat hora diei
      Per campos tardo grex pede flectit iter;
    Incessuque domum pigro se vertit Arator,
      Hospes ego solus nocte silente vagor.

2.   Paulatim ex oculis abiere nitentia rura,
      Coelorumque plagis incubat alta quies;
    Stridulus urget iter nisi qua Scarabaeus in auras,
      Murmur et e septis vix tremula aera cient.

3.   Ni rupta qua turre sedens, hederaeque recessu,
      Strix Lunam infausto provocat ore gemens;
    Provocat opprobrio dubia sub nocte vagantes,
      Impuro haec ausos prodere regna gradu.

4.   Has propter veteres ulmos, nigramque cupressum,
      Qua sacra congesto cespite terra tumet,
    Plurimus aeternum Vici rudis Incola somnum
      Dormit, et indigenae contumulantur Avi.

5.   Halet odoriferis si mane Favonius alis,
      Si levis e summo fornice Hirundo crepet;
    Amplius heu! Galli neque vox, neque cornua laeta,
      Ex humili allicient ire per arva toro:

6.   Nec veniente focus lucebit nocte, parati
      Signa cibi; aut fessis Sponsa levabit onus;
    Nec laeto amplexu accipient prope lumina Patrem,
      Oscula nec Pueri terque quaterque petent.

7.   Vi manuum indomita glebas coluere subactas,
      Stravit agros valida falce resecta Ceres;
    Quo strepitu intonuit lucus, cum vindice ferro
      Victa olim cecidit sylva rebellis humi!

8.   Haec studia, hos mores, quis fastu aspernet iniquo
      Otiaque ignotis haud aliena locis?
    Nec luxu quicunque tumet circumdatus aureo
      Pensa laborantis spernat honesta manus.

---

[117] The original does not break the text into verses, and sometimes uses five or six lines to render Gray's four. For the convenience of the reader stanza numbers have been inserted by the editors.

9.   Nec socios nexus, nec pondus fictile mensae,
        Nec Proavum Annales respuat aure rudes.
    At Tituli, aurataeque Trabes, et ahenea Signa,
        Et quaecunque tulit Fama, Triumphus, Opes,
    Omnia finem adeunt, et inevitabile fatum,
        Et sola ad Tumulum Gloria pandit iter.

10.   Si neque, quae torpet gravis aere, superstet Imago,
        Nec cassum integrent sculpta tropaea decus,
    (Qua per celsam aedem, et summi laquearia Templi,
        Carmina sancta, Deo ceu placuere, sonant)
    Quicunque es servisque potens, *titulisque*[118] superbus,
        Non tibi culpari fas sine honore locum.

11.   Quid prosit species Urnarum? Et magna Parentum
        Nomina? De clausa nil revocatur humo!
    At neque Laus, neque Honor surdam renovare favillam,
        Aut gelidae Morti dulce sonare queunt.

12.   Forsan et hic Anima, aetheriis quae fervida flammis
        Incaluit, nulla laude dicata jacet;
    Debuerant quae Sceptra, Manus, decuisse, premendo,
        Vel poterant vivam sollicitasse Lyram:

13.   Non dedit his lapsum veris Annalibus aevum
        Tradere, et aeternum Musa perennis opus;
    At gelida incubuit reprimens vim Mentis Egestas,
        Torpueruntque hebeti corda subacta gelu.

14.   Quin procul Oceano gemmae latuere, neque intus
        Sole repercussas explicuere faces;
    Plurimus erubuit tacito flos dulce recessu,
        Deserto exsiliit flamine raptus odor.

15.   Hac, indignatus Ruris dare colla Tyranno,
        Ipse ardens Bruti corde, quiescat humo;
    Forte sub hoc mutus torpescat cespite Naso,
        Nec tinctus patrii sanguine Caesar agri.

16.   Blanditos rapere Eloquio domitore Senatus;
        Non tremere, attollit Lis ubi foeda caput;
    Annonae gratae donaria fundere Plebi;
        Et vivum in Populi corde sacrare decus;

---

[118] Amended from 'ritulisque' in original.

17. Haec paucis adiisse datum est. Non limite Dotes
      Tantum arcto, tacita Crimina sede, latent.
    Non ergo immites sancta in Penetralia Regum
      Immisit Lethi concitus ense Furor;
    Inque sui Socios generis recludere portas,
      Quas semper patulas jusserit esse Deus;
18. Jura neque insidiis involvere conscia Veri,
      Nec procul ingenuae signa agitare Genae;
    Purpureas neque adire domos, ubi carmina, succo
      Illita venali dona, Camoena tulit.
19. Addidit his nullos ingloria Rixa furentes,
      Qui lente tacitam composuere viam.
    Quin facili lapsu, sub amici fronde receptus,
      Praeteriit nullo turbine Vita tremens.
20. Haec tamen, ut sacra sint, pedibusque intacta profanis,
      Et pius, et fragilis, stat super Ossa lapis;
    Et Tumulum rude carmen habet, quo simplicis Ardor
      Spirat Amicitiae, Mensque sine arte memor.
    Haec tacitos penetrent sensus, spirantiaque intus
      Pectoris eliciant fonte sacro lacrymam.
21. Nominaque, Aetatemque rudi inconcinna relatu
      Finxit, et incultos rustica Musa modos;
    Cernere erat passim de sancto excerpta libello,
      Vivere quae doceant, quae bene posse mori.
22. Quis vero a Sociis, quis laeta a luce Diei
      (Tunc ubi demissa Mens tremit icta Nece)
    Exiit, et Vitae nec pectore sensit amorem,
      Nec retroflexit lumina lenta semel!
23. Officiis Animus, sanctoque ardore, supremum,
      Fretus Amicitiae, sentit adesse Diem;
    Deficiente oculo lacrymarum educitur ortus;
      Suave quidem est fidos sic meminisse sinus;
    E Tumulo Natura vocat, cinerique sepulto
      Ignis adhuc sacro flamine vivus inest.
24. At tibi, versu humili Comitum sine honore jacentum
      Quem juvat anteactas sic iterare vias,
    Forsitan ardenti vero Pietatis amore,
      Sortis et optanti nosse suprema tuae,

25. Occurrat Vici canus Pater, horridus aevo,
     Historias Pagi qui sonet ore rudes.
     "Saepe illum celeri pede roscida culta petentem
     "Vidimus, erubuit primum ubi monte jubar;

26. "Illic, qua fagi patet umbra, vetustaque radix
     "Tortilis e summa flexibus exit humo;
     "Languida sic passim componere membra soleret,
     "Invigilans lapsu praetereuntis aquae.

27. "Vicini nemoris gelidas ceu viseret umbras,
     "Cernere erat (tacitum dum pede ferret iter)
     "Nunc objurganti similem arridere, suoque
     "Intima mussantem promere verba sinu;
     "Nunc pallere genas, qualis divulsus amata
     "Virgine, ceu furiis concitus, esse solet:

28. "Quem peterem nuper per luci florea serta
     "Mane novo, et fagus qua, sua cura, viget,
     "Nusquam adiit! Ripae sedes deserta virebat,
     "Conscia nec soliti prata Sodalis erant.

29. "Lux rediit; tristique sonans pia Naenia cantu
     "In tumulum moestos prodidit ire gradus.
     "Adstes, atque legas (potes hoc) superaddita saxo
     "Carmina, qua fusco spina colore riget."

EPITAPHIUM.

30. Hic Auri, Famaeque inopem, juvenilibus annis
     Raptum sub tacito cespite celat humus;
     Natales illi invidit Sapientia claros,
     Signavit Puerum lugubris Hora suum.

31. Quae tenuit, puro est largitus pectoris aestu.
     Huic tulit admissa Praemia Morte Deus.
     Pauperibus pauper lacrymae munuscula fudit,
     Ex spe divinam nactus Amicitiam.

32. Huic nec Virtutes nimium depromere quaeras,
     Nec Vitia excussa sollicitare sera;
     Spe tremula pariter, pariter terrore quiescunt,
     In placidos Summi Patris itura sinus.

KERR, Nelson, 1772-1830.

His translation was published in *Poematia, Auctore Nelson Kerr, LL.B.* (London, 1802). It does not appear to have been reprinted.

Kerr matriculated at St. John's College, Oxford, in 1791. He was ordained in 1795, and after serving curacies in Berkshire, held the living of Tilbrook, Bedfordshire, from 1807 until his death.

14. BLACKBURN GRAMMAR SCHOOL, 1805.

BLACKBURN FREE GRAMMAR SCHOOL OF QUEEN ELIZABETH.

*Gray's Elegy, ... rendered into Latin by the Scholars of the First Class,
February 6, 1805.*

1. CLAMAT vespertina diem campana peractam,
      Bos rediens lente laeta boat per agros;
    Fessa domum repetens vestigia flectit arator,
      Ac tenebrae obscurae jam loca cuncta tenent.

2. Nunc condunt dubia cum luce crepuscula campos,
      Et totum coelum nocte silente tacet;
    At non qua volitans scarabaeus bombilat alis,
      Et sopit caulas nola sonora procul.

3. Ni celsa intortis hederis ex arce virenti
      Ad lunam auditur sordida bubo queri,
    Flectentes prope secretam vestigia sedem
      Miscere infesto regna vetusta pede.

4. Ulmo sub patula, tristi sub tegmine taxi,
      Qua cumulis multis putrida surgit humus,
    Quisque brevi in tumulo per saecula longa quiescens,
      Agrestes ruris pace fruuntur avi.

5. Aurorae non aura levis spirantis odores,
      Nec casula parva garrula hirundo gemens
    Nec cantus galli argutus, nec buccina rauca
      Ex humili lecto deinde ciebit eos.

6. Ardebit foculus lucens non amplius illis,
      Sedula nec carpet vespere mater opus,
    Nec patris ob reditum balbas puer ore loquelas,
      Nec genua ascendens oscula blanda dabit.

7.   Falci saepe seges flavescens cessit aduncae,
        Indomitam fregit vomer aduncus humum;
      Quam laeti per agros jumenta agitare solebant,
        Quam tremuit *valida*[119] sylva secure vetus?

8.   Gaudia ne spernat, tenues laetosque labores,
        Nec levis ambitio nomen honore carens,
      Nec simul auditos naso suspendat adunco
        Pauperis annales turgida pompa breves.

9.   Antiquae gentis decus, imperiumque superbum,
        Cuncta quae opes dederant, clara Venusque dedit,
      Expectant pariter non eluctabile tempus;
        Ad tumulum ducit laudis honorque brevis.

10.   Ipsos culpandos ne vana superbia dicat
        Si curtos tumulos nulla trophaea tegant,
      Qua longas templique vias, laqueataque tecta
        Laudibus eximiis organa laeta replent.

11.   Urna valetne superba, valent spirantia signa,
        Ad corpus vitam nunc revocare brevem,
      Tellurem tacitam vox clara lacessere honoris,
        Aut vita functos flectere blanditiae?

12.   Pierio quondam stimulata calore, relicto
        Hoc jam forte loco, corda sepulta jacent;
      Hic dextrae bene quae sceptrum regale tulissent,
        Aut percussissent fila sonora lyrae.

13.   Ast illorum oculis doctrina volumina nunquam
        Evolvens, spoliis temporis aucta, tulit;
      Frigida compressit divinos mente furores,
        Pauperies, animi vimque subegit iis.

---

[119] The printed text has 'valido'.

14. Ah! quot sapphiros, pulchro splendore micantes,
  Obscura immensi marmoris antra ferunt!
  Ah! quoties flos purpureus in valle reducta
  Floret odoratus, floridus atque latet!

15. Rusticus hic fortasse jacet qui fortiter heros
  Finitimo satrapae restitit, arva tuens;
  Hic vates sine laude aliquis, sine labe tyrannus,
  Immunes patriae caedis habensque manus.

16. Audire ingenti plausu resonare senatus
  Eloquio attonitos, vimque minasque feras
  Spernere, per latam diffundere gaudia terram,
  Atque hominum laetis vultibus usque frui

17. Sors vetuit, neque crescentes modo saeva repressit
  Virtutes, vetuit turpe benigna scelus,
  Civibus occisis vetuit sceptroque potiri,
  Haud faciles flecti supplicis atque prece.

18. Verum dissimulare, dolosaque reddere verba,
  Et premere ingenuae signa pudicitiae,
  Luxuriaeque aris, fastusque imponere dona,
  Pieridum sacris thura cremata focis.

19. Vixere insano procul a clamore virorum,
  Nec famae nec opum vota movebat amor;
  Vallibus umbrosis peragens ignobilis aevum
  Carpebat tacitam turba quieta viam.

20. Ossa tamen pedibus vulgi vexentur iniqui
  Quo minus infestis, structa sepulchra prope,
  Versibus incomptis, rudibusque exculta figuris,
  Singultus tristes maesta tributa cient.

21. Aetates saxis inscriptaque nomina musa
  Indocta, spatium famae elegique tenent;
  Divinoque excerpta volumine disticha spargit,
  Quae meminisse docent vulgus agreste mori.

22. Nam quis in aeternum se ad muta oblivia tradens,
      Concessit vitae gaudia blanda neci,
    Laeti decessit geniali ex lumine solis,
      Nec flexit moriens lumina maesta retro?

23. Confidit gremio dulci moribundus amici,
      Et lacrymae mulcent lumina clausa piae;
    Vox etiam e tumulo naturae mystica clamat,
      Ac cineres vivunt pristinus atque calor.

24. Tuque oh! qui memor exanimorum laude carentum
      Ingenua hoc humili carmine fata refers;
    Si quis dum secum fugientia tempora versat,
      Quae fuerint meditans fors tua fata petat,

25. Forte aliquis dicat jam tempora canus agrestis,
      "Hunc vidi celeres saepe ego mane gradus
    "Flectentem per agros, spectatum a vertice collis
      "Extantem solem fluctibus aequoreis.

26. "Illic nutantis denso sub tegmine fagi,
      "Cui vaga stirps alte putrida fertur humo,
    "Membra die medio prosternere fessa solebat,
      "Accipiens sonitum praetereuntis aquae.

27. "Hanc iuxta sylvam nunc verno tempore laetam,
      "Tendebat gressus, verba proterva loquens;
    "Nunc languens, tristis, velut amens, pallidus ore;
      "Aut pressus curis, aut in amore miser. –

28. "Mane erat, ac solito admirans nec colle videbam,
      "Nec prope gratam umbram, neve ubi rura patent;
    "Altera lux venit, nec visus adhuc prope rivum,
      "Nec collem repetens, nec nemora alta pius.

29. "Tunc solita pompa solennia funera vidi
      "Lente per templi tristia ducta vias,
    "Huc ades, et saxo (nam tu vir doctus haberis)
      "Sub veteri spina carmina scripta legas."

[The Epitaph was not rendered into Latin.]

106

BLACKBURN GRAMMAR SCHOOL.

'Gray's Elegy, written in a Country Church-Yard, rendered into Latin by the Scholars of the First Class, February 6, 1805', was published in *The Anti-Jacobin Review*, vol. 20 (May 1805), pp. 443-446, with the following introduction:

> When our readers are informed that the following translation is the production of boys, who are either very young, or have but recently directed their attention to Latin versification, they will no doubt concur with us in thinking it equally creditable to the talents of the scholars, and to the abilities of the master.

This translation was the product of the senior class working together on a single day: the Latin shows some signs of haste.

We are obliged for the discovery of this translation to Professor David H. Radcliffe of Virginia Tech., Blacksburg, Virginia, U.S.A.

Blackburn Grammar School was originally founded in the early sixteenth century by Thomas, Earl of Derby. It was refounded by Queen Elizabeth in 1567, for the education and instruction of boys in grammar. It was to have one master and one usher. The Master in February 1805 was the Revd James Holme, appointed in 1803; the Usher was William Lutener, appointed in 1799. Neither man has been found in the registers of the English, Scottish or Irish universities; the Master may be the James Holme who published four volumes of satirical verse between 1812 and c.1820.

15. CHARLES APTHORP WHEELWRIGHT, 1810.

ELEGIA IN CAEMETERIO RUSTICO SCRIPTA.

1.   ULTIMA nocturnas sonuit campana per auras,
        Vacca redux pigro cum grege carpit iter.
      Defessus repetens carum sibi limen arator
        Jam mihi dat tenebris et sine teste queri.

2.   Obruta nunc umbra tacite procul arva recedunt,
        Vexatur nullo murmure sacra quies;
      Ni qua producat cursum scarabaeus inertem,
        Vel clausum assiduos reddat ovile sonos.

3.   Ni qua turre sedens, tenebroso condita ramo,
        Palladis arcana nocte queratur avis;
      Si forte errantis per amica silentia Lunae
        Infausti violent regna vetusta pedes.

4.   Ulmo sub rigida, annosae sub tegmine taxi,
        Marcida qua multo cespite terra tumet,
      Angustis longo tumulatos ordine cellis,
        Urget ruris avos inviolanda quies.

5.   Dulcis odorato surgens Aurora susurro,
        Stramineaque loquax hospita blanda domo,
      Nec tuba, nec cantu rauco Titanius ales
        Olim sopitos jam revocare potest.

6.   His focus assiduo non amplius igne coruscat,
        Non vespertinum sponsa laborat opus;
      Nec reducem agnoscit genitorem balba propago,
        Nec rapit in patrio suavia prima genu.

7.   Horum falx olim pingues resecabat aristas,
        Frangebat duram plaga ligonis humum;
      Rustica saepe hilares agitarunt plaustra per agros,
        Victricem ingemuit sylva secuta manum.

8.   Ambitio duros ne temnat iniqua labores,
      Nec longo annorum fata sepulta situ;
   Perlegat haud tumido malesana Superbia risu
      Annales prisca simplicitate breves.

9.   Nobilitas et opes et summa potentia regum,
      Dulcis et ex omni parte beatus amor,
   Una cuncta manent necis irrevocabile tempus,
      Ducit ad extremos gloria prima rogos.

10.   Attamen immeritos culpa vexare, superbi,
      Parcite, si cineres nulla tropaea tegant,
   Qua reboans circum "laqueata aurataque templa"[120]
      Numinis assiduo laus petit astra sono.

11.   Num jubet urna memor, num forma simillima vivae,
      Desertos animam rursus adire lares?
   Pulvis an ad vitam tumido revocatur honore?
      An Mors blanditias audit acerba leves?

12.   Forsan neglecto jacet hoc sub cespite pectus,
      Quo sacer aetherei Numinis arsit amor;
   Haec tumulata manus regni tenuisset habenas,
      Haec manus Aoniae fila diserta lyrae.

13.   His tamen assiduo Sophiae quas Musa labore
      Hauserat e sacro fonte, negavit opes;
   Paupertas calidos extinxit saeva furores,
      Virtutisque ruit non redivivus honos.

14.   Oceani passim per opacos gemma recessus
      Exhibet innumeras at sine luce faces;
   Desertas passim disperso flore per auras
      Subrubet incultae gratia vana rosae.

---

[120] Lucretius, *De Rerum Natura*, 2, 28: 'nec citharae reboant laqueata aurataque templa'.

15.   Forsitan *Hampdeni* similis sese ipse tyranno
           Opposuit, patrium cui tegit ossa solum;
       Miltonus forsan silet hic; *Cromuellus*, at insons
           Criminis, et patrii sanguinis ille fuit.

16.   Murmura densa sibi laeti sperare senatus,
           Sanguineae dirum temnere cladis opus,
       Spargere per pinguem flaventia munera terram,
           Vivere pro patria, vel periisse simul,

17.   Sors vetuit; quae nec solis virtutibus hostis,
           Clausit et angusta crimina nigra manu;
       Quae lacrymis dedit esse locum, regumque cruentis
           Quae manibus vetuit sceptra thronumque rapi.

18.   Celare indignans, luctansque erumpere, verum,
           Cum puro ingenuas tinxerit igne genas;
       Ut faveant nimium pretiosa laude superbi,
           Sacrata in vetitis thura litare focis.

19.   At procul a saevo turbae insanoque tumultu
           Mentem sopitam condidit alta quies;
       Undique fallentes pedibus calcantibus umbras,
           Detinuit tacitae semita blanda viae.

20.   Quod tamen a probro servet Decus ossa sepulcri,
           Et jubeat sancti nominis esse necem,
       Sculptura informi rudibusque insigne querelis,
           Deposcit lacrymas, debita thura, sibi.

21.   Aetas indocta conscriptaque nomina Musa,
           Facundi prohibent flebile vatis opus;
       Plurima dum passim selecta Volumine Sacro
           Verba docent, anima deficiente, mori.

22.   An desideriis ulli caritura recessit
           Sollicita et rursus non adeunda dies?
       Quis non reddiderit patrios invitus honores,
           Jusserit et languens lumina tarda sequi?

23. In pectus tenerum demigrans vita quiescit,
    Debilis extremas poscit ocellus aquas;
    Sedula marmoreo exclamat natura sepulcro,
    Ignibus adsuetis ipsa favilla tepet.

24. At qui hic desertae gentis non immemor, isto
    Rustica funereo carmine fata canis;
    Si, tacita curas dum mente revolvit inanes,
    Spiritus affinis te quoque nosse petat,

25. Pastoris forsan narrabit cana senectus,
    "Saepius hunc prima luce pudica dies
    "Gramina verrentem celeri pede roscida vidit,
    "Posset ut in saltus solis adire jubar.

26. "Saepius hic imo rigidae sub tegmine fagi,
    "Cui gravis annoso cortice fibra tumet,
    "Arborea lente membris recubantibus umbra,
    "Subtristis vitreas inspiciebat aquas.

27. "Saepius incerta referentis voce loquelas,
    "Erronis traheret sylva superba pedes.
    "Tristia jam tumido suspirant pectora luctu,
    "Jam fera cura premit, jam malus urget amor.

28. "Nuper, mane novo, nec amica attraxerat arbos,
    "Gramineo plantae sed neque rore madent.
    "Altera lux fulget: nec viderat unda morantem,
    "Sylva nec antiquo condidit atra sinu.

29. "At mox turba dolet, graditurque miserrima luctu,
    "Funerea cineres impositura domo.
    "Perlege (namque potes) sculptamque agnosce querelam,
    "Sente sub annoso quae pia saxa notat."

EPITAPHIUM.

Hic, functus omni sollicitudine,
Dormit sub almo cespite conditus,
    Qui sprevit et sortis favorem,
        Et strepitum popularis aurae.

Mens tristis illi – nec cumulos *tamen*[121]
Cistis avarus condidit aureos,
    At saepe donavit benigna,
        Quod potuit, lacryma dolentem.

Vice haud iniqua (namque pios colunt)
Largo bearunt Numina praemio,
    Nexuque junxerunt amico,
        Quem voluit, socium fidelem.

Ultra sepulti ne meritis fave –
Et parce culpas, invide, proloqui,
    Spe nunc et incerto timore
        Numinis in gremio quiescunt.

————————————————

WHEELWRIGHT, Charles Apthorp, c.1785-1858.

Published in *Poems, Original and Translated, Including Versions of the Medea and Octavia of Seneca, by C.A. Wheelwright, A.B. of Trinity College, Cambridge* (London, 1810). A second edition appeared in 1811 and provides the text above.

Wheelwright was educated at Reading School and was a Scholar of Trinity College, Cambridge. After ordination in 1810 he became a Prebendary of Lincoln Cathedral, and held the livings of Castle Bytham and Little Bytham, Lincolnshire, from 1811 until his death. He also published translations of Pindar (1830) and Aristophanes (1837).

————————————————

[121] 'tame' in original.

16. GIOVANNI FRANCESCO BARBIERI, 1817.[122]

1.   Editus aere cavo lumen cessare diurnum
Dat signum sonitus: jam lento errantia passu
Pasta armenta implent circum mugitibus auras;
Et durum carpens ad rustica tecta bubulcus
Fessus iter, terras tenebrisque mihique relinquit.
2.   Jamque orbis passim se subripientibus oris,
Horror ubique silens altum tenet aera latum.
Noctivagus tantum scaraboeus stridentibus alis
Murmurat, et longe permulcet ovilia suadens
Tinnitus somnos; 3.   Solum illa e turre, tenaci
Undique septa hedera, per amica silentia noctis
Ingeminat meditans ad lunam bubo querelas,
Antiquam humano sedem turbarier ausu.
4.   Qua sub funerea taxo, atque horrentibus umbris
Ulmorum, aggeribus cumulatis, surgere tellus
Cernitur, hic olim degentes ferreus urget
Agrestes somnus; spatiis est quisque locatus
Angustis; nusquam jucundae lumina vitae
Visuros: 5.   Aurora imis excire sepulchris
Haud pote, Panchaeos quamvis effundat odores;
Nec quae humiles arguta casas circum errat hirundo,
Nec resonum cornu, aut vigilis vox vivida galli.
6.   Lucebit nusquam focus illis; sedula conjux
Assuetas epulas, nec parcae pocula mensae
Laeta ministrabit; neque seras hesperus horas
Quum vexit, modo blanditias, modo prima ferentes
Verba, patri occurrent nati, qui dulcia, circum
Genua adreptantes, certatim suavia carpant.
7.   O quoties, meminisse juvat, proscindere aratro
Tellurem potuere, ac duras vertere glebas!
O quoties messem caedentes falce recurva
Alma Ceres hilari vultu despexit ab alto!
Ut post, atque alacres laetum Paeana canentes,
Traxerunt junctos ad pinguia culta juvencos!

---

[122] The text below is that of the 1843 edition, which we have assumed to be the more accurate. A couple of small differences from the 1817 version are indicated in the footnotes. The stanza numbers were inserted in the published editions.

Ut silvae, validos ictus geminante bipenni,
Robustis timuere rigentes viribus artus!
8.   Utile queis junctum est ne spernat vana labores
Ambitio, neque gaudia parva obscuraque fata;
Et Fastus risu non dedignetur amaro
Agrestum annales, et facta audire virorum:
9.   Priscum namque genus, titulosque, ac stemmata avita,
Divitias, formam, pompas, generosaque gesta
Heroum manet una, et inevitabilis hora,
Obscuros claris, inopes quae ditibus aequat:
Quam pariter fulgens pede gloria calcat ovanti,
Ipsa eadem via sternit iter patefacta sepulchro.
10. Neu vitii insimula, vel culpae, elata superbis
Turgida gens animis, quod nulla erecta tropaea
Illorum decorent tumulos, neque honoribus urnas
Ornent in templis, convexa ubi culmina sacras
Responsent voces, et laudibus adsonet aether.
11. Num miranda artis monumenta, carentia vita
Corpora, vel mutos cineres, spirantia signa
Jam dulces possunt revocare ad luminis auras?
Marmora num, caelata vel aera, aut splendida honorem
Vox coget manes aeterno surgere somno?
Ecquis erit, mortem dictis inflectere amicis
Qui queat, ac surdae blandiri molliter auri?
12. Angulus hic aliquis neglectum forte recondit
Magnanimo olim ardens pectus divinitus igne;
Fors claudit dextram, imperio quae provida gentes
Subiectas regere, ac populis quae ponere jura,
Attonitas fidibusque canoris tollere mentes
Calleret: 13. Sed avara suos Doctrina, vetusti
Temporis exuvias, immensa volumina, libros
Abstulit illorum ex oculis, texitque tenebris.
Frigida paupertas quoque corda cupidine pulchri
Capta repressit; vimque animi perstrinxit acuto
Dura gelu, ingenitumque ardorem fecit inertem.
14. Nimirum persaepe maris gemmaeque nitentes
Et lectae conchae fundo conduntur in imo;
Scilicet haud visi flores quum saepe rubescunt,
Desertus vacuis halavit odoribus aer.

15.   Forte aliquis jacet hic Hampdenus, pectore firmo
Praedioli parvum contra qui stare tyrannum
Haud pavet, aut inglorius et sine nomine mutus
Miltonus, sive innocuus Cromuelus, amicam
Qui patriae nunquam *foedavit*[123] sanguine dextram.
16.   Intentas numeroso aures adhibente senatu,
Cunctorum studia, et plausus captare, minasque
Constanti adspernari animo, tristesque ruinas
Temnere; tum donis gentes cumulare beatas,
Et grati ante oculos populi sua promere facta,
17.   Sors illis vetuit: crescentia semina quod si
Virtutum cohibet, vitiis retinacula ponit.
Ipsa etiam vetuit solium conscendere dira
Ferra per et clades, fusoque cruore natando.
18.   Quin etiam miseris vultum pietate carentem
Praebere, ingenuumque extinguere corde pudorem;
Criminis illa etiam vetuit, si conscia mens est,
Latrantes agitati animi sopire tumultus,
Et luxus, fastusque aris offerre profanis
Thura, quibus flammas Phoebus, Musaeque ministrent.
19.   Insontes animae malesani murmura vulgi
Vitantes, rixasque, a recto tramite nullo
Tempore deflexere, neque illas caeca cupido,
Vel desideria haud ullos noscentia fines,
Vitales dum aurae, valle hac, haustusque foverent
Etherii, placido valuere avertere cursu.
20.   Hic, ubi ne noceat varii inclementia caeli
Ossibus, instructum est monumentum, carmine tenui
Atque rudi ornatum sculptura; teque, viator,
Si qua tibi est pietas, rogat, ut suspiria saltem
Unica corde trahas; sat erunt et parva tributa.
21.   Pro fama, et moestis elegis stant nomina et anni,
Indoctae Musae partus: quae pagina sacra
Plura dedit documenta, hic ipsa inscripsit et illic,
Rurigenis praecepta piis, quos proxima terret
Mors, et sollicitis animis rite apta parandis.

---

[123] 1817: foedarit

22.   Nam quis, quem mutis instans oblivio tergo
Passibus insequitur, ceu praedam, fronte serena,
Quo existit, fruiturque, bonum lucemque reliquit,
Nec fugientem animam gravibus respexit ocellis?
23.   Nempe leves dum anima exspirans vanescit in auras,
Dilecto ipsa sinu gaudet dilecta foveri:
Languentesque oculi lacrimasque piosque reposcunt
Planctus; vox etiam Naturae clamat ab urna;
Noster quippe cinis flammas tegit usque priores.
24.   Quid de te, Vates, memori qui carmine fastos
Exanimum obscuros, inhonoraque nomina pandis?
Quid de te? si quis tacitus loca sola pererrans
Spiritus aequalis studio tibi, forte requirat,
Quae maneant te fata; 25.   Senex ei talia pastor
Fortassis referet: "Veloci vidimus illum,
"Ut primum surgens roseos Aurora colores
"Explicuit, passu incedentem, herbasque madentes
"Rore terentem, alto ut solem de colle salutans
"Conspiceret, radiisque orientibus obvius iret.
26.   "Quumque idem ardenti medium conscenderet axem
"Curru, nutantis grato sub tegmine fagi,
"Quae vario lusu, antiquis radicibus alta
"Serpit humo, multa distractus imagine rerum,
"Projectus, torpensque umbras captare solebat,
"Qua jucunda sonans leni strepit aura susurro.
27.   "Dein modo subridens, more illudentis, opaco
"Jam *proprior*[124] nemori, interrupto murmure, sensus
"Informes, dubias jactabat ad aera voces.
"Languenti similis modo moestus, decolor, aeger,
"Infelix veluti qui versat pectore curas,
"Aut spreto, desperans, amens, captus amore,
"Neglectusque, vagusque nemus lustrabat, et oras.
28.   "Mane venit: praeter solitum non colle sedentem,
"Non sub dilecta quaerentem frigora fago
"Vidimus: altera lux radiis compleverat orbem,
"At neque vicinum nemori, neque propter amoeni
"Fontis aquam, aut solitas superantem vidimus oras.

---

[124] 1817: propior

29.   "Tertia fatalem misero lux protulit ortum;
"Ferali siquidem pompa, comitante caterva,
"Ordine amicorum lento, qui debita reddant
"Officia, ad templum deferri vidimus illum
"Impositum feretro: quis sis, accede parumper,
"Et lege (namque tibi licet hoc) in marmore carmen
"Insculptum obducto dumis veprumque latebris."

EPITAPHIUM.

30.   Ignotus famae juvenis, sortique, recumbens
Antiquae in gremio, posita cervice, parentis,
Hic jacet: obscuro cretum si sanguine iniqua
Fortuna adspexit, Doctrina haud respuit, immo
Aequa suas patefecit opes: comes usque secutus
Tetricus est animus: 31.   Purus candore sodalis,
Multa illi semper pietas; hinc munera caeli
Ipsius, et largos meruit quandoque favores.
Aerumnis lacrimam, nil, quod daret ultra, erat illi:
Quod dudum fuit in votis, invenit amicum,
Unanimum dono Divum. 32.   Caligine conde,
Tu, merita, erroresque suos; Patrisque, Deique
Quando quidem incertam spem inter, dubiumque timorem,
Seu pia sint hominum, sive impia facta, reposta
Alta mente manent, recte quae cuncta rependit.

––––––––––––––––––––––

BARBIERI, Giovanni Francesco, fl. 1772-?1836.

His translation of the *Elegy* appears to have been composed in 1772 but remained unpublished for 45 years. It was published twice, in Verona in 1817 and in Livorno (Leghorn) in 1843, in both cases as part of polyglot editions by Alessandro Torri.

Barbieri lived in Verona and seems to have made his translation in rivalry with Costa and Evangeli. He also translated Milton's *Lycidas* and Thomson's *Hymn to the Creator* into Latin; and Shakespeare's *Romeo and Juliet* into Italian.

Thomae Gray carmen de sepulcreto rustico
latine redditum a Benedicto Benio Veronensi.

1. Deficit ecce dies: iterato concava pulsu
   Aera monent; lente armentum clivosa pererrans
   Mugit; tecta petens remeat defessus arator
   Durum iter, atque mihi orbem et noctis deserit umbris. [126]

2. Nunc oculis regio dilabitur indistincta;
   Cuncta silent; horror totum sacer aera complet,
   Ni si qua motis scarabaeus perstrepit alis,
   Tinnitusque vocat longinqua ad ovilia somnos;

3. Seu celsa e turri, quam hederae circumdat amictus,
   Illos si queritur ferali carmine bubo
   Ad Lunam meditans, secretam qui prope sedem
   Antiqua errantes violant atque invia regna.

4. Umbrosa sub taxo illic scabrisque sub ulmis,
   Surgit ubi in tumulos aggesto pulvere tellus,
   Angusto quisque in loculo stant ruris agrestes
   Perpetuo patres, devincti corpora somno.

5. Murmure non aura illos thurea matutino
   Non inopis tecti plorans e stramine hirundo,
   Non cornu reboans, aut cantu gallus acuto
   Posthac ex humili quibunt excire cubili.

6. Haud illis foculo ardebit dehinc flammeus ignis,
   Vespere non operam praebebit sedula conjux,
   Nec patri occurrent reduci balbo ore puelli,
   Scandentque in genua, ut certatim basia captent.

7. Horum falx densas crebro prostravit aristas;
   Fractae horum crebro cunctantes vomere glebae;
   Ut laeti junctis tendebant bobus ad arva!
   Ut valido nemora horum procubuere sub ictu!

---

[125] The text adopted is that of 1843, when del Bene's translation was reprinted as part of a polyglot edition published in Livorno by Alessandro Torri. This contains a small number of differences from the 1817 original. We assume that these were revisions by del Bene himself. These 1817 variant readings are shown in the footnotes. The original does not break the text into verses, but each quatrain matches Gray's equivalent stanza. For the convenience of the reader stanza numbers have been inserted by the editors.

[126] Durum iter, et tenebris orbem, et mihi deserit ipsi. (1817)

8.   Utilis hic labor, Ambitio, ne temne laborem,
     Fata obscura domi, sincera et gaudia gentis:
     Contractos inopum annales, fucoque carentes
     Accipiat Fastus, non dedignante cachinno.

9.   Stemmate praeclarum genus, imperioque refulgens,
     Quidquid forma dedit, rerum quod copia dives,
     Una eademque manet non evitabilis hora;
     Uno ipsa ad tumulum deducit gloria calle.

10. Ne culpae argueris, tumida gens mente, quod ullis
     Ipsorum busta haud surgant memoranda tropaeis,
     Vasta ubi per spatia et *celsi*[127] fastigia templi
     Ingeminat melos, et divinae carmina laudis.

11. Distinctae historiis urnae, spirantia signa
     Anne queant animos revocare in membra fugaces?
     An cineres mutos Honor alta voce ciere,
     Blandaque verba aures percellere molliter orci?

12. Neglecta forsan jacet heic in parte repostum
     Igne olim aetherio correptum pectus et ardens,
     Quaeque habilis gerere imperii esset dextera sceptrum,
     Aut fidium numeris modulari nobile carmen.

13. Haud unquam explicuit spoliis grave temporis acti
     Illorum ante oculos, ingensque Sophia volumen:
     Frigida praestantes animos compressit egestas,
     Adstrinxitque gelu nativos pectoris aestus.

14. Plures qui nitido radiant fulgore lapilli
     Ima tenent pelagi, caecis latitantque cavernis;
     Non visi flores ostro plerique rubescunt,
     Et desertum suaveolentes aera mulcent.

15. Rusticus heic forsan parvi contra ausa tiranni
     Hampdenus corde impavido tutatus agellum,
     Miltonusve aut Cromwelus sine honore quiescit,[128]
     Nec tamen is patrio respersus sanguine dextram.

16. Voce tenere aures plausumque jubere Senatus,
     Temnere damnorumque minas et saeva dolorum
     Didere laetitiam in populos, quos copia ditet,
     Praemiaque ex oculis vulgi decerpere laudum

---

[127] picti (1817)
[128] Miltonusve inglorius illic, Cromwelusve quiescit (1817)

119

17. Fors vetuit; sed enim quae germina pubescentis
     Virtutis, vitiorum eadem incrementa repressit:
     Ad solium vetuit profuso adnare cruore,
     Impiaque advorsum miseros praecludere corda;

18. Vi scelerum permoti animi compescere turbas,
     Et vultu ingenuum vetuit cohibere pudorem,
     Sive aram ad Luxus, Fastusque litare, cremato
     Thure super, quod Pieridum sacer usserit ignis.

19. Hos, procul insani quod vitam egere tumultu
     Vulgi, non flexit prave immoderata cupido;
     Per gelidam saecli vallem, qua sola recedit,
     Securi tacito presserunt tramite gressus.

20. Ossibus his, infirma licet, monumenta tuendis
     Sunt posita haec prope, fiat nequa injuria; versu
     Haec incomposito, rudibusque insculpta figuris
     Suspiri poscunt, tribuat quae dona viator.

21. Pro fama atque elegis stant anni et nomina patrum
     Scripta, notas inconcinna dictante Camoena;
     Plura etiam e Sacris stant circum oracula Chartis,
     Edoctura pios lethi in discrimine agrestes.

22. Nam quis, solliciti cui jam instet terminus aevi,
     Jucundi tamen, et stent longa oblivia contra,
     Laetum Sole diem, tepidum *quisnam*[129] aera linquat,
     Quin flectat moestos, unde est abiturus, ocellos?

23. Decedens animus gremio requiescit amico,
     Semiocclusa pios exposcunt lumina rores;
     Tollit et ex ipso vocem Natura sepulcro,
     Servatque ardentes nostro cinis igne favillas.

24. Ad te, qui vita functos et honore carentes
     Commemorans, pura enarras his versibus acta,
     Quod spectat: meditans si forte, animo tibi compar,
     Solusque adveniens aliquis tua fata requirat;

25. Haec olli canus pastor fortasse reponet:
     "Aurorae hic prima est nobis sub lumina visus
     "Saepe cito rorem excutiens per gramina gressu,
     "Obvius ut fieret super alta cacumina Soli;

---

[129] quis (1817)

26. "Isque sub annosa, nutanti vertice, fago,
     "Quae per humum tortis alte radicibus errat,
     "Saepe die vacuus medio[130] desesque jacebat,
     "Rivo haerens oculis, rauca qui praeterit unda.
27. "Silvam illam prope, nunc velut illudente cachinno
     "Errabat, sua nunc deliramenta susurrans,
     "Nunc misero similis, languens, pallensque, dolensque,
     "Aut curis amens, dirave cupidine victus.
28. "Una dies venit: sueta non vidimus illum
     "Ire via ad collem, et silvam, et charae arboris umbram.
     "Altera lux venit: necdum *ipse*[131] in colle, fluentem
     "Nec rivum prope, nec silvam vestigia signat.
29. "Tertia successit, qua funeris ordine moesto
     "Ad templum lente delatum est calle cadaver.
     "Siste gradum, lege (scis etenim) quod marmore sculptum,
     "Sentibus antiquis obductum est undique carmen."

EPITAPHIUM.

30. Heic terrae in gremio posita cervice recumbit
     Fortunae ignotus juvenis famaeque, sed ortum
     Quojus pulcra humilem haud crispata fronte Sophia
     Intuita est; Moeror tenuit, propriumque notavit.
31. Cor illi ingenuum, larga illum ornavit honestas;
     Larga itidem a Superis accepit praemia: fletum
     Impendens (unum hoc habuit) mortalibus aegris,
     Rettulit a Superis (unum hoc optarat) amicum.
32. Illius haud ultra inquirens benefacta revolvas,
     Neu noxas e terrificis arcesse latebris:
     Omnia quae pariter spe circumfusa metuque
     Numinis in gremio Summi, Patrisque quiescunt.

---

[130] Meridie vacuus rerum (1817)
[131] is (1817)

Del BENE, Benedetto, 1749-1825.

Del Bene's translation first appeared as a pamphlet, *Thomae Gray Carmen de Sepulcreto Rustico Latine Redditum a Benedicto Benio Veronensi* (Verona, 1817). It contains a Latin introduction by the author, in which he describes how he saw the Barbieri version after he himself had translated no more than the Epitaph. He then adds what we today might describe as knocking copy, still in Latin:

> Statim ac Barberiana versio ad me pervenit, Epitaphium cupide perlegi; quae pars, ut candide fatear, opinione quam de Barberio ex aliorum sermone conceperam, inferior mihi visa est; nimia enim verborum luxurie vividissimos poetae sensus enervat.

Del Bene adds the surprising admission that he had based his version on the Italian translation by Dominic Trant, 'neque enim Anglice scio.' It was reprinted, with a few small revisions, in Torri's polyglot edition of 1843.

Del Bene wrote on agriculture, publishing mainly at Verona. He made a translation of Virgil's *Georgics* into Italian (1809), and published other verse and translations into Latin and Italian.

18. CHARLES CALEB COLTON, 1822.

Elegia Graii, Latine reddita.

Preface: I undertook this literary trifle to please a learned foreigner, who wished to have as accurate an idea of the merits of this exquisite Elegy as I could convey through the medium of a translation. One thing, I trust I may fairly claim, – FIDELITY; and if the candid Critic should admit, that in search of it I have not missed of elegance, my object is attained. Scholars alone can appreciate the difficulties of such an attempt, and to such only I appeal.

ὅττι Βίων τέθνακεν ὁ βωκόλος, ὅττι σὺν αὐτῷ

καὶ τὸ μέλος τέθνακε, καὶ ὤλετο Δωρὶς ἀοιδά.

κεῖνος ὁ ταῖς ἀγέλαισιν ἐράσμιος, οὐκέτι μέλπει.[132]

1.　Vespertina focos Campana extinguere jussit,
　　　Mugitu linquunt pascua tonsa boves,
　　Tardius ire domum fesso pede tendit arator,
　　　Cum simul, et tenebris, et mihi, cuncta vacant;

2.　Prospectus tremula vanescit luce gradatim,
　　　Somnifera et languens aura quiete silet,
　　Dum scarabaeus agens gyros, obmurmurat alis,
　　　Et longum resonans Nola soporat oves;

3.　Quin hedera vinctam cernas qua surgere turrim,
　　　Lunae, luctifera Noctua voce refert
　　Quod circa latebras, vestigia sera vagantis
　　　Antiquum atque silens imperium violant.

4.　Umbras, qua taxus, veteri intermiscuit ulmo,
　　　Aggere qua multo dissociatur humus,
　　Angusta in cella, qua quisque reconditur, ossa
　　　Vicani ad somnum composuere Patres.

---

[132] Moschus, Lament for Bion, lines 11-12, 20. 'That Bion the herdsman is dead, that with him song, too, has died, and Dorian poetry as well. He that was beloved by the herds sings no more.' The Greek of the 1822 text has no accents or breathings. These have been supplied by the editors.

5.   Non Aurora efflans, Zephyrus dum suadet, odores,
      Non de stramineo tegmine hirundo canens,
   Non lituus resonans, vigilanti aut gutture gallus
      Invitabit eos amplius, e tumulo.

6.   Non focus exhilarans his eriget amplius ignes,
      Anxia non uxor vespere tendet opem,
   Non patre, vagitus, pueri redeunte, profundent,
      Oscula certantes arripuisse genu.

7.   Plurima quin horum falci cedebat arista,
      Sulcabant curvo vomere saepe solum,
   Ah quoties hilari aurigabant plaustra! solebat
      Ictibus ah quoties succubuisse nemus!

8.   Non petat ambitio hos deridere labores,
      Fortunas, humilis deliciasve Casae;
   Audeat haud rictum indulgere Superbia, vellet
      Quod de Ruricolis Musa ciere modos.

9.   Nobilitatis honos, dominandi coeca libido,
      Quicquid forma potest addere, quicquid opes,
   Expectant pariter, peritura necesse, sepulchrum,
      Unum iter ad famam ducit, et ad tumulum.

10.   Arroget haud vanum gens praetextata triumphum,
      Quod super hos tumulos nulla tropaea nitent,
   Marmora dum resonant, laqueataque culmina laudes
      Ingeminant, cantu concomitante melos.

11.   Aerane quae spirant? insculptave marmora, nostris
      An revocare queant relliquiis animam?
   Possit adulator surdos mulcere? revixit,
      Unquamve in crasso pulvere mortis, honor?

12.   Forsitan, oblito tacite hoc sub cespite, dormit
      Ignibus exardens pectus Apollineis;
   Forsan adaptatae sceptri ad moderamina dextrae,
      Acriter aut habiles exagitasse lyram;

13.   Sed non horum oculis doctrina recondita, chartas
       Aevi ditatas explicuit spoliis;
    Aspera paupertas vires compescuit, omnes
       Et torpere animi frigore jussit opes.

14.   Multa coruscanti resplendens gemma nitore
       Imis in latebris conditur oceani;
    Plurimus, at nulli spectandus, flosculus, implet
       Auram haud perceptis undique deliciis.

15.   Rusticus hic jaceat, domini qui saepe pusilli,
       Hamdenus, rigidis obstitit arbitriis,
    Miltonus forsan silet hic inhonorus, et illic
       Cromvellus, patrii sanguinis innocuus.

16.   Surgere! et attentum lingua cohibere senatum!
       Cladis et angoris non timuisse minas,
    Munera abundantis Cereris sparsisse per oras,
       Et populi gratas emeruisse preces,

17.   Haec Sors istorum vetuit – quin Aequa negabat
       Quid virtutis erat, quid scelerisve coli,
    Respuit his placidae portas occludere pacis,
       Sceptrave sanguinea corripuisse manu;

18.   Quid verum dictet nosse at siluisse, pudoris
       Suppressisse sacros ingenui monitus,
    Fanum, qua luxu tumefacta superbia regnet,
       Pieridum dignis accumulare modis.

19.   Insanas curas, studiumque ignobile vulgi,
       Talia, mens horum sobria posthabuit,
    Sed quasi per latebras, et amaena silentia vallis,
       Innocuam vitae sustinuere viam.

20.   Signa sed haec etiam consurgunt ossa tueri,
       Barbara, quin longo non peritura die;
    Sit rude, non sedenim stabilitur inutile saxum,
       Quippe viatorem condoluisse monet.

21.   Nomina juncta annis, inculta haec tradita musa,
        Sunt illis instar marmoris, aut elegi,
    Plurima quinetiam Scriptis excerpta videntur,
        Fortiter agricolas admonitura mori.

22.   Quis tenebrosa etenim quaerens oblivia? vitae
        Anxia, jucundae munera deposuit?
    Liquit anhelantis confinia laeta diei,
        Nec semel ah! solis respiciebat iter?

23.   Nonnullas poscit lacrymas periturus ocellus,
        Et gremio est aliquid commiserente mori;
    Vox quoque naturae, tumulo non victa, resurgit,
        Et cinere in nostro parva favilla latet.

24.   Tu quoque, qui placide neglecta haec ossa recordans,
        Rustica quantumvis, carminibus memoras,
    Si quis, secretim meditandi ductus amore,
        Fata, tui similis, discere vestra roget,

25.   Forsitan huic canus referat quis rusticus olim,
        "Saepius agnovi hunc, exoriente die,
    "Pellere montanos festino cum pede rores,
        "Purpureum properans anticipare jubar.

26.   "Illius antiquae fagi exporrectus ad umbram,
        "Quae zephyro inclinat cuique proterva caput,
    "Ille diem totum consumeret usque, fluentum
        "Contiguum inspiciens, murmure captus aquae.

25A. *"Adjunctum ah! quoties sylvae hunc conspeximus altae,*
      "Tendimus ut fessi saepe labore domum,
    "Soles, dum cantus sub vespere fudit alauda,
      "Occiduos oculo semidolente sequi.[133]

---

[133] Gray originally placed this verse to follow stanza 25, but later omitted it. Of the four translators who included it, three (Colton, Hickie and Pycroft) placed it one stanza later, presumably to complete the time sequence (dawn, noon, evening) suggested by previous verses.

27. "Ad nemus, aut meditans, inconscia murmura mussans,
        "Aut sibi subridens, insequeretur iter,
     "Pallens, semianimis, dejecto lumine, curae,
        "Spe sine vel vanus quem cruciabat amor.

28. "Ad solitam tandem fagum non cernitur, eheu!
        "Dilectumque patet deseruisse jugum,
     "Alter sol oritur, sed non ad murmura rivi,
        "Ad nemus, ad pratum gramineumve fuit!

29. "Tertia lux aderat, docuit cum pompa dolentum
        "Quod puer extremum conficiebat iter:
     "Perlege, nam possis, quae scindunt carmina saxum,
        "Qua vetus ille sacram sentis obumbrat humum.

29A. *"Primitias anni violas hic cernere carptas,*
        "At sparsas nullo conspiciente, datur;
     "Nidificare illic, et flere, Rubecula gaudet,
        "Plurima et insculpit parvula planta solum."[134]

EPITAPHIUM.

30. Cespite sub viridi, juvenis quem lubrica fama,
        Et fortuna simul posthabuere, jacet;
     Sed tenerum in cunis non contempsere Camoenae,
        Elegitque Suam, Diva Melancholiae!

31. Indole munifica, ingenioque potitus honesto,
        Quod solum orabant, obtinuere preces,
     Quod solum potuit, lacrymam dedit usque dolenti,
        Quod solum voluit, gessit amicitiam;

32. Illius at lateant precor acta, merentia Famam
        Qualiacunque bonam, qualiacunque malam,
     Una sede simul, cum speque metuque quiescunt,
        Mente reposta sui Numinis, atque Patris.

---

[134] Colton adds the quotation marks to this stanza – presumably to make it complete the speech of the hoary-headed swain.

COLTON, Charles Caleb, 1777-1832.

His translation was published as *Gray's Elegy, Translated into Latin Ovidian Verse. By the Author of 'Lacon'* (London, 1822; 2nd edition). The first edition has not been located, nor any subsequent reprints.

Like Anstey and Roberts before him, Colton followed the classic path from Eton to a fellowship at King's College, Cambridge. Ordination provided him with college livings, but his preference for fishing, field sports, literature and gambling hindered his clerical career. His *Remarks Critical and Moral on the Talents of Lord Byron* appeared in 1819; and he achieved some literary fame with publication of *Lacon: or Many Things in Few Words, Addressed to Those who Think* (1820), a collection of moral aphorisms, which achieved 19 editions by 1823 (and continued to be reprinted regularly up to the 1860s). Sadly it failed to solve the financial problems created by his dissolute lifestyle and he fled England for the U.S.A. and Paris in 1823. He committed suicide when suffering from a painful illness.

ODNB

19. DANIEL BAMFIELD HICKIE, 1823.[135]

Gray's Elegy, translated into Latin verse including the Author's rejected stanzas, together with Dr Edwards's additional lines.

ELEGIA
IN COEMETERIO RUSTICO CONSCRIPTA.

1.   INDICIUM occiduae resonat campana diei,
     Segnipedes reboant in sua septa boves,
   Fessa domum lente vestigia torquet arator,
     Omniaque et tenebris deserit atque mihi.

2.   Naturae facies crepera evanescit ocellis
     Sensim, et solennis regnat ubique quies;
   Quod nisi se pigros volvat scarabaeus in orbes,
     Tinnitusque procul sopiat omne pecus;

3.   Quod nisi, sola sedens hederoso in culmine turris,
     Effundat moestos noctua foeda sonos;
   Ad Lunam effundat, si quis per inhospita claustra
     Infestet sero regna paterna gradu.

4.   Has subter rigidas ulmos, taxique sub umbra,
     Aggere qua multo gleba regesta tumet,
   Ruricolae ducunt aeterna nocte soporem,
     Clausus in angusto carcere quisque, patres.

5.   Hos neque mane rubens Syrios dum spirat odores,
     Nec de straminea quae flet hirundo casa,
   Nec vigilis galli clangor, cornuve sonorum
     Eriget ex humili postea voce toro.

6.   Non his ulterius rutilo focus igne flagrabit,
     Sedula nec serum sponsa movebit opus;
   Aemula nec reduci ridebunt turba parenti,
     Genua nec ascendent oscula ferre labris.

---

[135] The British Library copy contains a few small MS typographical corrections, presumably by the author, which have been incorporated into our text.

7. Illis saepe seges cecidit sub falce repanda,
    Saepe gravem fregit vomer aduncus humum;
    Quam laeti per agros bijuges egere juvencos!
    Vulnere quam crebro corruit omne nemus!

8. Nec tamen Ambitio spernat rigidosve labores,
    Sortemve ignotam, laetitiasve rudes;
    Nec pravo excipiat ventosa Superbia risu
    Gesta ignobilium qualiacumque virum.

9. Stemmatis eximii decus, et diademata regum,
    Quicquid opes tulerint, quicquid et ipsa Venus,
    Dissipat haec pariter non evitabilis hora:
    Ad tumulum tantum ducit honoris iter.

10. Nec vertat vitio locuples, quod nulla tropaea
    Mnemosyne in tumulis scalpere fida velit,
    Qua, perque oblongos aditus, laqueataque tecta,
    Ingeminant sacros organa laeta modos.

11. Effigiesne loquens animam revocare relictas
    Corporis in sedes, urnave sculpta queat?
    Lausne queat cineres, vel Honor, mulcere silentes?
    Blanditiesne placens corda sepulta juvet?

12. Fors hoc neglecto jaceant sub cespite corda
    Ignibus aetheriis quae caluere prius;
    Quaeque manus poterant sceptrum tenuisse superbum,
    Oestroque Aoniam solicitasse lyram.

13. Ast nunquam his chartas Musa est dignata repletas
    Temporis exuviis evoluisse suas:
    Quin fera Pauperies animi compescuit ignes,
    Strinxit et ingenii semina clara gelu.

14. Plurima gemma latet nitido fulgore coruscans,
    Heu frustra! in pelagi, non revocanda, vadis;
    Plurima deciduas fragrans rosa fundit ad auram,
    Heu frustra! et nulli percipienda, comas.

15. Hac fors, a parvo qui texerat arva tyranno
    Villicus Hamdeni par, requiescat humo;
    Miltonusve silens sine nomine; vel Cromueles,
    Cui vetitum patrii sanguinis esse reo.

[15A.] *Forte, decora sui non conscia sponsa decoris,*
    Munditiis simplex, simplicitate Venus;
    Forma – satis pollens domino placuisse potenti,
    Mens – ex qua tulerint regia sceptra decus.

[15B.] *Forma sed illa, sibi non conscia, sola marito*
    Gaudiaque inter opus, deliciasque dedit;
    Mensque pudica facem virtutis praetulit, ex qua
    Formarunt mores rustica turba casae.[136]

16. Eloquio attonitos blando tenuisse Senatus,
    Sprevisse exitii suppliciique minas,
    Fertilitatis opes regno infudisse beatas,
    Et legisse actus gentis in ore suos;

17. Talia Sors vetuit: – quin ussit germen in illis
    Floriferumque boni, floriferumque mali;
    Per caedes vetuit sceptrum rapuisse cruentas,
    Supplicis et saevo corde negasse preces;

18. Occuluisse, loqui quod mens sibi conscia mandet;
    Conari ingenuus quin stet in ore pudor;
    Luxuriae et Fastus fanis cumulasse superbis
    Castalidum ad sacros thura cremata focos.

19. At procul a studiis turbae, stolidoque tumultu,
    Praeposuere suos sobria vota lares.
    Per gelidas vitae valles tacitosque recessus
    Otia carpebant deliciasque viae.

---

[136] These two stanzas [15A & 15B] are translations of additions by Dr Thomas Edwards. For details see the introduction and the anonymous translation by 'G', 1793 (no. 12).

20.   Attamen his etiam circum monumenta tuendis
      Ossibus assurgunt, deperitura brevi,
   Sed peritura licet, gemitus pia munera poscunt
      Et rudis effigies, versiculique rudes.

21.   Nomina et aetates incultis scripta Camoenis,
      Et Famae supplent his Elegique locum;
   Multaque divini praecepta voluminis addunt,
      Agricolae ut discant, spe meliore, mori.

22.   Heu! teneant sedenim tam pigra oblivia mentem,
      Ut dulcem hanc animam linquere caeca queat;
   Linquere caeca queat confinia grata diei,
      Nec moriente semel necteret ore moras?

23.   Spiritus in gremium se dat moriturus amici,
      Lumina lacrymulas jam peritura petunt;
   Quinetiam e tumulo fundit Natura loquelas,
      Quinetiam retinet pristina vota cinis.

24.   Ast o! neglecti recolis qui fata sepulti,
      Qui fundis nuda simplicitate modos,
   Indole te referens si quis, meditamine ductus
      Secreto, fuerint quae tua forte roget;

25.   Huic pastor, canis albent cui tempora, dicat: –
      "Saepius, Aurora jam referente diem,
   "Saepius hunc vidi celeri pede spargere rorem
      "Per juga, ut Eois obvius iret equis.

26.   "Illic qua fagus veteri cacumine nutat,
      "Radicesque suas undique torquet humi,
   "Porrectus medio, lentusque, jaceret in aestu,
      "Despiceretque caput dulce strepentis aquae.

25A.   *"Vidimus hunc etiam saepe ad confinia sylvae,*
   "Duceret ut fessos semita trita domum,
  "Dum vespertinas iteraret alauda querelas,
   "Occidui radios lampadis ore sequi.[137]

27.   "Hac modo per sylvam, sibi ridens, sive superbum
   "Quid secum mussans, segne teneret iter,
  "Pallidus et languens misere modo, qualis et amens
   "Quem curae premerent aut malesanus amor.

28.   "Mane orto nuper, solito haud in colle videbam;
   "Nec tamen hunc saltus, nec sua fagus habet:
  "Crastina successit; nec adhuc ad prata reversus,
   "Nec tamen ad fontes, umbriferumve nemus.

29.   "Tertia lux affert nigrae solennia pompae,
   "Ad tumulum lento funera ducta gradu.
  "Huc ades, atque legas (potes et) lacrymabile carmen,
   "Spino sub veteri quod tenet iste lapis.

29A.   *"Illic vere novo violarum sedula nimbis*
   "Sternit humum, nulli conspicienda, manus:
  "Illic suave canit, ponitque Rubecula nidum,
   "Imprimit et leviter plantula crebra solum."[138]

EPITAPHIUM.

30.   Hic terrae in gremio juvenis, quem Fama superstes,
   Et Fortuna favens deseruere, jacet.
  Huic humili proavis tamen arrisere Camoenae,
   Moestaque Melpomene sanciit esse suum.

---

[137] Gray originally placed this verse to follow stanza 25, but later omitted it. Of the four translators who included it, three (Colton, Hickie and Pycroft) placed it one stanza later, presumably to complete the time sequence (dawn, noon, evening) suggested by previous verses.
[138] The editors have inserted quotation marks around stanzas 25, 25A, 26-29, 29A – assuming with the latter verse that Hickie regarded it as part of the hoary-headed swain's speech.

31.　Indole largus opum fuit, et devinctus amicis;
　　　Praemia de coelis, huic satis ampla, tulit:
　　Moestitiae (id potuit) lacrymas indulsit: – amici
　　　Consilium (id petiit) Numen habere dedit.

32.　Si bona, quae fuerint sua gesta, exquirere noli;
　　　Si mala, ne sacra e sede ciere petas:
　　Spe pariter tremula, et dubia formidine, cuncta
　　　Et Patris atque Dei mente reposta latent.

––––––––––––––––––––––

HICKIE, Daniel Bamfield, c.1791-1867.

He published *Gray's Elegy Translated into Latin Verse, including the Author's Rejected Stanzas, together with Dr Edwards's Additional Lines* (London, 1823). It was not reprinted.

Hickie was an Irishman, born in Wexford. His education is something of a mystery. He does not figure in the registers of alumni of Trinity College, Dublin, nor of any of the English or Scottish universities, but he is credited with an LL.D. After a relatively frivolous literary beginning with *Poems of the Amatory and Legendary Kind* (Dublin, 1814), he embarked on a solid programme, publishing over 15 school editions or translations of major Latin and Greek classical texts between 1818 and 1856. From 1829 to 1862 he was Headmaster of Hawkshead Grammar School, Westmorland.

ELEGIA GRAII LATINE REDDITA.

1.   TRISTE sonans, lente tinnit campana per agros,
          Armentum stabuli tegmina nota petit;
       Ire domum, labente die, jam coepit arator,
          Linquor et in tenebris jam mihi solus ego.

2.   Paulatim ex oculis dubius vanescit in auras
          Prospectus; coelum possidet alta quies;
       Circumagat segnes solus ni cantharus orbes,
          Tinnulus aut vervex sopiat aere gregem.

3.   Ni bubo, dominae per amica silentia lunae,
          Lugubri doleat carmine triste nefas
       Illorum, temere qui lustra arcana petentes,
          Imperii turbant otia sacra sui.

4.   Funereis ulmis tecti, taxique sub umbra,
          Qua circum putri cespite terra tumet,
       Strati quisque suo per saecula longa cubili,
          Pagorum proavi, rustica turba, jacent.

5.   Illos, aura levis Zephyri spirantis odores,
          Stramineo tuguri culmine hirundo vocans,
       Argutus galli lituus, cornuve sonorum,
          Ex humili lecto non revocare valent.

6.   Amplius haud illis accendet flamma caminum,
          Aut serum peraget sedula mater opus;
       Non laeta accipiet redeuntem turba parentem,
          Certatimve patris basia grata petet.

7.   Falcibus illorum crebro seges aurea cessit,
          Fissum est illorum vomere saepe solum;
       Ut laeti campum junctis petiere caballis!
          Illorum ut cecidit verbere sylva tremens!

8. Non operae ambitio demens illudat honestae,
      Obscurae sorti, laetitiaeve domus;
    Nec risu insultans fastus miretur amaro,
      Pauperis annales me retulisse breves!

9. Antiqui generis jactantia, pompa, potestas,
      Quae fortuna viris, quae dedit alma Venus;
    Expectant pariter non eluctabile tempus,
      Et tumuli tantum gloria monstrat iter!

10. Neve hos immeritos temere incusate superbi,
      Si ferat haeredis nulla tropaea manus,
    Qua caelata inter vasti laquearia templi,
      Altisonis hymnis personat ampla domus.

11. An revocare potest animam caelata vagantem
      Urna, vel inscripto marmore fama nitens?
    Torpentes mortis vox blandula mulceat aures,
      Aut tacitos cineres excitet altus honos?

12. Forsitan hoc subter neglecto cespite, corda
      Coelesti quondam lumine plena, jacent;
    Imperii sceptrum dextrae gessisse potentes,
      Aut vivae chordas personuisse lyrae!

13. Ast illis nunquam dites doctrina libellos
      Saeclorum spoliis, evoluisse dedit;
    Frigida paupertas animos tardavit, ut olim
      Hyberno torpent flumina pressa gelu.

14. Oceani subter fluctu, caecisque latebris,
      Luminis aetherei plurima gemma nitet;
    Deserti incultas flos plurimus ornat arenas;
      Et dulci tristes implet odore locos.

15. Rusticus Hampdenus, firma qui mente, tyranni
      Arvorum, saevis restitit imperiis;
    Forsitan hic patrii Cromwellus sanguinis insons,
      Miltoni hic taciti forsitan ossa jacent.

16.   Complere attonitum facunda voce Senatum,
        Fortunae invicto pectore ferre minas;
    Divitias passim per laetam spargere gentem,
        Et famam aeternam ferre per ora virum,

17.   Sors vetuit; nec eos sola virtute repressit,
        Non scelerum passa est longius ire viam;
    Ad solium vetuit campos transire cruentos,
        Et caede immeritos exagitare viros.

18.   Dira reluctantis tormenta abscondere veri,
        Celatum ingenui ferre pudoris onus,
    Luxuriae et fastus venerari turpiter aras,
        Quos dat venalis saepe camoena, modis.

19.   At procul insani stulto a certamine vulgi
        Servabant tacitam sobria vota viam,
    Per tacitam vitae vallem, longeque reductam,
        Tranquillum tuto quisque tenebat iter.

20.   Haec tamen agrestis cupiens contempta tueri
        Obscuro in tumulo condidit ossa nepos;
    Atque humilem sculpens incultis versibus urnam,
        Effusas lacrymas rustica musa movet.

21.   Ast aetas, nomenque, rudi vix scripta camoena,
        Exequias supplent, funereumque decus;
    Sparsaque sculptoris sententia plurima circum,
        Philosophum agrestem fata subire docet.

22.   Quis Lethaea inter torpens oblivia, vitam
        Deseruit blandam, sollicitamque, volens?
    Almam quis lucem, vita labente, reliquit,
        Nec retro torsit lumina, tristis, amans?

23.   Pectore discedens fido requiescit amici
        Vita; pias lacrymas lumina pressa rogant;
    Ast etiam a gelido clamat natura sepulchro,
        Ast etiam cineres igneus ardor habet.

24.   De te, qui vates functorum laude carentum,
        Illorum memori carmine fata doces,
    Si quis, res hominum versans sub pectore, sortem
        Exquirat, socio ductus amore, tuam;

25.   Dicat forte senex, "Hunc vidi saepe," colonus,
        "Lumine cum primo fulserat orta dies,
    "Ire viam celerem per roscida prata, petentem
        "Phoebeum ex alto colle videre jubar.

26.   "Illic, antiquae noto sub tegmine fagi,
        "Quae virides nutans spargit in astra comas,
    "Ardore in medio, segnis recubabat in umbra,
        "Qua tenui rivo garrula lympha sonat.

27.   "Subridens, ut qui mortalia temnit, ad illam
        "Nunc sylvam meditans ferre solebat iter,
    "Nunc tristis, veluti quem pallida cura peredit,
        "Aut spretus stimulis discruciavit amor.

28.   "Una dies solitum non vidit scandere collem,
        "Nec texit ramis arbor amata suis;
    "Jamque secunda aderat; non inter gramina venit
        "Nec fuit ad sylvam, nec prope fontis aquas.

29.   "Tertia lux venit – compostaque membra feretro
        "Hos inter tumulos moesta caterva tulit;
    "Eia[139] age, (namque potes) versus percurre, sepulchro
        "Sculptos, quod ramis sentis opaca tegit."

EPITAPHIUM.

30.   Hic caput imponit gremio telluris amicae,
        Ignotus fama, divitiisve, puer;
    Laetitiam, incumbens studiis, fugiebat inanem,
        Quae capiunt alios gaudia vana putans.

---

[139] 'Eja' in original.

31.   Larga fuit bonitas, et mens sincera; vicissim
        A coelo juvenis munera larga tulit;
      (Quod potuit) lacrymam miseris effudit; amici
        (Quod petiit) gaudens ipse favore patris.

32.   Ne famam ulterius celebres; culpasve latentes
        Imprudens, hominum ferre per ora petas;
      Ambae nam pariter longa jam pace quiescunt,
        Optantque et metuunt vindicis ora Dei!

S.N.E.
MDCCCXXIV

ANONYMOUS 'S.N.E.'

The only copy found is an anonymous pamphlet in the Bodleian Library, *Elegia Graii Latine Reddita* (London, 1824). It is subscribed 'S.N.E. MDCCCXXIV'. We have not been able to identify the author. The same initials are attached to a play, *The Murdered Maid; or the Clock Struck Four!! A Drama in Three Acts* (Warwick, 1818); but we have not been able to establish a connection between the two publications.

The existence of this translation had been noted in *Notes & Queries*, 11th Series, iv, p. 91, but we were unable to track down a copy. We are deeply indebted to Mr Thomas Turk of Phoenix, Arizona, U.S.A., for leading us to it. Serendipitously, he made contact with us in the final fortnight before the full text of the book was to be sent to the printers; and by generously providing his own transcript, as well as directing us to the original, he enabled us to include it at the eleventh hour. Its late inclusion means, however, that some of the general comments in the Introduction do not take account of it. We are in fact doubly grateful to Mr Turk, who also provided Francis Adams's translation (no. 22A).

20. WILLIAM HILDYARD, 1838.

1.   Audin' ut occiduae sonitum campana diei
        Reddit, et a pratis incipit ire pecus;
    Jam proprios petit ipse Lares defessus arator,
        Et passim, extinctis ignibus, omne silet.

2.   Nunc crepera ex oculis rerum evanescit imago,
        Altaque per caelos regnat amica quies,
    Ni rotet agrisonum sese scarabaeus in orbem,
        Tinnitusque gravis pulset ovile procul.

3.   Ni, qua, tecta hedera, venit illic turris in auras,
        Noctua funestum fundat ab ore melos;
    Multa querens homines regni violare silentis,
        Numina, dum tremulo lumine Luna micat.

4. Ulmus ubi pandit ramos, ubi taxus opacum
        Diffundit frigus, cespes et ossa tegit;
    "Quisque suos patiens manes," placidaque quiete,
        Majores vici contumulantur humo.

5.   Heu! frustra vinctos dura sub compede mortis
        Aurorae allicient thuriferentis opes!
    Frustra eheu! galli cantus, cornuve sonorum,
        Stramineo aut vocitans tegmine hirundo casae!

6.   Illis haud iterum simplex domus igne nitebit,
        Qua properat vestes uxor amata viro;
    Haud iterum adcurrent "dulces circum oscula nati,"
        Neu patris in gremio se glomerare petent.

7.   Saepe expectatis flavescens messis aristis,
        Accisa illorum falce, tegebat humum;
    Ah! quoties laeti urgebant jumenta per agros,
        Frangebant quoties pinguia terga soli!

8.   Parcite vos magni, caeca ambitione ruentes,
        Parcite vos humilem ludificare gregem!
    Nec moveat tumidae procerum fastidia menti
        Pagina, quae sanctae nomina plebis habet.

9.   Stemmata quae longo volvuntur in ordine, gazae,
        Flosque iuventutis, purpureusque nitor,
    Omnia nox eadem manet – heu persaepe sepulchro
        Gloria funeream praetulit ipsa facem!

10.   Nec culpae adtribuant illis gens turgida fastu
        Quod tituli bustis nulla trophaea ferant,
    Aedes qua extentas inter, laqueataque tecta,
        Plurima consurgit laudis Hosanna Deo.

11.   Urna incisa notis, aut "vivi ex marmore vultus,"
        Aetherios ignes an revocare valet?
    Ah! quando e tacita surgent responsa favilla?
        Audiet aut quando trux Libitina preces?

12.   Hosce inter tumulos forsan, secretaque regna,
        Caelesti olim aliquis praeditus igne jacet;
    Dextra potens cujus sceptro fulsisset eburno,
        Aptassetve modis carmina grata lyrae.

13.   Ast oculis nunquam monimenta Scientia, plena
        Annorum exuviis, conspicienda dedit;
    Res dura, et miseris urgens in rebus egestas,
        Mentibus imposuit vae! glaciale gelu!

14.   Saepius Oceani latet abdita gemma profundis,
        Casso resplendens lumine subter aquas;
    Saepius incultis flos sese expandit in arvis,
        Et vacuos colles implet odore suo.

15.   Forsitan, inter avos, Hampdeni hic ossa quiescant,
        Qui saeva intrepida fregerit acta manu;
    Hic sacer ante alios, Miltonus, ἐπώνυμος, adsit,
        Cromvellus ve, vacans proditione fera.

16. Contigit haud illis plausum captare Senatus,
       Aut populi, impavido pectore, ferre minas;
     Contigit haud illis largiri dona per urbes,
       Audire aut coram – "Rexque Paterque Meus!"

17. Praescripsit fines quamvis virtutibus, esse
       Immunes culpae sors tamen aequa dedit;
     Dum prohibet patriae vertendo in viscera dextras,
       Civium et adspergi sceptra cruore vetat.

18. Dum fovet e teneris, generoso pectus honesto,
       Suffundit roseo sive pudore genas;
     Virgineum decus aut Musae temerare recusat,
       Illustrans, casto carmine, Vatis opus.

19. Hi, procul ex urbis fumo strepituque, volebant,
       Arcentes demens vulgus, inire viam;
     Frigida apud Tempe vitae, callesque reductos
       Juverit innocuos excoluisse dies.

20. Haec tamen in justo serventur ut ossa sepulchro,
       Cippus, inaequali culmine, signat humum:
     Qua sculpta infabre, ac incondita carmina nostras
       Exposcunt lacrymas, imaque corda cient.

21. Scilicet, antiqua pro laude, elegisque superbis,
       Nomina et aetatem Musa pedestris habet;
     Verba Dei passim inscribens, atque "aurea dicta,"
       Rurigena ut discat denique pace mori.

22. Nam quis, Lethaei sopitus frigore rivi,
       Corporeae cuperet solvere fila lyrae?
     Longius aut vertens tenebrosa ad Tartara cymbam
       Ne bis respiceret littora nota diu?

23. Pectore dilecto forsan suffulta recumbit
       Aegra anima, atque alas, jam tremebunda, movet;
     Adsint et lacrymae, "nostri pars optima sensus,"
       Dum sacro cineres excitat igne Deus.

24. Tu tamen, in nostris te versans sedibus, hospes,
     Qui vici exequias solvis ab ore pio,
     Et tu rite pari, forsan, celebrabere fama,
     Nec tibi, quem dederis, optime! deerit honos.

25. "Illum mane novo" (quaerenti Rusticus aiat,
     Cui nive conspersit tarda senecta comas)
     "Vidimus usque citis properantem passibus, ortum
     "Solis ut adspiceret graminis inter opes.

26. "Illic qua patulo viret ista cacumine fagus,
     "Tortilis implicitans, altior, orbe pedes,
     "Solibus aestivis, et molli stratus in herba,
     "Spectabat cursum praetereuntis aquae.

27. "Sylva ubi fert virides, velut in ludibria, ramos,
     "Nescio quid meditans, saepe terebat iter;
     "Tristis, inaccessus, nunc secum solus oberrans
     "Lymphatus curis, victus amore gravi.

28. "Matutino autem scandenti tempore collem
     "Nuper ab his casulis abfuit ille mihi;
     "Nuperior frustra quaesivi in sede quieta,
     "Nec circa saltus, nec prope flumen erat.

29. "Tertia lux oritur, sonus exauditur amari
     "Planctus; effertur corpus, amatque rogum;
     "Haud mora, sacratas qua semita ducit ad aedes,
     "Multa gemens, longo funere, turba venit.

     "In lapide incisum stat carmen, 'nominis umbra,'
     "Qua trudit flores oxyacantha suos;
     "Perlege quod scriptum est, accedens, advena! bustum,
     "Perlege, nam nobis doctus es alta loqui."

[EPITAPH.]

30.   Hic caput adponit gremio telluris ephebus,
        Cui nunquam est opibus laetior orta dies;
     Sed placido adspexit nascentem lumine Musa.
        Et mens plena fuit Relligione loci.

31.   Candidus, et simplex, miseris succurrere promptus,
        E caelo accepit dona repensa tamen;
     Quod potuit, flebat semper cum flentibus ipse,
        Quod cupiit, trepido semper amicus erat.

32.   Ne scrutare ultra – quodcunque peregerit olim
        Restat, et a nobis facta tacenda manent;
     Crede igitur Superis; trutina ponentur in aequa,
        Quum steterit cunctis Ultimus Iste Dies.

HILDYARD, William, 1791-1872.

His translation appeared as *Gray's Elegy in a Country Churchyard, Translated into Latin Elegiac Verse by the Rev. William Hildyard, MA, Second Master of Beverley Grammar School and Assistant Curate of the Minster, Beverley* (London, 1838). It was reprinted in *Elegy ... with Versions in ... Greek, Latin, German, Italian and French* (London, 1839), the illustrated polyglot edition compiled by John Martin. A further edition appeared in New York in 1898. The text above is from the 1839 polyglot edition.

Hildyard should not be confused with a kinsman of the same name, rector of Market Deeping (to whom the New York edition was attributed). After Trinity College, Oxford, our William also followed a clerical career, holding the post of assistant perpetual curate of Beverley Minster from 1820 until his death. As well as his post at the Grammar School he was also Chaplain to York Gaol, 1817-1852, a post he had to resign when himself imprisoned while suffering 'pecuniary difficulties, age and infirmity'. He produced a dozen publications, mainly religious pamphlets – including one of 1825 in which he tackled his clerical neighbour, Sydney Smith, for dangerously progressive views on Catholic Emancipation.

21. JOHN HEYRICK MACAULAY, 1841.

ELEGIA.

1.   DEPOSITI sonat exequias campana diei,
       Incedit lentum per vaga rura pecus:
    Carpit iter, repetitque domum defessus arator,
       Sublustrique moror vespere solus agris.

2.   Nunc oculos fallit species evanida rerum,
       Et passim aetheriae conticuere plagae,
    Ni rotat argutos qua cantharus aere gyros,
       Tinnitusque piger sub juga sopit oves.

3.   Ni forte ex hedera vicinae in vertice turris
       Noctua luctisonos integrat aegra modos,
    Si qui palantes latebrosa cubilia propter
       Secreti invadant jura vetusta loci.

4.   Subter nodosis ulmis, taxoque comanti,
       Qua putris aggesto cespite terra tumet,
    Cella quisque sua, pagi rudis incola in aevum
       Dormit, et indigenae contumulantur avi.

5.   Mane in odorifero peramabilis aura Favoni,
       Quae de straminea garrit hirundo casa,
    Argutum galli carmen, lituusve sonorus,
       Discutient humilis somnia nulla tori.

6.   Illis haud iterum refovebitur igne caminus,
       Sponsave quod propriae est sedula partis aget:
    Non balbo proles gratabitur ore parenti,
       Curret in amplexus, praeripietve genas.

7.   Suppositis quoties resecabant falcibus arva,
       Scissa gravi quoties vomere gleba fuit:
    Ut laeti in tonsas jumenta egere novales,
       Quo ferro in sylvis procubuere trabes!

8.   Ambitio curas ne dedignetur honestas,
         Otiaque ignotis haud aliena focis;
     Nec torvo excipiat contracta Superbia risu
         Pauperis historiam, sit brevis illa, domi.

9   Stemmata longa patrum, magnaeque potentia famae,
         Quicquid forma potest addere, quicquid opes,
     Expectant pariter non evitabile tempus –
         Scilicet ad tumulum ducit Honoris iter.

10. Nec vos, o proceres phalerati, id vertite culpae,
         Quod Pietas illis nulla tropaea locat,
     Qua per magnifici laquearia daedala templi
         Grandisonum volvunt organa pulsa melos.

11. Quid tituli, quid sculpta juvabunt marmora? membris
         An sese insinuet spiritus arte redux?
     Gloria num tacitas exsuscitet ore favillas?
         Num Stygium tangant mollia verba Deum?

12. Forsitan hac etiam neglecta in sede quiescant
         Quae coelo fuerant pectora foeta suo;
     Dextera, quae indomitos domuisset inulta Britannos,
         Vel poterat vivam solicitasse lyram.

13. Atqui non illis rerum monumenta, nec amplas
         Temporis exuvias evoluisse datur:
     Frigida Paupertas generosos expulit ignes,
         Compressitque pigro corda animosque gelu.

14. Plurima, quae raro splendet fulgore, sub imis
         Fontibus oceani gemma sepulta latet:
     Plurimus incultis nequicquam nascitur arvis
         Flosculus, et vacuum complet odore nemus.

15. Hac, indignatus ruris dare colla tyranno,
         Brutus in obscura dormiat alter humo;
     Inscius hic citharae Nasoque inglorius aevi,
         Nec patriae temerans foedera Caesar aquae.

146

16.   Imperitare animo pendentis ab ore senatus,
      Temnere paenarum damna gravesque minas,
    Per gentes pleno diffundere munera cornu,
      Et scribi in populi vultubus urbis amor,

17.   Sorte negatum illis – nec, quae virtutibus essent
      Invida, nequitiae Fata dedere viam:
    Sed vetuere armis male parta capessere regna,
      Et generi exitium deproperare suo;

18.   Condere sinceros agitato in pectore motus,
      Luctari ingenuus ne rubor ora notet,
    Aut ferre ad tumidi cumulata altaria luxus
      Pro pudor! Aonii thurea dona chori.

19.   Ambitione procul vesana et lite forensi,
      Quisque suum placide conficiebat iter:
    Per vitae ambages gratas in valle reducta
      Carpebant tacitos ac sine labe dies.

20.   Haec tamen ut pedibus sint ossa intacta profanis,
      E fragili saxo tollitur urna memor,
    Quae versu illepido sculptisque sine arte figuris
      Saepe viatorem sistere, flere monet.

21.   Musa rudis signat quae nomina, computat annos,
      Quicquid laudis egent suppeditare valet;
    Aureaque excerpsit sacrato e codice dicta,
      Quae doceant quid sit vivere, quidque mori.

22.   Nam quis pervigilis, sic immemor usque priorum,
      Delicias animae deposuisse velit?
    Ecquis deseruit laetae confinia lucis,
      Nec tulit ad superas ora reflexa plagas?

23.   Sese anima in gremium fugitiva receptat amicum,
      Ultima lachrymulam flagitat hora piam:
    Vel de ferali clamat Natura sepulchro,
      Vel calet effoeto fax rediviva rogo!

24. Te vero, memorem turbae sine honore jacentis,
      Quem juvat infletas sic retulisse vices,
    Si te forte dolens, animo huc compulsus eodem,
      Advena, quae fuerint et tua fata, petat:

25. Dixerit, albescant cana cui fronte capilli:
      "Mane novo juvenis saepe videndus erat,
    "Cum pede festino quateret de gramine rores,
      "Staret ut in summis, sole oriente, jugis.

26. "Illic qua fagi patet umbra, vetustaque radix
      "Lascive e summa tortilis exstat humo,
    "Sole sub aestivo molli porrectus in herba
      "Captabat murmur lene loquacis aquae.

27. "Ad nemus ille vagans, risuque notandus amaro,
      "Mussabat dubios, intima corda, sonos:
    "Vel miser et pallens sese incomitatus agebat,
      "Deliro similis, quemve fefellit amor.

28. "Mane mihi quodam collis juga nota petenti
      "Arboris et soliti defuit hospes agri:
    "Altera lux oritur – nec propter flumen, aprico
      "Nec tamen in campo, nec nemora inter, erat.

29. "Tertia successit – planctus audimus – et inde
      "Funeris elati triste notamus iter.
    "Perlege (namque potes) tumulo superaddita verba,
      "Surgit sub vetulo qua lapis ille rubo."

EPITAPHIUM.

30. Hic recubat juvenis maternae in cespite terrae;
      Fama latet – nullas vivus habebat opes.
    Hunc placido vidit nascentem lumine Musa,
      Et puerum optavit lugubris Hora suum.

31.   Ipse animi simplex largi, quae reddidit ultro
         Largior, agnovit libera dona, Deus:
       Pauper pauperibus lacrymam, munuscula, fudit,
         Ex voto Coeli nactus amicitiam.

32.   Sed neque virtutes evolvere longius illas,
         Nec vitia a tenebris dissociare velis:
       Spe pariter tacita, pariter terrore quiescunt,
         In Patris aeterno non adeunda sinu.

———————————————

MACAULAY, John Heyrick, 1799-1840.

His translation was published in *Arundines Cami, sive Musarum Cantabrigiensium Lusus Canori, Collegit et Edidit Henricus Drury, A.M.* (Cambridge, 1841), a collection of Latin verse by Cambridge writers. Five further editions of the *Arundines* appeared between this year and 1865. Macaulay's was one of the best known Victorian versions, and his renderings were often borrowed by later translators.

John Heyrick was a cousin of Thomas Babington Macaulay. Educated at Rugby and Trinity College, Cambridge, he was a successful headmaster of Repton School from 1832 until his death. One of his appointments there was H.S. Dickinson, another translator. The *Gentleman's Magazine* described Macaulay as a 'deep and elegant scholar ... he has been frequently heard to cast extemporaneously newspaper advertisements into elegant Greek and Latin verse.'

Gentleman's Magazine

22. HENRY STRAHAN DICKINSON, 1849.

Elegiam a Thoma Grayio in coemeterio rustico conscriptam
latine reddidit H.S. Dickinson, A.M.

1.   Nola sonans obitum pulso notat aere diei,
     Rauca petit lento vacca bovile gradu;
  Fessus abit, tectoque lubens succedit arator,
     Nox ruit, et mecum possidet arva quies.

2.   Dum loquor, ipsa oculis rerum evanescit imago,
     Omnis in aethereo conticet axe sonus;
  Ni rotat implicitos qua se scarabaeus in orbes,
     Quave procul signant aera sopora greges.

3.   Ni forte, ex hedera turrim quae circuit istam,
     Integrat iratos noctua sola modos,
  Si quis ad obscuras errans incautior aedes
     Devia inassuetum per loca tendit iter.

4.   En ibi qua tumulus sub opaca plurimus ulmo
     Corruit, atque putrem taxus obumbrat humum,
  Somnus habet positos per saecula longa priores,
     Et sua rurigenum cellula quemque patrum.

5.   Aurora ambrosii surgit cum dives odoris,
     Quaeve casas circum garrula ludit avis,
  Vel galli cantus, vel concita cornibus Echo,
     Nil movet his humili membra reposta toro.

6.   Non iterum hos tepido splendens focus igne beabit,
     Hos vespertina nulla marita colo;
  Non blaesa obveniet redeunti voce parenti
     Parvulus, optatum praeripietve genu.

7.   At cessit quoties horum seges arida falci,
     Invitum quoties perdomuere solum;
  Quam laeta norant moderari voce jugales,
     Quam valida in sylvis sternere ligna manu.

8.   Tales Ambitio ne carpat iniqua labores,
       Gaudia nec tenui rideat apta loco;
    Nec *tamen*[140] excipiat risu male Fastus amico
       Rusticus annales quae velit esse sui.

9.   Stemmata quidquid habent memorabile, pompa potentum
       Quidquid habet formae gratia, quidquid opes,
    Cuncta manent Fati non evitabilis horam,
       Gloria ad extructum dux praeit ipsa rogum.

10.   Ne tamen hic positos, ne vos damnate superbi,
       Quod memori nullus marmore surgat honos,
    Qua per continuis laquearia fulta columnis
       Dant plena laudes organa voce Deo.

11.   Num claris incisa notis revocare fugacem,
       Cum semel exierit spiritus, urna potest?
    Gloria num cineres pollet stimulare silentum,
       Num mulcere pigram mellea verba necem?

12.   His subter tumulis, hac forte ignotus in umbra,
       Divino incaluit cui sinus igne jacet;
    Dextra potens sceptrum late gestasse verendum,
       Doctave vocales elicuisse modos.

13.   Illorum ast animis non ulla prioris opimas
       Temporis exuvias pagina pandit opes;
    Frigore Pauperies genium constrinxit, et inde
       Volverunt lepidos flumina nulla sales.

14.   Sic puro frustra radians splendore coruscat
       Plurima in Oceani condita gemma sinu;
    Plurimus ignotis furtim sic crescit in arvis
       Flosculus, et vano dulcis odore rubet.

---

[140] 'taman' in the original printed version.

15. Hic fors Hampdeni succumbere nescia virtus,
       Quem metuit patriis saepe tyrannus agris;
     Hic fors Miltones, tacita sed et arte, quiescat,
       Cromvelus hic, puras norit at ille manus.

16. Attenti plausum moderari et fraena senatus,
       Temnere queis tumeat foeta ruina minis,
     Efficere ut largo rideret Copia cornu,
       Et patriam meritis nobilitare suis

17. Sors vetuit: sed et inde tamen perquirere causas
       Crimina cur pariter delituere, queas:
     Nulla hinc regnandi per funera mille cupido,
       Hinc nulla ad miseras ferrea corda preces.

18. Conscia nil tacitis sudabant pectora culpis,
       Nec norant laesa non rubuisse fide;
     Nec quot habet Luxus, quot iniqua Superbia, fanis
       Congerere ingenuo thura dicata foco.

19. Se procul a vulgi furibunda lite remorunt,
       Vota nec ex humili prosiluere loco;
     Longo in secessu, placidaeque per otia vitae,
       Securo carpsit quisque tenore viam.

20. His tamen ut tuto requiescant ossa sepulchro,
       Excubias aliquis stans prope cippus agit;
     Sculpturaque rudi, versu rudiore notatus,
       Ipsa triste aliquid simplicitate monet.

21. Nomine quo notus, quot quisque peregerit annos,
       Signat et hoc elegis Musa sat esse putat;
     Proponitque piis sapiens coelestia verbis
       Vivere quo deceat quoque perire modo.

22. Nam quis, cum praedam raperent oblivia, vitae
       Sponte resignavit gaudia, quisve metus?
     Quis lucis tepidae confinia laeta reliquit,
       Nec respectavit triste moratus iter?

23.   Succurrunt animo chari morientis amici,
       Testaturque pias debita gutta genas;
    Emittit tumulo vocem Natura vel imo,
       Non alio cineres ac prius igne calent.

24.   At tua, cui memorans inhonora morte jacentes,
       Res tenui tenues carmine Musa refert,
    Si quis mente pari, socio si pectore ductus,
       Quae fuerint olim fata rogare velit:

25.   "Saepius hunc," aliquis senior tum dicet, "Eoo
       "Vidimus emicuit cum novus orbe dies,
    "Roscida festinum lustrare novalia, Solem
       "Emenso exciperet primus ut ille jugo.

26.   "Inter se tortis ea qua radicibus alte
       "Emicat, et viridem fagus *obumbrat*[141] humum;
    "Luce vacans media, sub opaco frigore fusus,
       "Somniferum argutae murmur amabat aquae.

27.   "Ad nemus hoc, ridens ut qui fastidia vultu
       "Exprimit, et mussans saepe tetendit iter:
    "Saepius incedens, ut quem Spes alma reliquit,
       "Quemve gravant curae, quemve fefellit amor.

28.   "Mane fuit (memini), solito nec colle notavi,
       "Ad nemus, ad fagi deliciasve suae;
    "Postera lux fulsit, tenues nec fusus ad undas,
       "Nec tamen ad sylvam, nec fuit ille jugo.

29.   "Tertia successit, pompae solennia vidi,
       "Tristeque, qua ducit semita, funus agi;
    "Tu modo (namque potes) signatum perlege carmen,
       "Subjacet annoso qua lapis iste rubo."

---

[141] 'obumbrant' in the original printed version. In the BL copy, this has been corrected by hand to 'obumbrat'.

EPITAPHIUM.

30.   Hac placide juvenis quem nec Fortuna, nec unquam
      Vitrea cognorat Fama, quiescit humo.
   Re licet in tenui, non Pallade natus iniqua,
      Et proprii jussit quem Dolor esse gregis.

31.   Cor fuit ingenuum, pietas sincera, Deique
      Coelitis[142] arrisit gratia larga sui.
   Flentibus, hoc potuit, lacrymam tribuebat, amicum
      Huic Deus, optavit plura nec ille, dedit.

32.   Ne tamen ulterius laudes proferre labora,
      Quidquid deliquit ne revocare velis,
   Spemque metumque inter, quae fecerit ille, quiescunt,
      In Patris atque Dei qualiacunque sinu.

DICKINSON, Henry Strahan, 1810-1896.

His *Elegiam a Thoma Grayio in Coemeterio Rustico Conscriptam Latine Reddidit H.S. Dickinson, A.M.* (Ipswich, 1849) appears to have been a single local printing.

Dickinson was educated at Eton and Trinity College, Cambridge. After serving as an assistant master at Repton, 1835-1840, under J.H. Macaulay, he became vicar of Chattisham, Suffolk, holding the living for 50 years.

---

[142] 'Coelitus' in the original printed version.

22A. FRANCIS ADAMS, 1853.[143]

ELEGIA
IN SEPULCHRETO RUSTICO COMPOSITA.

1.   LABENTIS casum plangit campana diei,
      Mugitus edens grex obit arva piger,
    Lenta domum retrahit vestigia fessus arator,
      Et tenebris mundus linquitur atque mihi.

2.   Telluris facies tremulo sub lumine languet,
      Sollemnis coelum nunc tenet omne quies,
    Ni quacunque gravi scarabeus murmure fertur,
      Tinnulus ac longe mulcet ovile sopor:

3.   Aut hedera ni qua turris consurgit amicta,
      Tristis ubi ad Lunam noctua conqueritur,
    Ipsius errantes si quivis forte molestant
      Secretum circa, regna vetusta, nemus.

4.   Ulmis sub rigidis, taxique sub istius umbra,
      Qua cumulo putri plurima gleba tumet,
    Cella quisque sua longum compostus in arcta
      Rusticus hic pagi nunc requiescit avus.

5.   Thura nec exhalantis Eoae sibilus aurae,
      Stramineave casa garrula veris avis,[144]
    Illos aut humili resonantia cornua lecto,
      Vel galli excutiet stridulus ille canor.[145]

6.   Illis non iterum flagrabit flamma camino,
      Nec serum urgebit sedula mater opus;
    Non patris reditum currens balbutiet infans,
      Nec genua ascendens oscula praeripiet.[146]

---

[143] We have included a number of Adams's original footnotes where they provide the classical sources for his phrasing.

[144] 'Virg. *Georg.* IV. 307.'

[145] 'Virg. *Georg.* IV. 71.'

[146] 'Lucretius, III. 907.' [?Error for III. 895. Eds.]

7. Saepe illi messem straverunt falce; tenacem
      Saepe illis rupit vomer adactus humum:
    Utque illi per agros temonem egere jocantes!
    Utque gravi cecidit sylva resecta manu!

8. Utilium, Ambitio, ne temne operasve virorum,
      Sortemve obscuram, deliciasve domi;
    Pauperum et annales ne risu Fastus acerbo
    Excipiat tenui simplicitate breves.

9. Nil tumidi proavum tituli, nil pompa potentum,
      Nil formae dotes divitiaeve juvant,
    Haec manet una dies et ineluctabilis hora,[147]
    Gloriae et ad tumulum non nisi ducit iter.

10. Neve illis, o vos, culpam intentate, superbi,
      Si bustum exsuperant nulla tropaea memor,
    Qua per templorum laqueato fornice septa
    Paeanis geminant atria longa tonum.

11. Spiritum ad antiquam rursus revocare volantem
      Urna domum scripta aut signa animosa valent?[148]
    Tangat Honos cineresne silentes? Mortis et aurem
    Obtusam gelidae blanda loquela juvet?

12. Forsan in hac jaceant neglecta sede reposta
      Coelesti igniculo corda repleta prius,
    Aut manus imperii sceptrum quae sumere posset,
    Aut oestrum viva docta ciere lyra.

13. Ast oculis fato doctrinae pagina clausa est,
      Ampla quidem et dives temporis exuviis;
    Frigida repressit generosum in mente furorem[149]
    Paupertas, genii fonte rigente gelu.

---

[147] 'Ovid, *Amor.* I. 15. 24; Virg. *Aen.* II. 324.'
[148] 'Propert. III. 9. 9; Ovid, *Tr.* III. 3. 61.'
[149] 'Cicero, *de Divin.* I. 31, 37; Claudian, *Proserp.* I. 5; Statius, *Syl.* II. 7, 76.'

14.   Immensi caecis purissima luce serena
          Oceani stagnis plurima gemma nitet;
    Multus in occulto natus splendescere flos est,
          Aëreque in solo deperit almus odor.

15.   Rusticus hic parvo qui forti corde tyranno
          Hampdenus fundi restitit ipse sui, –
    Aut mutus recubet Milton inglorius; aut hic
          Haud patrii Cromuel sanguinis ille reus.

16.   Non his arrecti plausum captare senatus,
          Spernere et angores exitiique minas
    Sorte datum, aut opibus gaudentem spargere terram,
          Et legere historiam gentis in ore suam.

17.   Sed neque nascenti solum virtutis amori,
          Fata etiam vitiis imposuere modum,
    Per stragem ad regni vetuerunt vadere sellam,
          Claudere et humanae limina dura preci; –

18.   Abdere luctantes stimulos in pectore veri,
          Conscius ingenuo quum perit ore rubor;[150]
    Aut luxus aram donis adolere superbi
          Thuricremis Musae quae caluere focis.

19.   Plebis ab insanae vulgari lite remoti, –
          Sobria vota vagas non didicere vias, –
    A strepitu longe gelidaque in valle reducta
          Carpebant taciti lene tenoris iter.[151]

20.   Ossibus hisce tamen noxas defendere posta
          Structura fragili stant monumenta prope,
    Quae rudibus numeris sculpta informique figura
          Implorant gemitu praetereunte frui.

---

[150] 'Catullus, LXIII. 24.' [Error for LXV. 24. Eds.]
[151] 'Ovid, *Pont.* I. 10. 6.'

21.   Indocilis Musa et nomen descripsit et annos, –
        Sic famae supplent haec elegique locum, –
    Praeceptisque sacris quae circum plurima fundit
        Admonet agricolam – "Tu quoque disce mori."

22.   Nam quis discessit captus torpore silenti
        Dulcibus his vitae sollicitudinibus,[152]
    Nec, calidae linquens genialia limina lucis,
        Lumina reflexit languida, lenta, semel?

23.   Pectora discedens animus dilecta requirit,
        Et quasdam guttas lumina clausa pias,[153]
    Ex ipso vocem mittit Natura sepulchro,
        Vel cinere in nostro pristina flamma viget.

24.   Tu qui inhonoratos recolens nunc luce carentes
        Hocce parum culto carmine gesta refers,
    Si contemplatu cognatus spiritus actus
        Solivago quaerat quae tua fata fuant,

25.   Dixerit haec aliquis canescens vertice pastor: –
    "Aurorae exortu vidi ego saepe virum,
        "Stringentem rores propero pede matutinos,
    "Obvius in clivo Solis ut esset equis.[154]

26.   "Illic nutantis fagi radice sub ipsa
        "Quae veteres stirpes torquet in alta vagas,
    "Projectus lassos mediis fervoribus artus,[155]
        "Spectabat rivum qui prope garrit aquae.

27.   "Hanc juxta sylvam, contemptu nunc quasi ridens
        "Errabat mussans devia ficta sibi,
    "Flebile nunc pallens, ceu quis delirus et exspes
        "Quem curae excruciant aut male sanus amor.

---

[152] 'Rutilius, *Iter.* I. 450.'
[153] 'Ovid, *Trist.* IV. 3. 42.'
[154] 'Tibullus, II. 5. 60; Virg. *Aen.* XII. 115.'
[155] 'Calpurnius, *Ecl.* I. 11; Martial, *Epig.* III. 39.' [?Error for IV. 19, or IX. 38. Eds.]

28.   "Mane uno, notam per ericen, propter amatam
      "Arborem, et assueto defuit ille jugo;
    "Altera lux venit; nec juxta fluminis undas,
      "Ad sylvam, aut clivo desuper, ille fuit:

29.   "Planctu cum justo tarde tristi agmine vidi,
      "Luce sequente, sacra funera ducta via: –
    "Spina sub veteri inscriptus miserabile carmen
      "En lapis; accedens tu lege, namque potes."

EPITAPHIUM.

30.   Hic caput in terrae gremio juvenile reponit
      Fortunae ac Famae cognitus ille parum.
    Non quamvis humilem natu Sapientia pulcra
      Despexit, Maeror rettulit inque suos.

31.   Larga illi bonitas et mens sincera; vicissim
      Coelestes illi munera larga dabant:
    Donabat miseris lachrymam, – nil majus habebat;
      Ex coelo precibus partus amicus erat.

32.   Tu ne virtutes ultra perquirere, nec tu
      Horrenda culpas tollere sede petas –
    Illic spe trepida[156] pariter composta quiescunt,
      In Patris atque Dei pectore nempe sui.

———————————————

ADAMS, Francis, 1796-1861.

His translation appeared in *Arundines Devae; or, Poetical Translations on a New Principle. By a Scotch Physician* (Edinburgh, 1853). The book contains English translations of several of Horace's *Odes*, accompanied by the *Elegy* and by a Greek translation of Wolfe's *Burial of Sir John Moore*. The principle which Adams set out in his preface was that all translations should adopt the speech the author would have used in his own time – not that of the translator: the translation 'ought to be a *facsimile* of the original. It must 'give not only the sense but also ... the modes of expression

---

156 'Lucan, VII. 297.'

along with the numbers, spirit, and taste of the originals.' He admitted his 'audacity in undertaking another version of the celebrated Elegy, after the failure of so many able hands in making the same attempt', but justified it on the grounds that 'no language ever spoken or written by man possesses greater capabilities than the Latin for giving full effect to the excellence of elegiac verse.' He picks out, however, the special difficulties which Gray's poem presents: its 'Oriental tropes', and the 'double epithets, in the extensive usage of which the poet deviates greatly from the style of the Augustan age.'

The son of an Aberdeenshire farmer, Adams spent almost all his life in the county. He studied classics at King's College, Aberdeen, followed by medicine at Edinburgh. From 1819 until his death he was a medical practitioner in the village of Banchory-Ternan, Aberdeenshire. He combined practice and scholarship indefatigably, often sleeping only three or four hours in twenty-four. His greatest achievements were in the study of Greek medicine, where he achieved more than any other British scholar of the previous 150 years. He published important translations of Paul of Aegina, Hippocrates and Aretaeus of Cappadocia. He was almost the last representative of a scholarly tradition which focussed on the clinical value of his sources rather than their antiquity. At the same time, he advocated the combination of classical study with medicine to provide 'a moral and intellectual culture necessary for invigorating the mind and enabling it to separate truth from error.'

We owe this translation, which has escaped discovery by previous scholars, to the generosity of Mr Thomas Turk. The details of its inclusion here are given in the footnote to the anonymous version by 'S.N.E.', 1824 (no. 19A), the text of which he has also provided.

ODNB

23. THOMAS MEDWIN, 1856.[157]

ELEGIA GRAII.
CEMETERIO RUSTICO SCRIPTA.

1. Vesperis occasum plangit campanula, tardis
      Passibus, armentum permeat arva, boans,
    Atque domi rediens, lento pede, lassus, arator,
      Orbe frui vacuo, dat tenebrisque mihi.

2. *Jam tremula obscuro deludit lumine scena.*[158]
      Aera ubique, tenet *religiosa*[159] quies,
    Bombilat orbiculo, nisi qua Scarabaeus, inerti,
      Tinnituque vago, mulcet ovile sopor.

3. Ni Bubo insidens hederae, quae, prodiga, lapsu,
      Multiplici, turris moenia, veste, tegit,
    Ad lunam auditur, si quis, prope devius, errat
      Per loca sola, fero carmine saepe queri.

4. Has prope rugosas Ulmos, sub tegmine taxi,
      Qua sese in tumulos putrida gleba levat,
    Quisque, sub angustis, uno ordine, condita, cellis,
      Turba patrum vici, capta sopore, jacet.

5. Lucis, odoriferae spirantes leniter aurae,
      Straminis aut nido, garrula Hirundo canens,
    Terribiles clangore tubae, vox martia galli,
      Haud iterum hos lectis suscitet exiguis.

6. Uxor nulla foco flammantia ligna fovebit,
      Heu! vespertinum, nulla parabit opus,
    Non liberi reditu exultent, balbo ore, parentis,
      Scandentesque genu, basia blanda petent.

---

[157] The text is taken from the copy in the Houghton Library, Harvard University. It contains various printed and MS variants from, and amendments to, the other copy we have seen, which is at Ann Arbor, University of Michigan.

[158] MS variant: Ima obeunt tremula jam luce crepuscula campos.

[159] Corrected in MS in both the Houghton Library and Ann Arbor copies to 'relligiosa', which scans better. This is the only MS amendment in the Ann Arbor copy.

161

7. Saepe seges falci, matura cessit arista,
    Saepe revulsa gravi vomere, cessit humus,
    Stridula, quam laeti, duxerunt plaustra per arva,
    Sub valida sylvae, quam tremuere manu?

8. Ambitio has curas haud indignetur agrestes,
    Obscuram sortem, deliciasque domus,
    Pompa nec abjiciet, vultu risuque maligno,
    Nudos annales, historiamque brevem.

9. Nobilitas! Proavi! regalis gloria pompae!
    Divitiae! Luxus! Gratia! Forma! Decus!
    Cuncta, simul, mortis manet irrevocabilis hora,
    Ad tumuli portas ducit honoris iter.

10. Nec fas est, Grandes! hos spernere fronte superba,
    Si decorent humilem nulla trophaea torum,
    Qua, longos aditus inter laqueataque tecta,
    Exequiale, canit plena Chorea melos,

11. Urna sepulcralis, vivi de marmore vultus,
    Languescentem animam num revocare valent?
    Nuntia fama queat cineres animare silentes?
    Blanditiae surda mortis in aure sonant?

12. Forte, sub hoc jamjam neglecto cespite, quidam,
    Praegnans divini seminis igne, jacet:
    Forte manus, regni sceptrum gessisse capaces,
    Aut cithera vivos elicuisse sonos.

13. Ast Doctrina oculis, dedit,[160] aevi munere dives,
    Haud evolvendas, grande volumen, opes,
    Omnem spem famae paupertas dura fefellit,
    Ingenii flumen strinxit et omne gelu.

---

[160] The printed text has a full stop after 'dedit', which cannot be right.

14.   Multa, sub oceani tenebrosis, gemma, latebris,
       Scintillat radiis, aemula sideribus,
    Multus, nativo, flos et splendore rubescens,
       Desertum, ingrato complet odore, locum.

15.   Hamdeni hic jaceat similis, qui corde, tyrannum,
       Indomito, patriis saepe *removit* [161] agris,
    Altera, Miltonis! sileatque ingloria lingua.
       Par Cromuelle! tuae, purior atque manus.

16.   Laude senatorum, populari laude potiri,
       Impavido, fati spernere fronte minas,
    Dona, manu larga, diffundere, praemia gestis!
       Et legere inscriptas historias, lacrymis,

17.   Fortunae vetuere vices: Fata invida honorum,
       Ignotam sortem, spesque metusque breves,
    His tamen haud solium tribuerunt sanguinis emptum
       Fluctibus, aut, cladi limina aperta ferae.

18.   Non artes docuere malae luctamina, veri
       Conscia, non castas dedidicere genas,
    Non sacra, luxuriae, vel pompae, thura, profano
       Divinis Musis, accumulare foco.

19.   A strepitu longe, longe, a certamine vulgi,
       Vota humilem nunquam transiliere gradum,
    Per placidam vitae (tranquilla oblivia) vallem,
       Compositi tuta pace, abiere dies.

20.   Has, tamen opprobrio, cineres defendere sanctas,
       Et memor et fragilis stat lapis ossa super.
    Sculptura informi, versuque ornatus agresti,
       Sollicitat lacrymas, munus inane, pias.

---

[161] The Houghton Library copy prints 'removit', followed by a full stop, which cannot be right. The Ann Arbor copy prints 'propulsit'.

21.   Indocili Musa descriptum nomen[162] et aetas
      Suppeditant [163] titulos, stant elegique loco,
  Et discerpta sacro, praecepta, volumine, multa,
      Rectius, agricolas edocuere mori.

22.   Cui talis torpor, cui tanta oblivio vitae,
      Ut non sollicito pectore linquat onus,
  Aut quis respiciens lumen geniale diei,
      Non longum, invito, diceret ore, "Vale!"

23.   Exoptat moriens, fidi solatia amici,
      Amplexus teneros, fletibus et lacrymas,
  Naturae clamat, tristi, vox ipsa sepulcro,
      Ignibus et solitis ipsa favilla calet.

24.   Tu, memor obscurae turbae, *sine honore iacentis,*[164]
      Qui legis has chartas, simplicitate pia,
  Si te fors ducat, meditantem talia tecum,
      Nunc doleas, miserans, percipe verba mea.

25.   Forte senex dicat, canus crine, incola vici,
      "Tempore, quo coeli sidera parca micant,
  "Vidi hunc scandentem montes per roscida prata,
      "Ut primum, aspiceret, sole oriente, jubar:[165]

26.   "Umbra sub fagi, haec hederata volumina torquet
      "Quae, per gramineum luxuriosa torum,
  "Quum sol jam medius, projectus inertia membra,
      "Inspiceret rivum lene fluentis aquae.

27.   "Tunc propter sylvam, venturum mente revolvens,
      "Mussat quid laeti, gaudia falsa, vagus.
  "Tunc lacrymans, expes, tacito maerore gravatus,
      "Heu miser! aut si quem perfidus angat amor.

---

[162] The printed text has a full stop after 'nomen', which cannot be right.
[163] MS variant: Substituunt
[164] MS variant: peregrine vel hospes
[165] MS variant:
    Visus erat montem per roscida scandere prata
      Solis festinans anticipare jubar

28. "Nuper, luce nova, solito non colle videbam,
      "Non juga, sive nemus detinuere pedes,
    "Altera lux oritur, non arbor amica moratur,
      "Non propter pratum, nec prope flumen erat.

29. "Proxima successit, nigro, rite ordine, amictu,
      "Ad templum, exequias, vidimus, ire, Dei.
    "Huc ades! *atq*[166] inculta legas, nam tu potes, ista,
      "Sub veteri, in lapidem, carmina sculpta, vepri."

EPITAPHIUM.

30. Hic sinu, fessum caput, hospitali,
    Cespidis, dormit juvenis, nec illi
    Fata ridebant, – popularis ille
          Nescius aurae.

    Musa, non vultu, genus, arroganti,
    Rustica, *natum, grege, despicatur,*[167]
    Et suum, tristis, puerum notavit[168]
          Sollicitudo.

31. Indoles illi bene larga, pectus,
    Veritas sedem, sibi, vindicaret,[169]
    Et pari, tantis meritis, beavit,
          Munere, coelum.

    Omne quod maestis habuit, miserto
    Corde, largivit lacrymam, recepit,
    Omne, quod coelo voluit, fidelis
          Pectus amici.

---

[166] For 'atque'. The Ann Arbor copy has 'ac', which does not scan so well.
[167] MS variant: patrum grege sprevit ortum,
[168] MS variant: Tristis et gnatum sibi vindicavit
[169] MS variant: Conscium recti, pietatis sedes

32. *Caeteris donis, fuge, suspicari,*
     Debitas laudes meritis negare.
     Caeteras culpas, fuge, velle tractas [170]
         Sede verenda.

     Spes, metus, sacra recubant in illa
     Sede, virtutes, pariterque culpae
     In patris cari gremio, Deique,
         Pace beata.

MEDWIN, Thomas, 1788-1869.

Medwin's translation appeared in his *Nugae* (Heidelberg, 1856) – a work that must rank as a private publication since no copies reached the major British libraries. We eventually located copies in American libraries. The copy in the Houghton Library, Harvard University, was presented by Medwin to Longfellow in 1862, and contains a number of MS variants in Medwin's own hand. Several of these in the Epitaph appear to be intended to replace lines or phrases which Medwin had 'borrowed' from Shelley's version. There are also two small differences in the printed text of the Houghton Library copy which do not appear in the copy of *Nugae* in the library of the University of Michigan at Ann Arbor. The Houghton Library copy belonged to Medwin himself, and we have therefore assumed that these printed variants were made at his specific request.

His 'borrowings' from Shelley pale beside his plundering from Gilbert Wakefield (though it may have been Shelley who led him in this direction). The 116 lines of the main part show no less than 36 instances where Medwin has stolen phrases – including four complete lines. The Epitaph suffers even more heavily: Wakefield's 24 lines furnish 15 thefts, including five complete lines.

Medwin's place in history is dependent on poets other than Gray. The son of a Horsham solicitor, he formed an early friendship with his cousin, Percy Bysshe Shelley, who lived at nearby Field Place, Warnham. Both boys were pupils at Syon House Academy, and later collaborated on a novel, *The Nightmare* (now lost). Medwin preceded Shelley to Oxford, though his career there seems to have been brief. It was to Medwin that Shelley turned on his expulsion from Oxford in 1811. After a brief army career, his literary panache and shrewd eye for celebrities took

---

[170] MS variant: Dotibus sed tu Peregrine raris
        Laudibus justis fuge suspicari
        Parce delictis, fuge velle tractis

him to Italy where by 1820 he had became a member of the Byron/Shelley circle. He made his reputation with his *Conversations of Lord Byron* (1824), followed by *The Shelley Papers* (1833) and *Life of Percy Bysshe Shelley* (1847). The latter work is the source for Shelley's translation of the Epitaph. Marriage in 1824 to a Swedish countess led to a dissolute lifestyle during which he squandered her fortune before deserting her. After four decades on the Continent, he returned to England in 1862 for his final years.

ODNB

24. ANONYMOUS, c.1860.

ELEGIA A THOMA GRAYIO
In coemeterio rustico conscripta.

1. Nunciat interitum periturae Nola diei,
    Incedit lentum per sua rura pecus:
    Carpit iter, repetitque domum defessus Arator,
    Sublustrique vagor vespere solus agris.

2. Nunc oculos fallit species evanida rerum,
    Et passim aetheriae conticuere plagae,
    Ni rotat argutos qua Cantharus aere gyros,
    Tinnitusque pigra voce soporat oves.

3. Ni qua forte querens hederoso e vertice turris
    Noctua luctisonos integrat aegra modos,
    Si qui palantes latebrosa cubilia propter
    Antiqua turbant in statione Lares.

4. Subter nodosis ulmis, taxoque comanti,
    Qua putris aggesto cespite terra tumet,
    Cella quisque sua, spatiis inclusus iniquis,
    Prisci, quot numerat Pagus, humantur Avi.

5. Flabra ferunt currus quae secum orientis anhelos,
    Quae de straminea garrit hirundo casa:
    Argutus galli cantus, lituusve canorus,
    Discutient humilis somnia nulla tori!

6. Amplius haud illis refovebitur igne Caminus,
    Sponsave quod propriae est sedula partis aget:
    Non blaeso proles gratabitur ore parenti,
    Aut genua amplectens oscula blanda petet.

7. Suppositis quoties resecabant falcibus arva,
    Scissa gravi quoties vomere gleba fuit:
    Ut laeti in tonsas jumenta egere novales,
    Ut ferro accisae procubuere trabes!

8. Ambitio curas ne dedignetur honestas,
      Nec tenui victum sub Lare sorte datum,
    Ne fastu, risu neve excipiantur amaro
      Simplicis annales Historiaeque gregis!

9. Stemmata longa Patrum, vesana Potentia regum,
      Quicquid forma potest addere, quicquid opes,
    Expectant pariter non evitabile tempus,
      Non nisi ad interitum ducit Honoris iter.

10. Nec vos, fastosi, culpae vertisse velitis,
      Si Pietas istis nulla trophaea locat,
    Qua per magnifici laquearia daedala templi
      Grandisonum volvunt organa pulsa melos.

11. Quid tituli, quid sculpta juvant insignia? membris
      Anne reviviscet spiritus Arte redux?
    Gloria num cineres exsuscitat ore silentes?
      Sopitos sensus blanditiaene cient ?

12. Forsitan hac etiam secreta in sede repostum
      Cor olim afflatum coelitus igne jacet,
    Dextera, quae regni potuisset sceptra tenere,
      Filave divinae sollicitare lyrae.

13. Atqui non illis aevi monumenta, nec amplas
      Temporis exuvias evoluisse datum est:
    Improba Pauperies compressit pectoris aestum,
      Obduxitque pigro corda animosque gelu.

14. Plurima, quae raro splendet fulgore, profundis
      Oceani latebris gemma sepulta latet;
    Plurimus incultis nequicquam nascitur agris
      Flosculus, et vacuum complet odore nemus.

15. Forsitan Hampdenus, Pagi decus alter aviti,
      Imperio obstiterit qui dominantis Heri;
    Inscius hic citharae Miltonus forte quiescat,
      Cromvilus hic nulla proditione reus.

16.   Imperitare animo pendentis ab ore Senatus,
       Temnere paenarum damna gravesque minas,
    Per gentes pleno diffundere munera cornu,
       Et populi studium juris habere sui,

17.   Sorte negatum illis – nec, quae virtutibus esset
       Invida, nequitiae fraena remissa dabat:
    Sed vetuit ferro male parta capessere regna,
       Et gladium injusta tingere caede virum;

18.   Condere sinceros agitato in pectore motus,
       Luctari ingenuus ne pudor ora notet,
    Aut ferre ad tumidi cumulata altaria luxus
       Proh pudor! Aonii thurea dona chori.

19.   Ambitione procul, vesani et lite popelli
       Quisque suum placide conficiebat iter:
    Per vitae obscuros calles in valle reducta
       Carpebant tacitos ac sine labe dies.

20.   Haec tamen, haec etiam ne quod scelus ossa profanet,
       Saxa rudi sparsim stant fabricata manu,
    Quae versu illepido sculptisque sine arte figuris
       Saepe viatorem sistere, flere monent.

21.   Nomina Musa rudis quae signat, computat annos,
       Quicquid laudis egent suppeditare valet:
    Aureaque excerpsit sacrato e codice dicta,
       Quae doceant quid sit vivere, quidque mori.

22.   Nam quis Lethaeo perfusus membra sopore
       Exuvias animae deposuisse velit?
    Ecquis deseruit laetae confinia lucis,
       Nec tulit ad superas ora reflexa plagas?

23.   Sese anima in gremium fugitiva receptat amicum,
       Ultima lachrymulam flagitat hora piam –
    Vel de ferali clamat Natura sepulchro,
       Vel calet effoeto Fax rediviva rogo!

24. Te vero, memorem turbae sine honore jacentis,
 Quem juvat infletas commemorare vices,
 Si te forte dolens, animo huc compulsus eodem,
 Advena, quae fuerint et tua fata, petat:

25. Dixerit, albescant cana cui fronte capilli:
 "Mane novo Juvenis saepe videndus erat,
 "Cum pede festino quateret de gramine rores,
 "Staret ut in summis, sole oriente, jugis.

26. "Illic qua nutans frondosa cacumina Fagus
 "Curvat lascivis brachia torta modis,
 "Sole sub aestivo molli porrectus in herba
 "*Captabat murmur lene loquacis aquae.*[171]

27. "Ad nemus ille vagans, risuque notandus amaro,
 "Mussabat *balbos ac sine mente sonos.*[172]
 "Vel miser et pallens sese incomitatus agebat,
 "Deliro similis, quemve fefellit Amor.

28. "Mane mihi quondam collis juga nota petenti
 " Arboris et soliti defuit hospes agri:
 "Altera Lux oritur – nec propter flumen, aprico
 "Nec tamen in campo, nec nemora inter, erat.

29. "Tertia successit – planctus audimus – et inde
 "Funeris elati triste notamus iter:
 "Perlege (namque potes) tumulo superaddita verba,
 "Umbrat sacratam qua paliurus humum."

Epitaphium.

30. Hic superimposita juvenis tellure recumbit,
 Fama latet – nullas pauper habebat opes.
 Hunc placido vidit nascentem lumine Musa,
 Sed Frons laeta parum, pallidulaeque genae.

---

[171] This line is handwritten, replacing the following which has been crossed through:
'De clivo argutas inspiciebat aquas.'
[172] Handwritten amendment replacing four words crossed out and illegible.

31.　　Largus opum, simplexque animi Dis ille secundis
　　　　In proprium accepit reddita dona sinum:
　　　Quod potuit, moestis lachrymam impendebat, amici
　　　　(Hoc solum optarat) Di tribuere fidem.

32.　　At tu ne laudes evolvere longius optes,
　　　　Delicta e tenebris ne repetenda velis:
　　　Quippe ubi, vix tenui spe sustentante, quiescunt
　　　　Numinis et Patris contumulata sinu.

———————————————

ANONYMOUS, c.1860.

This translation is something of a mystery. The only copy yet found is in the library of Trinity College, Cambridge. Anonymous, undated, and with no title page, it was given by the widow of William Hepworth Thompson, Master of the College, in 1886. Although Thompson (1810-1886) was a distinguished classicist, it seems unlikely that he was the author. The translation is bound up in a volume of pamphlets and offprints by various authors, mainly Cambridge contemporaries; the few MS annotations do not appear to be in Thompson's hand. The text looks very much like a proof copy (we have silently corrected several obvious errors); and we have found no indication that it was ever published. It is largely an adaptation of the version by Macaulay (no. 21, 1841), with only 30 'original' lines. Its most likely date is c.1860, when some phrases from it (ascribed to Macaulay) appear in the fifth edition of *Arundines Cami*. Macaulay died in 1840; his translation first appeared in 1841 and became well known. The most likely verdict on the adaptation is that the translator was not trying to claim originality, but merely trying to add some 'improvements'.

25. HENRY LATHAM, 1864.

ELEGIA.

1.   Jam campana diem morituram plangit; aperta
      Mugitu peragrant segniter arva boves;
   Ipse domum versus fesso pede pergit arator,
      Et tenebrosa manet nox mihi sola comes.

2.   Rura oculos magis atque magis fugientia fallunt,
      Aeriisque plagis incubat una quies;
   Ni qua raucisonis ruit alis cantharus, aut qua
      Languescente procul tinnit ovile sono;

3.   Vicinaeve hedera vestito e culmine turris
      Ad lunam auditur strix pigra voce queri,
   Forte suas si quis latebras prope devius errans,
      Laeserit audaci regna vetusta pede.

4.   Scilicet has ulmos propter, taxique sub umbra,
      Multo ubi putrescens aggere turget humus,
   Quemque domo angusta compostum rite, perennis
      Somnus avos humiles pagi, atavosque premit.

5.   Non matutinae rursus sacer halitus aurae,
      Nec de stramineo culmine carmen avis,
   Non illos galli cantus, neque buccina clangens,
      Suadebunt humili tollere membra toro:

6.   Non hilari ardebit rursus focus igne, nec illis
      Vespertinum uxor sedula carpet opus;
   Nec clamans rediisse patrem, ruet obvius infans
      Praeripere ascenso basia prima genu.

7.   Quam saepe illorum cessit seges aurea falci,
      Dura humus illorum vomere fracta fuit!
   Quam festi per agrum sua plaustra egere; valenti
      Ut victa occubuit caedua sylva manu!

8.   Non horum Ambitio crepet imperiosa labores,
      Aut quaecunque humilis gaudia sortis erant,
    Nec levis indigno contemnat Gloria risu
      Audire ignotae simplicia acta casae.

9.   Stemmata avita, genus, validaeque superbia dextrae,
      Quicquid habet frontis gratia, quicquid opes,
    Adventum expectant non evitabilis horae;
      Ducit ad invisam semita amoena necem.

10.   Nec vos defunctis culpam insimulate, superbi,
      Quod memor his Pietas nulla tropaea locat,
    Qua per templi aditus longos, laqueataque tecta,
      Laudis provolvit vox, iteratque modos.

11.   An memorans decus urna patrum, spirantiave aera,
      In sua lapsam animam tecta referre valent?
    Num verbosus Honor taciturnas provocat umbras,
      Surdam blanditiis callida lingua Necem?

12.   Hoc fortasse loco, spretae sub cespite terrae,
      Aethereo quondam cor calidum igne jacet;
    Quae manus imperii potuisset flectere virgam,
      Raptaque viventis fila movere lyrae.

13.   Verum his, praeteriti spoliis cumulata, negavit
      Doctrina annales evoluisse suos;
    Frigida Paupertas generosos obruit aestus,
      Constrinxitque animae sacra fluenta gelu.

14.   Plurima praestanti radians fulgore, sub antris
      Aequoris immensi gemma sepulta latet:
    Plurimus ignota secretus nascitur ora,
      Et rubet ad vacuam flos, redoletque diem.

15.   Forte quis Hampdenus, firmo qui corde paterni
      Non praedatorem sustinuisset agri;
    Miltonusve aliquis jacet hic inglorius; aut vis
      Cromvelli, haud patriae foeda cruore suae.

16.   Suspensi plausum sibi conciliare senatus,
         Fortunae impavida spernere mente minas,
      Mandare ut decoret ridentem copia terram,
         Inscriptisque virum vultu oculisque legi,

17.   His non fata dabant; eadem sed limite clausit
         Virtutem angusto sors, eademque nefas;
      Et strage imperii sedes ambire vetabat,
         Pacisque occlusas obserere ense fores;

18.   Abdere luctantem sanctae Virtutis amorem,
         Supprimere ingenuum qui subit ora pudor,
      Aut castae dare thus accensum lampade Musae
         Infami Fastus Luxuriaeque foco.

19.   Hi, procul insanae semoti litibus urbis,
         Nempe coercebant sobria vota domi;
      Atque, in secreta vitae convalle, tenorem
         Tranquillae tacitum sic habuêre viae.

20.   Ne tamen illa manus violarint ossa protervae
         E vicino extans aggere forte lapis,
      Carmine, et informi signatus imagine, guttam
         Parva viatores munera saepe rogat.

21.   Aetates, inscripta rudi sua nomina Musa,
         Pro tumido Famae carmine, saxa ferunt;
      Et divina legit circum argumenta colonus,
         Queis memor, atque aptus fit magis ille mori.

22.   Obstrinxere aliquem sic muta oblivia, ut ultro
         Liquerit haec vitae gaudia mista metu!
      Nec, peramoena abiens hac luce, reflexerit ora
         Anxia ad extremum, lentus abire, jubar!

23.   Pectore pendet amans ab amato spiritus; unam
         Lumina adhuc lacrymam morte gravata petunt,
      Aegra vel e claustris clamat Natura sepulchri,
         Et solito praegnans igne favilla calet.

24. Tuque, inhonorati tumuli non immemor, horum
     Fortunas humiles quem cecinisse juvat,
     Si quis religione loci pius advena quondam
     Admonitus, fuerint quae tua fata roget:

25. Dicat forte aliquis, canus sua tempora, "sese
     "Saepe novo nobis obtulit ille die,
     "Passibus assiduis detergens rorem, ut apricum
     "In clivo exciperet, sole oriente, jubar.

26. "Tegmine sub patulo, radices fagus in altum
     "Qua (viden?) informes erigit illa solo,
     "Ad mediam sua membra diem prostratus, in aures
     "Haurire undantis murmur amabat aquae.

27. "Hoc quoque lustrabat, sua secum risor amarus
     "Nescio quae repetens somnia, saepe nemus;
     "Et modo languescens, ut desolatus et exspes,
     "Quem cura, aut mendax discruciabat amor.

28. "Quodam mane aberat; frustra quaesivimus – illum
     "Non collis, saltusve, aut sua fagus habet;
     "Mane iterum est; sed non ad aquas, sed non in aperto
     "Ille, nec in sylvis conspiciendus erat:

29. "Luce sequente, necis pompa comitante, videmus
     "Calcata toties funera ducta via;
     "Huc adeas, et (namque potes) tu quod breve carmen,
     "Grandaevam ad spinam, fert lapis ille legas."

[EPITAPH.]

30. Fortunae ignotum juvenem Famaeque, cubantem
     Materno Tellus hic tegit alma sinu,
     Cui non aversa est nascenti dia Mathesis,
     Et pia quem voluit Tristitia esse suum.

31.   Larga manus, sincera Fides erat; atque rependit
         Non minus agnoscens munera larga Deus;
      Quantum habuit, lacrymam, miseris dedit ille; tulitque
         Omne quod optabat munus – amicitiam.

32.   Ulterius ne tu virtutes discere, asylo
         Ne delicta suo detrahere ulla velis;
      Culpa ubi jam Virtusque, tremens speransque, repostae
         In gremio pariter sunt Patris atque Dei.

LATHAM, Henry, 1794-1866.

His version appeared in the second edition of his *Sertum Shaksperianum*, subtitled *Subnexis Aliquot Aliunde Excerptis Floribus, Latine Reddidit Rev. H. Latham* (London & Oxford, 1864), a collection of translations from Shakespeare and other English poets. The *Elegy* does not appear in the first edition of 1863. It was not reprinted.

A member of a family eminent in medicine and scholarship, Henry was the third son of John Latham, President of the Royal College of Physicians. At Oxford he and his two brothers won prizes for Latin verse: John became a fellow of All Souls, and Peter Mere became physician to Queen Victoria. Henry became a clergyman, holding livings in Sussex, finally as rector of Fittleworth, and publishing on theology and versifying the Psalms.

ODNB

26. ANONYMOUS, c.1870.

INTER JUVENILIA.
Imitatio.
GRAY'S ELEGY.

1.   En campana sonat, jam luce cadente diei,
         Armentumque boans per juga carpit iter:
       Deserit inde domum referens se fessus arator,
         Me, noctisque, umbras, tegmina vasta poli.

2.   Jam dubiae lucis tinxere crepuscula montes,
         Vix gemuit flatu leniter aura silens,
       Jamque rotante sonum dat cursu cantharus alis,
         Cymbala vel quatiat, jam *per ovile*[173] pecus.

3.   Ast ubi se tollunt hederae, turresque labantes,
         Exercet carmen noctua triste sedens,
       Incusans crebro per amica silentia lunam,
         Cum[174] temerare audent haec sua regna viri:

4.   Ulmi qua veteres florent, qua lurida taxus,
         Quaque *levat*[175] gremium cespite terra virens,
       Parva domus lethi, quos somnus ferreus urget,
         Pagi olim[176] dominos, imprimit ossa patrum.

5.   Roscida diffundit nequicquam thurea dona
         Mane novum, aut pullos garrula mulcet avis,
       Nec matutina ales cantu, aut buccina rauco,
         Illos sopitos excitat usque toro.

6.   Non unquam igne foci collucent undique fumi,
         Uxor eis nunquam sedula munus init:
       Nec dulces nati properant occurrere patri,
         Aut genua amplexi basia pressa rogant.

---

[173] Original: 'perovile'.
[174] Original offers 'Quod' as alternative.
[175] Original: 'l'evat'.
[176] Original: 'Pagiolim'.

7.   Saepe subacta manu dura seges alta cadebat,
       Vomer et indomitam saepe secabat humum,
    Quamque hilares sua flectebant volventia plaustra,
       Quamque sonabat hians verbere sylva gravi!

8.   Neve *suos*[177] spernat duros *vigilesque*[178] labores
       Mens fucata dolo, gaudia casta domi:
    Ora nec avertens, visuque superbia mordax
       Pauperis angustas respuat alta lares.

9.   Sanguinis *altus honos*,[179] simul aurea sceptra tyranni,
       Fortunae dotes, et juvenile decus,
    Singula tollit atrox et inevitabilis hora;
       Sedes heu Stygias gloria summa petit!

10.   Nec vos, oh, Proceres! umbras culpate beatas,
       Addita *cum*[180] tumulo nulla tropaea jacent,
    Qua templi assurgens altis laqueare columnis,
       Ad coelum ex adytis carmina moesta ferat!

11.   Profuit an cinerum urna, extinctis sculptile marmor,
       Vitalem an possint haec revocare diem?
    An trahit exanimes aurato gloria curru,
       Manibus an laudis dulcia verba placent?

12.   Forsitan hic jaceat corpus tellure repostum,
       Cui mens aethereo fervuit igne Dei;
    Hic manus olim quae tenuisset regia sceptra,
       Pulsassetque lyras – obliterata manent!

13.   Nec doctrina suas largas his praebuit artes,
       Divitior praeda temporis instabilis;
    At mala paupertas animis compescuit ignem,
       Frigoreque extinxit fortia corda pigro.

---

[177] Perhaps in error for 'eorum'.
[178] Original: 'vigiles que'.
[179] Apparent error: nominative for accusative.
[180] Original offers 'quod' as alternative.

14.   Plurima saepe latet rutilans in lumine gemma,
      Qua Pater Oceanus caerula regna tenet,
    Flos et deciduos quoties dispergit odores,
      Et folia in tenebris roribus uda cadunt.

15.   Hic alter jaceat Gracchus, qui semper acerbis
      Fortiter opposuit pectus inerme minis,
    Aut hic in tumulis, inglorius alter Homerus,
      Aut Caesar, quamvis fraude doloque carens!

16.   Hi neque consilio fundebant verba frequenti,
      Audebantve necis vulnera saeva pati;
    Hi neque divitiis ornabant extera regna,
      Plebis ducentes sordida dona nihil.

17.   Nec tantum virtus latuit, sed crimina foeda,
      Haud nocuere aliis pectore clausa *suo*,[181]
    Hoc erat in Fatis, ne funera dira parassent,
      Impiaque optassent ponere jura viris.

18.   Illis et licuit pravo sine fuco dicere verum,
      Fallere nec turpi calluit arte pudor,
    Musa nec auratas pulsavit pectine chordas,
      Laudibus ut reges prosequeretur inops.

19.   Hi procul a turba peragebant otia tuta;
      Rusticus haud potuit tunc sibi magna sequi;
    Et vitae cursum placide *cauteque*[182] tenebant,
      Semota ex animis ambitione mala.

20.   Ossa jacent: Pietas! cineres violare caveto,
      Qua monitum vivis permanet urna capax,
    Quaque rudis cippus prisco stat nomine sanctus,
      Ingeme, te Manes umbraque laeta jubent!

---

[181] Perhaps in error for 'eorum'.
[182] Original: 'caute que'.

21.   Quem tegit agger humi memorat quoque rustica Musa,
        (Praesidet Illa dolens pauperis exequiis,)
    Carmen at[183] Illa sacrum tumulo superaddit amato,
        Audeat ut juvenis visere tecta necis.

22.   Quem non triste vale et longa oblivio vitae,
        (Quamvis vita gravis, sic tamen ipsa juvat,)
    Terruit – ah! lux fausta diei, carior aura!
        Cui sine lamentis lux tua rapta fuit!

23.   At moriens fugiente anima solatia poscit,
        Et gemitum et lacrymas, quae pia cura monet;
    Vix silet in latebris tumuli vox frigida mortis,
        Igneque divino nostra favilla calet.

24.   Tu cui sunt humiles inhonoraque funera cordi,
        Fata quoque venerans tam bene nota canis,
    Forte suos meditans mores et studia quivis,
        Scire velit mores ingeniumque boni.

25.   Annis canitieque vigens narrabit rusticus olim;
        "Vidimus hunc juvenem, jam veniente die;
    "Gressu decussit propero de gramine rorem,
        "Sol ubi splendebat, culmina mane petens.

26.   "Aspice qua fagus patulo cum tegmine surgit,
        "Radicesque alte per sola grandis agit,
    "Illic hic recubans, genio indulgebat in umbra,
        "Murmura contemplans usque loquacis aquae.

27.   "Aut per contiguos saltus ridebat oberrans
        "Et secum mussans abdita verba dabat,
    "Aut illi similis quemquem iracunda Diana[184]
        "Moverit, aut quemquem laeserit ipsus amor.

---

[183] Original: 'Carmenat'.
[184] Diana, as the goddess of the moon, would cause lunacy.

28.   "*Lux erat*,[185] et memini juvenem haud errare par arva,
       "Orbaque tunc oculis hospite fagus erat;
    "Altera venit lux – rivo juvenisque carebat –
       "Non erat in sylva, *per juga*[186] nullus erat.

29.   "Tertia lux oritur, tacite corpusque ferebant
       "Carminaque edebant, tristibus apta sonis;
    "Advena at accedens titulum carmenque sepulcri
       "Perlege (nil obstat) qua rubus asper adest."

EPITAPHIUM.

D. M. S.

30.   Hic jacet et tegitur juvenis levis aggere terrae,
       (Exsors dormitat nominis egregii,)
    Neve scientia ei natali praefuit astro,
       Tristis erat genio, mens sibi tacta malo.

31.   Quo non candidior, non ullus largior unquam,
       (Irrita nec juveni gratia tanta fuit,)
    Ille dedit miseris lacrymas – ah! plura dedisset,
       Si poterat multum: gratus erat Superis.

32.   Amplius haud flagites meruit quae praemia laudis,
       Nec vitia exprobres, quae tegit oblivio,
    Utraque *spe dubia*,[187] credas, conduntur in alto,
       In gremio Magni propitiique DEI.

FINIS.

---

[185] Original: 'Luxerat'.
[186] Original: 'perjuga'.
[187] Original: 'spedubia'.

ANONYMOUS, c.1870.

The only surviving copy of this translation appears to be that in the Bodleian Library. It is a four-page pamphlet, without title page and with a printed heading, 'Corrected Copy'. The text commences 'Inter Juvenilia. Imitatio. Gray's Elegy'. It was printed by Frederick Bell, Steam Printer, of Chelsea, but gives no indication of the author; 'Juvenilia' suggests that it is the work of a youthful writer. This is borne out by the slightly 'amateur', almost schoolboyish, style: a few lines fail to scan, and there are some grammatical errors, clumsy and sometimes opaque phrasing, and paraphrases which occasionally stray far from Gray's text and intention. The printing appears not to be finally checked, as it includes instances where words have been mistakenly joined or split. Perhaps the poem was prepared for private distribution among family and friends rather than for publication. The Epitaph is headed 'D. M. S.', and, though most probably representing the classical 'Dis Manibus Sacrum', this might just possibly suggest the initials of the author; in which case the most likely candidate would be Douglas Moray Stuart, a talented young classical student of Eton and Exeter College, Oxford, who died, aged 20, in 1863.

27. SIR A.J.E. COCKBURN, [?1871].[188]

ELEGIA.[189]

1. *Vespertina obitum plangit campana diei;*
    Jam rediens mugit lenta caterva boum;[190]
    Omnia jam nocti cedit nobisque colonus,[191]
    Defessus tardo dum pede tecta petit.

2. *Lumine jam dubio vanescunt rura; per altos*
    Caelos, per terras, undique[192] cuncta silent;
    Cantharis altisonis nisi qua vaga *bombitet*[193] alis,
    Tinnulave immergant aera sopore greges.[194]

---

[188] The British Library catalogue dates this translation of the *Elegy* '?1871', but it is not clear why. The BL copy (C.40.i.19) is untitled, undated, and effectively anonymous. However it is inscribed, in manuscript, 'AJB Beresford Hope Esq MP, with the Translator's Compliments', followed by, in another hand, 'GRAY's ELEGY translated into Latin Elegiacs by Lord Chief Justice Cockburn'. Cockburn appears to have produced a preliminary version of his translation in 1867. BL Add. Ms. 60981A (not mentioned by Northup) is a collection of miscellaneous translations, verses etc. by Lord Carnarvon and others amongst the Carnarvon Papers, and includes a variant of this same translation of the *Elegy*, in a somewhat difficult hand. The BL Manuscripts Catalogue makes no particular comment on this translation, implying that it is a manuscript like the rest of the bundle. However close inspection shows clearly that it is lithographed. Only a minor correction and the endorsement are in pen and ink. The endorsement reads: 'Lord Chief Justice Cockburn. November 1867.'
Variants offered by Cockburn, either in his 1867 text and footnotes, or in his (further) footnotes in 1871, are given in the footnotes below. Cockburn's own words in his footnotes appear in quotation marks. His footnote to 'bombito' is a useful commentary on his own practice and that of the other translators. They did not confine themselves to the vocabulary of the late Republic and early Empire, but felt free to employ Latin from all periods.

[189] 1867: Elegia in coemeterio agresti composita

[190] 1867: Aera diem memorant jam decessisse; boantes
Per campum lenti praeteriere boves;
1871: 'Or, (if "campana" should be objected to as bad Latin),
Vespertina obitum jam plangunt aera diei;
I have endeavoured to give effect not only to the original, but to the passage from the *Purgatorio*, which probably suggested the idea to our poet –
"se ode squilla da lontano
Che paia il giorno pianger che si muore." '

[191] 1867: Omnia jam tenebris nobisque relinquit arator,
[The 1867 text then offers line 3 as printed in 1871 as an alternative.]
1871: 'Or, Omnia nunc tenebris nobisque relinquit arator – '

[192] 1867: Ruraque jam dubio vanescunt lumine; in alto
Aethere, et in terris, undique …

[193] 1871: 'The word "bombito" may, I fear, be objected to as unclassical. It is, indeed, admitted into all the dictionaries; but the only instance of its use is in the *Carmen Philomelae*, a poem of the early middle ages, and of no authority. Freund, however, under the word "Bombitatio", cites the following from *Festus*: "Bombitatio est sonus apium, ab ipso sonitu dictus; ut mugitus boum, hinnitus equorum." I hope this may be considered sufficient authority for the retention of a word which so happily expresses the "droning" sound of the beetle's flight.'

3. Sive ubi, turre sedens hederosa, noctua lunam
    Compellet, querulo carmine, tristis avis,
    Indignata suas si quis penetraverit umbras,
    Secretae invadens regna vetusta domus.

4. *Ulmis sub rigidis, atra taxique sub umbra,*
    Qua putris in tumulos[195] plurima surgit humus,
    Vicorum proavi, gens dura,[196] in saecla quiescunt,
    Clausus in angusto carcere quisque suo.

5. *Hos, veniente die, nec odoribus aura Sabaeis*
    Viva, nec in tuguri caespite hirundo loquax; [197]
    Nec galli clangor, lateve sonantia silvis,
    Ex humili *poterunt*[198] aera ciere toro.

6. *His focus heu! nullus genialis in aedibus ardet,*
    Nec parat uxoris sedula cura dapes;[199]
    Balba nec infantum redeuntes turba salutat,
    Nec, genua amplectens, oscula grata rapit.[200]

7. *Horum saepe seges cecidit sub falcibus; unco*
    Vomere saepe tenax comminuere solum;
    Laeti jungebant tauros; validisque subactum
    Dextris, procubuit nobile, saepe, nemus. [201]

---

[194] 1867: Somniferosve procul mittat ovile sonos.
[195] 1867: Qua vetus haec ulmus, qua taxus projicit umbram,
    Putris et in tumulos …
[196] 1867: Villarum …
    1871: '*Or*, Vicorum, gens dura, patres, &c'
[197] 1867: Hos neque, mane novo, ruris dum spirat odores,
    Aura, nec e tegulo garrula hirundo canens, …
A footnote in 1867 offers as an alternative in line 2: *e tecti stramine hirundo canens*
1871: line 2: '*Or*, Viva; nec in culmo garrula hirundo casae; '
[198] 1867: poterint
[199] 1867: Fert requiem Vesper; sed non his sedula conjux
    Festinat mensas et renovare focos;
[200] 1867: Nec genua amplectens oscula grata petit.
A footnote in 1867 offers the alternative, *Nec circumsiliens* &c.
[201] 1867: Falcibus hi quoties segetem stravere metentes,
    Vomeribusque tenax …
Quam laeti fortes egere ad aratra juvencos,
    Sub valida silvae quot cecidere manu!

8.   Utilis haec vita est, et honesti plena laboris,
          Nec procerum vanis aggredienda jocis.
       Ne rudia agricolae spernantur gaudia; risum
          Ne moveat simplex sors, humilesve vices. [202]

9.   *Stemmata*[203] majorum, tituli, vis, summa potestas,
          Quicquid divitiae, forma, decusve ferunt,
       Haud Parcam effugient et ineluctabile tempus —
          In Mortis tendit limina honoris iter. [204]

10.   *Nec liceat vobis hos fastidire, Superbi!*
          Clara quod ignotis[205] Fama tropaea neget,
       Tecta ubi per caelata tonant, altasque columnas,
          Laudibus aeterni carmina sacra Dei. [206]

11.   An revocare animam, cum Mors semel attigit artus,
          Spirans effigies, *sculpta vel urna, valet?*
       Anne hebetes leto tanguntur laudibus aures?
          An cineres mutos ipse ciebit Honor? [207]

12.   *Aetheria, hos inter spretos, mens fervida flamma*
          Forte erat; imperii dextera forte capax;
       Dexterave, afflatu divino concita, vivis
          Apta lyrae chordis elicuisse melos. [208]

---

[202] 1867: Nec rudis agricolae …
     Simplex ne moveat sors, humilesque vices.
[203] 1867: Gloria
[204] 1867: line 3: Cuncta diem expectant, et inevitabile tempus,
A footnote in 1867 offers the alternative word, *ineluctabile.*
1867: line 4: Ad mortis ducit …
1871: line 4: 'I am indebted to the Hon. George Denman for this line. I had written: –
     Gloria qua ducit, mors sedet atra, via '
[205] 1867: Nec tenues nostros Vos fastidire, Superbi,
     His quod, parca nimis, …
A footnote in 1867 offers this alternative for line 2, *Horum quod bustis* …
[206] 1867: Qua templi per tecta tonant, …
     Dum resonant laudes, carmina sacra, Dei.
1871: 'Or, Tecta ubi per templi caelata, altasqe columnas,
     Attollunt laudes carmina sacra Dei.'
[207] 1867: … sculpta vel urna potest?
Audiretne cinis, si vox resonaret Honoris?
     An mulcere aures postera fama valet?
[208] 1867: Neglectus jacet hic, cui mens divinior, ingens,
     Forsitan, et virtus, ingeniumque fuit;

13. His *vero*,[209] a primis quas docta recondidit aevis,
       Invida, despectis, Musa negavit opes.
       Frigida pauperies animi compescuit aestus;
       Hinc olim fervens torpuit ingenium.

14. *Plurima in Oceani latet imis gemma cavernis,*
       Splendida; sed nihili est, quem tegit unda, nitor:
       Plurimus ingratas flos sese exhalat in auras,
       Ignotae suaves quot rubuere rosae! [210]

15. Rusticus hic Brutus, parvi qui Caesaris irae
       Obstitit impavidus, sustinuitque minas;
       Obscurus mutusque Maro, vel, sanguinis insons,
       Sub viridi, forsan, cespite Sulla jacet. [211]

16. Non his plaudentem licuit movisse senatum,
       Nec patriae, spretis, consuluisse, minis;
       Nec facere ut laetas ditaret copia terras,
       Nec famam populi noscere ab ore suam. [212]

17. Quae tamen obstabat virtutibus, improba, culpis
       Sors eadem imposuit, criminibusque, modum;
       In genus humanum vetuit saevire, cruentum
       Ad fera dum caedes regna pararet iter. [213]

Imperio, fatis si sic placuisset iniquis,
    Apta manus, vivam vel tetigisse lyram.
[209] 1867: tamen
[210] 1867: lines 1-3: Imis oceani resplendent mille cavernis,
    Gemmae, ...
Ingratis auris flos saepe exhalat odores, ...
A footnote in 1867 offers this alternative for lines 3-4:
Ingratis quoties flos exhalavit odores
    Auris, ignotae quot rubuere rosae!
1871: line 4: 'Or, Ignotae quoties sic rubuere rosae.'
[211] 1867: Mutus et obscurus vates, ...
    Cespite sub viridi, forte tyrannus adest.
[212] 1867: Aeternumque sibi conciliasse decus.
[213] 1867: Non his exclusa est mitis clementia mundo,
    ... parabat iter.

18.   Non his compositus *fuit in*[214] mendacia vultus;
          Expulsusve genis pectoribusve pudor.
       Luxuriam et fastus nunquam coluere potentum,
          Accensis flamma thuribus Aonia. [215]

19.   Indigno amentis procul a certamine vulgi,
          Paucis contenti, nil petiere nimis;
       Vitae in semotis, placide tenuere quietam,
          Vallibus, insontes, umbriferisque, viam.

20.   *Hic, tamen, ut maneant ossa intemerata suorum,*
          En monumenta rudes constituere manus.
       Informis sculptura, pios, incultaque poscunt,
          En! utcumque brevem, carmina lacrymulam. [216]

21.   *Nominaque, et patres, annosque indocta notavit,*
          Elogii et famae, dura Camaena, loco;
       Sanctorum adjungens passim praecepta virorum,
          Ut monitus discat Rusticus inde mori. [217]

22.   Tam vecors quis, enim, summa ut non horreat hora,
          Cum sit tam dulcis grataque vita, mori?
       Respiciensque diu geniales lucis ad oras,
          Non cupiat lentas nectere posse moras? [218]

---

[214] 1867: ficta ad
A footnote in 1867 suggests as an alternative *fuit ad.*
[215] 1867: Non his extinctus conscius ore pudor;
Non ope venalis Musae coluere potentes
   Laudibus, ut summos, carminibusque, Deos.
1871: line 4: '*Or,* Abreptis ara, &c.'
[216] 1867: Attamen ut …
   … haec posuere manus.
Inculti versus, rigidisque informia saxis
   Signa, piam invitant his dare lacrymulam.
[217] 1867: Nominaque, et patres, notat, et quid cuique dierum
   Contigit, indocta dura Camaena manu;
Et pia sanctorum passim praecepta virorum
   Addidit, ut discat rusticus inde mori.
A footnote in 1867 suggests as an alternative, line 3 as in 1871, followed by, in line 4,
   Ut sapiens discat …
[218] 1867: line 3: Respiciensque diem, lucisque, diutius, oras,
A footnote in 1867 suggests as an alternative, *Respiciensque almae geniales lucis ad oras*
1871: line 3: '*Or,* Respiciensque diem lucisque diutius oras' [i.e. as 1867]
1867: line 4: this is the same as in 1871. However a footnote in 1867 suggests as an alternative,

23.   Ut sibi flens adstet poscit moriturus amicum;
      Adsit, quae claudat lumina, cara manus!
    Fortiter ex imis loquitur Natura sepulcris;
      Ipsi etiam cineres igne priore calent.[219]

24.   *Debita neglectis ut sit reverentia, vitam*
      Hanc memor exposui; nec cecinisse piget.
    Talia si meditans, similis mihi, forte quis, olim,
      Quaesierit, dederint quas mihi fata vices; [220]

25.   *Tunc aliquis sic forte senex: – "Hic mane solebat*
      "Prima luce citis passibus ire puer;
    "Dispergens pedibus rores, properabat in altum,
      "Solis ut aspiceret lumina prima, jugum. [221]

26.   *"Sole sub ardenti, nutans ibi vertice ad auras,*
      "Umbram praebebat fagus amica suam;
    "Tortam ad radicem projectus membra jacebat,
      "Inspiciens rivi suave sonantis aquas. [222]

27.   "Vicinam interdum silvam peragrabat, amaro
      "*Aspectu ridens,*[223] oreque vana fremens;
    "Amenti aut similis, miseroque, errabat, acerbae
      "Quem torquent curae, vel malesanus amor.

Non sibi cunctanti vellet adesse moram?
1871: line 4: '*Or*, Non sibi paulisper vellet adesse moram.'
[219] 1867: Ex imis etiam clamat Natura sepulcris,
    Et calet assuetis ignibus ipse cinis!
1871: line 4: '*Or*, Et calet assuetis ignibus ipse cinis.' [i.e. the same as in 1867.]
[220] 1867: line 1: Versibus incomptis spretam memorare coloni
1871: line 1: '*Or*, Ne sua neglectis desit reverentia, &c.'
1867: lines 2-4: Vitam tentavi; nec cecinisse piget.
Haec meditans, genioque favens, si forte quis, olim,
    Quas mihi, quaesierit, fata dedere vices;
[221] 1867: Tum sic forte senex aliquis: – "Quo tempore prima
    "Lux redit in terras, prataque rore madent,
 "Ut solem aspiceret venientem, saepe solebat
    "Vicinum properans hoc superare jugum.
[222] 1867: "Ardua cum caeli jam sol ascenderat, umbram
    "Quaerebat fagi, quam levis aura movet;
" ... prostratus membra jacebat,
    " ... suave loquacis aquas.
[223] 1867: Aut vultu ridens

28.   "Venit summa dies: soliti nec culmine montis,
    "Ille, nec ad ripas lene *fluentis*[224] aquae,
  "Nec veteris recubans sub amico tegmine fagi,
    "*Mollibus*[225] aut pratis, inveniendus erat.

29.   "Tertia lux orta est: venit, en! maestissimus ordo;
    "*Dum resonat tristis naenia, funus adest.*
  "*Sub veteri hac spina est, quo nunc jacet ille, sepulcrum:*[226]
    "*Quod lapidi inscriptum est, nam potes, ipse legas.*" [227]

INSCRIPTIO.

30.   In gremio terrae, placidaque, hic, pace recumbit,
    Ignotus famae divitiisque, puer,[228]
  Quem sed nascentem[229] non aspernata Camoena est,
    Tristitia et voluit semper habere suum.

31.   Candidus, atque *animi*[230] largus; sed, pauper, habebat
    Heu! praeter lacrymas, *quod daret,*[231] ipse, nihil.
  Caelo exoravit, quod solum optabat, amicum;
    Hanc sibi mercedem pro pietate tulit.

32.   Jam satis: ulterius culpas ne expromere tentes,
    Virtutemve[232] probes: haec agitare nefas.
  In gremio conduntur enim Patris Omnipotentis,
    Et, tremule fidens, spes ibi tota manet![233]

---

[224] 1867: sonantis

[225] 1867: Silvisve [a footnote in 1867 then suggests as an alternative the 1871 version.]

[226] 1867: lines 2-3: "Tristis dum resonat naenia, …
"Spina vetus notat haec, …
1871: line 3: 'The use of *Spina* to signify a thorn-tree has been questioned. But both Pliny and Columella use the word as the generic term for the thorn-tree, distinguishing the species, as "alba", "nigra", "sylvestris", "vulgaris", &c.; and Pliny (Lib.XII, s.18), in speaking of the peculiarities of different thorn-trees, in two different instances, uses the term "spina" without an adjective, unmistakeably for the thorn-tree.'

[227] 1867: "Et lapidi inscriptum est, quod, precor, ipse legas."

[228] Both 1867 and 1871 add footnotes giving the following alternative of this line:
    Cui nil Fortuna et Fama dedere, puer.

[229] 1867: Hunc sed nascentem
1871: 'Mr Denman suggests, Hunc tamen e cunis, &c.'

[230] 1867: animo

[231] Both 1867 and 1871 add footnotes offering as an alternative, *quas dedit*

[232] 1867: Virtutesve

[233] 1867: Et, tremule exspectans, spes ibi tota sita est!

COCKBURN, Sir Alexander James Edmund, 1802-1880.

The published edition (untitled, anonymous and privately printed) is undated. The British Library catalogue provides a conjectural date of 1871. An earlier lithographed version, dated 1867, survives among the British Library Additional Manuscripts. The translation was reprinted in Boston, U.S.A., in 1900.

After academic success at Trinity Hall, Cambridge, Cockburn quickly became a successful barrister. His early career was colourful. He is the only Gray translator known to have fathered illegitimate children, and the only future Lord Chief Justice to have climbed out of the Exeter Castle Robing Room to escape his creditors. Later the Queen barred him from a peerage 'upon the ground of the notoriously bad character of the Chief Justice'. A supporter of Palmerston, with whom he seems to have had considerable affinity in style and conduct, he was elected a Liberal MP in 1847. He established his political reputation by a brilliant defence of the Government over the Don Pacifico affair in 1850, and held the post of Attorney-General 1851-1856. As a barrister in this period he defended John Henry Newman in a libel action, and succeeded in a spectacular prosecution of William Palmer, the Rugeley poisoner. In 1856 he was appointed Lord Chief Justice of the Common Pleas, in 1859 Lord Chief Justice of the Queen's Bench, and in 1873 Lord Chief Justice of England. His style on the bench remained flamboyant and controversial, most notably in the Tichborne case of 1874. Throughout his career he published pamphlets on legal and political matters; his translation of the *Elegy* is his only known foray into literature.

ODNB

28. HUGH ANDREW JOHNSTONE MUNRO, 1873.[234]

INCIPIT THOMAE GRAI CANTABRIGIENSIS ELEGORUM LIBER IN SEPULCRETO QUODAM RUSTICO CONSCRIPTUS ANGLICE NUNC AUTEM AB H.A.I.M. T.C.A. ET IPSO CANTABRIGIENSI NASONIANIS NUMERIS LATINE REDDITUS.[235]

1.   Clangor ab aede diem maeret sollemnis ademptam;
mugit, ut arva boum segniter agmen obit;
dumque domum repetens it iter grave lassus arator,
linquimur hic una nos duo, nox et ego.[236]

2.   nunc loca camporum visu sublustria cedunt,
aeriumque tenent otia dia polum,
cum bombo, scarabaee, rotas ni forte volatum,
voxve ea longinquas tinnula sopit oves,[237]

3.   velatove hederis illinc de culmine bubo
nubilus ad lunam rusticitatis agit,
quisquis adire vetus, quod habet sine compare, regnum
temptat et arcanum sollicitare larem.

4.   *nodosa ulmus ubi cum taxo copulat umbras*[238]
crebraque sub putri caespite turget humus,
cella quisque brevi cubat, aeternoque sopore
rustica, pagani, corda, fruuntur avi.

5.   ut Matuta vocet, sua tura halantibus, auris,
pipiet e tuguri stramine mater "Ity",[239]
acre canat gallus, vel cornibus adstrepat echo,
iam iam non humili plebs salit ista toro.[240]

---

[234] Munro's translation was privately printed in 1873, and again in a revised form in 1884. The revised version was eventually published in 1906. The text here is that of 1873; the revisions of 1884 appear in the footnotes. A few tiny changes of punctuation or spelling have been ignored. The 1873 original does not break the text into verses, but each quatrain matches Gray's equivalent stanza. For the convenience of the reader, stanza numbers, together with a break before the Epitaph, have been inserted by the editors.

[235] This text was omitted in 1884.

[236] mugit ut erepit pascua segne pecus,
tecta petens grave lassus iter contendit arator
cunctaque dat tenebris, dat potiunda mihi.

[237] ni bombo, scarabaee, rotas ubi forte volatum,
aut pecudes mulcent aera sopora procul,

[238] qua veteres ulmi, qua taxea procubat umbra,

[239] ut crepet e tuguri stramine mater Ityn,

[240] non tamen hos humili vox ciet ulla toro.

6.   iam iam non erit his rutilans focus igne, neque uxor
          quae vespertinum sedula verset opus;
          non reditum balbe current patris hiscere nati
          osculave escenso ferre cupita genu.

7.   *saepe triumpharunt falces de messibus horum,*
          lira renitentem saepe revellit humum:[241]
          ut laetante foras agitabant corde iugales!
          praedaque robustae silva bipennis erat![242]

8.   *ne bonus iste labor neu rustica gaudia neve*
          sors opscura sit haec, ambitiose, iocus:
          neu plebeia tibi risu, trabeate, superbo[243]
          Acta, breve et simplex, excipiantur, opus.

9.   picta patrum series clarive insignia regni
          quidquid habent, facies quidquid opesve ferunt,
          cuncta manet pariter non exorabilis hora;
          metaque mors, quoquo gloria flectit iter.

10.   nec vos, o *reges,*[244] hos arguitote, sepulcris
          nulla tropaea memor quod superaddit amor,
          ductus ubi alae ingens et crustis fornicis apti
          "laudamus" retonans undat ubique sono.[245]

11.   caelata historiis animam revocare fugacem
          urna domum? facies marmore viva potest?
          voxne valet famae cinerem succendere mutum?
          auris avet blandos[246] torpida morte sonos?

---

[241] rustica falx messem succumbere saepe subegit,
saepe renitentem lira revellit humum:

[242] This line was unchanged in 1884. However in 1906 it was revised as follows, apparently from Munro's own copy:
   ut valida labem silva bipenne dabat!

[243] non bonus iste labor nec rustica gaudia nec sit
obscura haec tibi sors, ambitiose, iocus,
nec risu, trabeate, tuo plebeia superbo

[244] proceres

[245] quod memor addiderit nulla tropaea dolor,
longus ubi alarum ductus crustataque fornix
multiplices reboant vocibus icta sonos.

[246] voce valet cinerem succendere gloria mutum?
auris amat blandos

12. *forsan in hoc squalente loco neglecta quiescat*
    mens olim aetheriae feta calore facis:[247]
    sceptrum habiles tenuisse manus, vitave deoque
    expergefactam participasse lyram.

13. sed spoliis aevi *large doctrina refertum*[248]
    noluit ante oculos evoluisse librum:
    algida sublimes aestus compressit egestas
    adstrinxitque suo vivida corda gelu.

14. saepe renidentes praeclara luce lapillos
    antra maris, caeca nocte profunda, gerunt;
    saepe rubor florum natus moriensque fefellit,[249]
    aeraque in vacuum perditus exit odor.

15. *forsitan hic audax ruris restare pusillo,*
    sed satis instanti, Graccus[250] agrestis ero,
    vel mutus sine honore Maro, vel Iulius alter,
    immunis patrii sanguinis ille, cubet.

16. oribus intentos ad plausum cogere patres;
    quas dolor offerret, spernere, forsve minas;
    omnia ridentes diffundere laeta per urbes,
    et legere in populi vultibus Acta sua,

17. sors vetuit: solas neque circumscripsit in auctu
    virtutes: sceleri frena modumque dedit:
    ad solium vetuit per caedes ire, *serisque*
    claudere, ne gentes viseret alma salus:[251]

18. conscia luctantis vetuit conamina veri
    abdere et ingenuas perfricuisse genas,
    luxuriae tumidique adolere altaria fastus
    Pieriae flammis ture flagrante facis.

19. insana procul urbe, fori certamine foedo,
    sobrius et voti compos in orbe suo,
    devia per vallis, loca vitae umbrosa, peregit
    non observati quisque tenoris iter.[252]

---

[247] hoc fortasse loco, qua sic tamen omnia sordent,
aetherio fetum cor prius igne iacet,
[248] sapientia largiter auctum
[249] nascitur occulto flos saepe rubetque recessu
[250] forsitan hic, olim intrepido qui pectore ruris
restiterat parvo Graccus
[251] vadere, et arcem
claudere quam miseris panderet alma salus,
[252] qua seclusa tulit tranquillae semita vitae,

20.   et monimenta tamen *stant passim exilia iuxta,*
        defendatur ut his[253] ossibus omne nefas:
        versibus incomptis rudibusque ornata figuris,
        suspires "eheu"[254] praetereasque rogant.

21.   *musa sine arte refert incondita*[255] nomen et annos,
        quodque elegi praestant famaque, praestat idem;
        sparsaque multa pio sententia pondere circum,
        quam bene cor meditans discit agreste mori.

22.   *nam, mutae, quis omisit eum Se, victima lethes,*
        qui tot amaritie miscet amoena sua;
        destituit laeti geniales luminis oras,
        nec flexit tamen os expetiitque moram?[256]

23.   vult anima excessura sinus fulcimen amici,
        vult acies guttam nubila nocte piam:
        eicit ex ipso vocem natura sepulcro,
        vivit et assuetis ignibus ipse cinis.

24.   qui tamen istorum sic luce et honore carentum
        inconcinna[257] memor versibus Acta refers,
        solivaga si forte aliquis ducente camena,
        ingenio tibi par,[258] et tua fata roget,

25.   "vidimus hunc quotiens" incano crine colonus
        sic respondebit, "se reserante die,
        "verrere festino pede rores perque supinos
        "exoriens saltus anticipare iubar.

26.   *"ecce sub hanc fagum – ut nutat coma! tortaque radix*
        "ut vetus est, miris exseriturque modis! – [259]
        "membra die medio prosternere lentus amabat,
        "ore inhians rivum qui prope garrit aquae.

---

non observatum quisque tenebat iter.
[253] quae passim exilia surgunt,
defensura vel his
[254] des suspiratum
[255] musa potest male docta tamen dare
[256] quis subiturus enim Lethaea silentia, dulce
tormentum hanc animam deposuisse tulit,
linquere iucundi loca luminis alma nec – uno
respectu cupido – significare moram?
[257] his incompta
[258] indole non dispar,
[259] ecce sub hac fago nutante, retortaque radix
cui vetus est miris exseriturque modis,

27. "it modo cum *sanno*,[260] radens nemus istud, amaro,
    "vanaque mussanti somnia voce iacit:
      "*nunc cadit os: pallet misere miser: – omnium egenus?*
      "*an cura externat? spemne peremit amor?*[261]

28. "mane erat: assueto non illum in vertice vidi,
    "nec dumeta tenent, nec sua fagus habet.
      "altera lux venit: nec nunc tamen aut prope rivumst
      "aut superat saltus aut nemus ille legit.

29. "tertia adest: maesto cum planctibus agmine ad aedem
    "elatum lentam vidimus ire viam:
      "accede, et veterem scalptos ibi supter acanthum
      "in lapide hoc versus perlege, namque potes."

[EPITAPH]

30. *Qui caput hic gremio*[262] terrae iuvenale reponit,
    non res, non illist cognitus ullus honor:
      aversata humiles non alma est Aonis ortus,[263]
      curaque "mancipii res" ait "iste mei".

31. immensa huic bonitas, mens simplicitatis apertae:
    par meritis merces numine missa deist:
      quod potuit, miseris lacrimam largitus, amicum,
      quod voluit, caeli munere nanctus erat.

32. desine virtutes recludere, desine culpas
    e formidando sollicitare lare:[264]
      utraque ibi pariter spe cum pavitante quiescunt,
      qui pater et deus est, huius operta sinu.

THOMAE GRAI CANTABRIGIENSIS ELEGORUM LIBER EXPLICIT
FELICITER.[265]

---

[260] risu

[261] nunc cadit os, palletque miser similisque relicto,
curave quem furiat, vel malus angit amor.

[262] Hic caput in gremio

[263] quem fortuna habuit, quem procul omnis honor:
candida non humiles fastidiit Aonis ortus,

[264] protrahere augusto de lare velle suo:

[265] This text was omitted in 1884.

MUNRO, Hugh Andrew Johnstone, 1819-1885.

Munro printed his translation at Cambridge in 1873 for private circulation to his friends. A second, also private edition came in 1884; and the poem was later included in his posthumous *Translations into Latin and Greek Verse* (London, 1906). His first version was the subject of an acrimonious exchange between T.E. Kebbel and Munro in *Macmillan's Magazine* (pp. 253-258, 340-346, 472, 533-534, Jan.-April 1875). After Kebbel had contrasted it unfavourably against Gilbert Wakefield's version, Munro responded, 'I will not have it compared with Wakefield's nonsense'. Nevertheless, the revisions of 1884 for the most part amend those passages attacked by Kebbel.

Munro was the illegitimate son of Hugh Andrew Johnstone Munro, of Novar, Ross (1797–1864), the art collector and friend of J.M.W. Turner. He was a pupil at Shrewsbury School under Benjamin Hall Kennedy (whom he much admired), and went on to become a scholar and fellow of Trinity College, Cambridge. He became the first Kennedy Professor of Latin at Cambridge in 1869. His most important publication was an edition of Lucretius, *De Rerum Natura* (1860-1864), which has been described as the century's most valuable contribution to Latin scholarship by a British scholar.

ODNB

29. HENRY SEWELL, 1875.[266]

Amici recensuerunt.

1. CAMPANA insonuit; – pratis armenta relictis
    Lassa domum pergunt, emoriente die;
    It, tectum repetens, tardis defessus arator
    Passibus; et superest nox mihi sola comes.

2. Paulatim in tenebras montes vallesque recedunt;
    Et coelum et terras occupat alta quies;
    At scarabaeus agit gyros, strepitantibus alis,
    Tinnituque procul mulcet ovile sopor.

3. At bubo, vigilans hederosae culmine turris,
    Ad Lunam maesto carmine sola dolet;
    Si quis, apud latebras sua regna occulta morando,
    Audeat antiqui limen adire throni.

4. Hic, ubi rugescunt ulmi, – sub tegmine taxi, –
    Qua crebris tumulis subruta turget humus, –
    Pace quiescentes, angusto quisque cubili,
    Agrestes ducunt otia longa patres.

5. Non vox Aurorae, flatu spirantis odoro, –
    Non vocitans circa tegmen hirundo casae, –
    Non stridens galli cantus, – non rauca ciebit
    Buccina, submissis membra reposta toris.

6. Illis nulla focum lignis ardentibus uxor
    Extruet, aut peraget pensa diurna domi;
    Nec patri occurret puerorum turba, petentum
    Carpere dilectis oscula rapta labris.

---

[266] Sewell's punctuation is idiosyncratic but has normally been retained, apart from the removal of a few redundant commas.

7.   Saepe Ceres falci subiit matura; – colonus
       Saepe gravi duram vomere fregit humum; –
    Quam laete juga per campos eduxit amoenos! –
       Sylvae sub valida quam cecidere manu!

8.   Ne curas inopum magnus contemnat honestas,
       Aut humilem sortem, laetitiasve leves;
    Nec res angustas spernat, risuque superbo
       Deneget obscuri quaerere gesta loci.

9.   Quicquid honos vel opes vel pulchrae gratia formae
       Vel Majestatis pompa superba dedit
    Par fatum expectant, et ineluctabile tempus;
       Qui famae est aditus, janua mortis erit.

10.   Nec pro delicto ventosa superbia jactet,
       Quod monumento illis nulla tropoea manent,
    Qua cantu ascendens, laqueata per atria templi,
       Adsolet orantis vox resonare chori.

11.   Excusa effigies vivo de marmore, in artus
       Expirantem animam quid revocare valet?
    Quid prodest cineri famae vox vana silenti, –
       Aut letho clausis auribus eloquium?

12.   Forsitan hic, spretae sub tecto cespitis, olim
       Fervida divino numine, corda silent;
    Forsitan hic, doctae citharam plexisse, quiescunt,
       Aut dignae imperii sceptra tulisse, manus.

13.   Quam Doctrina suis dives patefecit alumnis
       Illorum visu pagina clausa fuit: –
    Nobilis ardores animi, venamque benignam
       Ingenii, obstruxit frigida pauperies.

14.   Splendoris puri gemmas, sed luce carentes,
       Innumeras latebris aequoris antra gerunt;
    Saepe procul visu rubuit flos, natus odores
       Spargere desertis, irrita dona, locis.

15.   Forsitan Hampdenus rudis hic, qui sustulit agri
      Contra vim forti pectore jura sui, –
   Miltonus forsan, mutusque et cassus honore, –
      Cromvellusve insons, et sine labe, jacet.

16.   Plausum non illis licuit captasse Senatus,
      Aut necis aut damni posthabuisse minas,
   Aut ditasse novis opibus ridentia rura; –
      Qualia sunt oculis acta legenda virum.

17.   Si fortuna dedit spatium virtutibus arctum,
      Criminibus posuit non secus illa modum;
   Per clades vetuit violenter scandere regnum,
      Et dura humanas spernere voce preces.

18.   Quum sibi conscivit mens culpam, agnoscere verum,
      Non illi ingenuas dedidicere genas;
   Nec, turpi obsequio, lustrarunt tecta potentum,
      Musarum accensis thuribus igne sacro.

19.   Illorum, semota procul certamine vulgi,
      Nescierant pennis surgere vota vagis; –
   Per vitae placidas umbras, vallesque reductas,
      Aequam servarunt innocuamque viam.

20.   Sed vetat hos cineres (pietas ut muniat ossa),
      Non insignitos esse superstes amor;
   Et lapis informis, versusque incultus, amico
      Sollicitant lacrymas praetereunte breves.

21.   Nomina et aetates, quas Musa indocta notavit,
      Quod superest famae commemorare valent;
   Crebraque ruricolam monitis sententia sacris
      Fortiter adventum mortis obire docet.

22.   Ecquis enim, oblitus curarum, oblitus amorum,
      Et quas laetitias anxia vita tulit,
   Non semel, ut maerens, oculos sub morte retorsit,
      Aut voluit dulcem deseruisse diem?

23.   Aegra anima, horrescens avelli pectore caro,
            Exoptat lacrymas, jam moritura, pias;
        Naturae clamat vox importuna sepulchro;
            Et cinere in gelido postuma flamma calet.

24.   De te, qui referens res actas vate carentum,
            Hac tenui musa commemorare petis,
        Si quis, ad has sedes meditandi ductus amore,
            Ut socii, quaenam sint tua fata, roget,

25.   Sic fortasse senex reddet responsa colonus,
            "Saepe videbatur, jam properante die,
        "Discutiens agili gressu per pascua rores,
            "Sol simul ac primo lumine tinxit agros.

26.   "Qua patulae fagi, tortis radicibus alte
            "Defixis, trepidans obtegit umbra solum,
        "Ad medios aestus sternebat inertia membra,
            "Haerens obtutu lene fluentis aquae.

27.   "Jam prope vicinam sylvam, malesuada revolvens,
            "Incerte ridens, mutaque labra movens,
        "Jam, posito in terram vultu, similisque dolenti,
            "Quem cura aut mendax obstupefecit amor.

28.   "Tandem exorta dies, *qua*[267] non in culmine montis,
            "Aut campo, aut sylva (quam peramavit) erat.
        "Altera successit, sed (quos dilexerat) agris
            "Et rivo, et *suetis*[268] abfuit ille viis.

29.   "Mane novo, rite exequiis de more peractis,
            "Vidimus effosso tradita membra toro; –
        "Adsta hanc ad sentem, lapidique incusa, Viator,
            "(Cernere quae potis es), tristia verba lege."

---

[267] 'quo' in printed text.
[268] 'suaetis' in printed text.

[EPITAPH.]

30.   Hic juvenis cineres ignoti inopisque sepultos,
      Materno amplectens pectore terra tenet;
   Quem non impediit discentem ignobilis ortus,
      Cura tamen constans adfuit, una comes.

31.   Largus erat fidusque animi, Caelumque benignum
      Praemia pro meritis, rite repensa, dedit;
   (Quod potuit) lacrymam miseris praebebat; – amicum
      (Quod fuit in votis) nactus amante Deo est.

32.   Desine virtutes ultra recludere vulgo,
      Et trahere e tenebris deteriora suis;
   Spes merita et culpas pariter secura reponit
      In gremium cari, mixta timore, Dei.

––––––––––––––––––––––––

SEWELL, Henry, 1807-1879.

His version was privately printed as *Gray's Elegy. Translated by Henry Sewell, Late Attorney-General of New Zealand* (no place of publication, 1875). The only copy so far found is in the Bodleian Library.

Sewell was one of twelve siblings, of whom five achieved eminence: three brothers provided a Warden of New College, Oxford, the founder of Radley College and a leading Australian barrister, while a sister achieved success as a didactic novelist. Henry qualified as a lawyer and published an important work advocating the registry of property titles. During three spells in the emerging colony of New Zealand he held a number of government posts – including, briefly in 1856, that of its first premier. He later served as Attorney-General and Minister of Justice, before finally returning to England in 1876.

ODNB

30. ANONYMOUS, 1876.[269]

T. GRAII ELEGEIA LATINE REDDITA.

1.   DEVEXUM cecinere diem pulsa aera, boumque
      Agmina mugitu prata secuta meant;
    En! iter emensi longum cessere coloni,
      Solus ego vacuos noxque tenemus agros.

2.   Intereunt rebus fluxa jam luce colores,
      Aetheris et linguis omnia templa favent;[270]
    Tantum implet raucos volitando cantharis orbes,
      Balantumve fovent cymbala lenta gregem:

3.   Illa etiam veteres hederosa e turre querelas
      Noctua sub luna judice laesa ciet;
    Me vocat antiqui grassantem in regna recessus;
      Non temere intrandas occupat una domos.

4.   Hac crebro putris aggeritur qua cespes acervo,
      Nodosique ulmi et taxus obumbrat humum,
    Quemque suam requiem nactum, sua munera parvi
      Carceris, arvales composuere patres.

5.   Quos neque cras Oriens quas spirat odorifer aurae,
      Argutisve loquax culmen hirundinibus,
    Reddita venantum nec cornua, nec tuba galli
      Clara movet: stratis non vigil illa quies.

6.   Illis ad seros conjux accincta labores
      Non iterum sataget ponere ligna foro;
    Nec reducem patrem balbutiet obvia proles,
      Nec petet arrepto suavia cara genu.

---

[269] The typesetting of the original was not good. The British Library copy has an errata slip on the title page highlighting several errors. These have been silently corrected here. In addition, three further printing errors have also been corrected: in the title, 'redditum' in error for 'reddita'; in verse 3, 'hederoso' for 'hederosa'; and in verse 22, 'guadia' for 'gaudia'.

[270] The anonymous author glosses this line with the following: 'Gray may be supposed to mean by his "solemn stillness" the hush that was to precede the sacred strain he is now going to begin.'

7. Triticeos quoties straverunt falcibus agros,
      Vomereque inversum perdomuere solum,
    Mane novo ut laeti protela egere per arva,
      Ut tremuit validis ictibus omne nemus!

8. Qui stupet insanus titulis ne spernat honesta
      Horum opera, aut sortem aut munera parva domus,
    Neu risu, oh reges, vos exaudite tabernae
      Gaudia plebeiae quantulacunque ferant.

9. Nam genus antiquum, et fasces, et purpura regni,
      Quicquid opes, quicquid forma venusta dedit,
    Fata manent pariter sibi debita; Gloria eodem
      Volvitur, et Stygio mergit in amne rotas.

10. Ergo ignominiam, proceres, ne ducite, sancto
      Quod non sint meriti grata tropaea tholo,
    Qua cum cristatis penetralia longa columnis
      Sacra inter laudum vocibus aucta tonant.

11. Quid celebres urnae, quid imaginis ora? retrorsum
      Spiritus antiquam sic petet ille domum?
    Quid movet ingratum clarissima fama feretrum?
      Surdus et auscultat quid data verba cinis?

12. Corda olim quae conciperent divinitus ignes
      Forsitan hac tacita sede relicta jacent,
    Dextra capax sceptris gentes rexisse, vel ipso
      Thyrso percussas exstimulasse fides.

13. At veterum largas sapientum evolvere chartas,
      Et reserare suas Musa negavit opes;
    Frigida paupertas aestus exstinxit honestos,
      Duravitque gelu pectoris ingenium.

14. Sic lapidum nitor ille antrorum in nocte coruscus
      Fundit inaccessis lumina clara vadis;
    Clam florum sic crevit honos, et sparsus ad auras
      Avia terrarum per loca fallit odor.

15.   Hic vir hic est audax defendere jure tribules,
        Gracchus in agresti municipalis hero,
    Hic Maro, sed voces et gloria deerat; hic Umbro
        Nondum transmisso Julius amne ferox.

16.   Eloquio intenti plausum meruisse senatus,
        Spernere crudelem verba minata necem,
    Munera laetantes Cereris diffundere in agros,
        Et "Patriae" a populo dicier "ecce Pater",

17.   Non licuit. Sed quae virtutem extendere factis
        Sors vetuit, sceleris clauserat aequa viam,
    Seu mens per caedem regnum affectare fuisset,
        Civibus et duri pandere claustra Dei;[271]

18.   Seu premere artifices veros sub pectore nixus,
        Et qui flagraret liber in ore pudor,
    Seu, flamma Aonidum quas ultro incenderet, aris
        Luxusque et Fastus supposuisse faces.

19.   Scilicet a populo secreti et litibus aegris
        Quaesivere sibi gaudia nulla foris;
    Quisque per obscuras carpens umbratile calles
        Protenus annorum conficiebat iter.

20.   Ne tamen haec ossa insultet pede turba profano,
        Tenuia custodes stant monumenta loci,
    Versibus incomptis rudibusque insignia formis,
        Quaeque obiter lacrymas, debita dona, cient.

21.   Stemmate pro sculpto nomen, pro laudibus annos,
        Mnemosyne posuit cuique, tironis opus;
    Hic jacit illa suas sortes, hic jussit agrestem
        Et sapere, et leti dedidicisse metum.

---

[271] The anonymous author glosses this line with 'We do not know … that her gates [i.e. those of the temple of the goddess Clementia, or Mercy] were closed, as a fact, during war; but we do know that those of Janus were open.'

22.   Quem Lethe immemorem haec aevi quae gaudia linquat
        (Mixta tamen curis tristibus illa) rapit,
    Luminis ut cedat genialibus exul ab oris,
        Quin semel averso traxerit ore moras?

23.   Sese anima in gremium moritura reponit amici:
        En! pia depositos lacryma prosequitur;
    En! clauso recidiva vocat natura sepulcro,
        Igneus huic cineri vivit ut ante calor.

24.   At tu! qui memoras incompto hoc carmine plebem,
        Quae morte infleta sic sine honore jacet,
    Si quis secessus nemorumque huc ductus amore
        Teque animo referens, quae tua fata, petat,

25.   Forsitan haec canus responderit incola ruris;
        "Saepe illum, ut coepit luce rubere polus,
    "Vidimus instare, et celeri pede verrere rores,
        "Ut prior adspiceret per juga prona diem.

26.   "En! ubi radices nutans annosaque fagus
        "Erexit miris implicuitque modis,
    "Languida membra die medio sternebat in herba
        "Ad strepitum intentus desilientis aquae;

27.   "Nunc per vicinam sylvam errabundus amaro
        "Mussabat risu mentis inepta suae,
    "At nunc tristitia pallens cessabat, ut exspes,
        "Quem cruciant curae seu malesanus amor;

28.   "Mane requirebam quondam juga nota petentem,
        "Et campo et fago quam celebrabat abest;
    "Altera lux oritur: nec jam per rura vagatur,
        "Nec propter rivum, per solitumve nemus.

29.   "Postera lux venit: et sollenni funera pompa
        "Et planctu in sacra vidimus ire via;
    "I, qui scis legisse – notat rubus ille sepultum –
        "I, lege quae summus carmina cippus habet."

[EPITAPH.]

30.   Hic terrae in gremium flexa cervice quievit,
         Nec gente insigni nec locuplete, puer;
      Non tamen alma humiles sprevit Sapientia cunas,
         Maluit infantem Pieris esse suum.

31.   Largus erat facilisque animus sinceraque virtus,
         Reddidit et numen praemia larga satis:
      Quam potuit, miseris lacrimam donavit; amicum,
         Quem voluit, coeli munus adeptus erat.

32.   Has laudes ne quaere ultra, neu prompseris idem
         Aetherium culpas quas penetrale tegat;
      Tutae illic latuere; una spes fovit utrasque
         Et sinus aeterni et cura paterna Dei.

————————————————————

ANONYMOUS, 1876.

The full title runs: *Gray's Elegy Rendered into Latin Elegiacs: An Attempt to Shew that the Mythology and Poetry of Rome Contains, and may have Supplied, Many of its Images; to which is added Collins' Ode to Evening rendered into Latin Alcaics* (Oxford and London, 1876). The 'message' of the title is expounded in over 20 endnotes, which emphasise classical associations in Gray's phrasing and classical echoes in the Latin version. The notes deepen the schoolmasterly tone but are now of little interest: most have therefore been omitted from the present edition. Furthermore the Latin and scansion are often weak – factors which combine to reinforce the impression that the work may stem from a group exercise by a school Latin class, probably from Oxford. We have found no clues to the identity of the author or authors.

31. GAVIN HAMILTON, 1877.

'Sunt lachrymae rerum et mentem mortalia tangunt.'

1.   *Aeris ab aede diem nunc clangor clamat ademptam,*[272]
        Murmura grex edens segne per arva meat,
    Tarda domum tendit vestigia lassus arator,
        Terraque cum tenebris linquitur una mihi.

2.   *Ruraque nunc oculos sensim sublustria fallunt,*
        Sanctior atque quies regnat ubique polo,[273]
    Cantharus aerio ni qua volat orbe susurrans,
        Tinnulus et longe sopit ovile sonus.

3.   Aut hederis tectae vicino e culmine turris,
        Increpat ad lunam noctua moesta sonos,
    Si quis forte vagans umbracula sola propinquet,
        Invadens sedes, regna vetusta, suas.

4.   Nec procul hinc ulmis rigidis taxique sub umbra,
        Cespite qua putri multa sepulchra tument,
    Arcta sede sua compostus quisque per aevum,
        Rustica gens proavum victa sopore jacet.

5.   Aura nec Aurorae redolenti thure vocantis,
        Nec quae straminea garrit hirundo domo,[274]
    Nec reboans cornu neque gallus voce canora,
        Amplius ex humili conciet hosce toro.

6.   Illis non iterum flagrabunt ligna camino,
        Sedula nec mater vespere carpet opus.
    Nec properans patris reditum balbutiet infans,
        Exsuperetve genu basia prima frui.

---

[272] Alternative rendering:
En obitum lucis sonuit nunc clangor ahenus
[273] Alternative rendering of these two lines:
Nunc etiam fallunt acies sublustria rura,
   Vastaque caela quies undique sancta premit
[274] Alternative rendering:
Stramineave domo garrula veris avis

7.   Illis saepe seges flavescens falce cadebat,
      Et rigidam rupit vomer adactus humum.
   Quam laetis animis in agros egere jugales!
      Procubuit quanta sylva subacta manu!

8.   Ne sit ludibrio labor hic bonus alta petenti,
      Neu locus obscurus deliciaeve casae,
   Neu gens excipiat ridens trabeata superbe
      Annales inopum simplicitate breves.

9.   Stemmata quicquid enim jactant vel gloria regum,
      Quicquid habet formae gratia, quicquid opes,
   Omne manet pariter non evitabilis hora;
      Quoquo vadat honos, mors modo finis erit.

10.   Nec vos his culpam, precor, insimulate, superbi,
      Si memor ars tumulis nulla tropaea locet,
   Qua retonante sono crustati fornicis aedis
      Alas per longas laus geminata Deo.

11.   Historiis urnae vel vivo e marmore vultu
      Anne fugax poterit vita redire domum?
   Evocat anne sua cineres laus voce silentes,
      Vox vel adulantis corpora surda capit?

12.   Forsitan hic jaceat spreto sub cespite terrae,
      Cui prius aetherio mens gravis igne fuit,
   Forte manus habiles quae possent sceptra tenere,
      Filave divinae viva ciere lyrae.

13.   Noluit ast illis amplum sapientia librum,
      Auctum aevi spoliis evoluisse suum,
   Frigida pauperies sublimia pectora fregit,
      Strinxit et ingenii viva fluenta gelu.

14.   Plurima sic radio praefulget gemma sereno,
      Quam maris immensi caeca profunda gerunt,
   Plurimus inviso flos nascitur ore rubere,
      Desertoque perit sub Jove suavis odor.

15.   Forte quis agrestis Gracchus, qui pectore forti
     Obstitit ipse tibi, regule, raptor agri,
  Ille Maro mutus jacet hic inglorius alter,
     Caesar nec patriae sanguinis ille reus.

16.   Attamen arrecti plausus excire senatus,
     Quaslibet invicta spernere mente minas,
  Spargere per populum Cereris bona laeta benigne,
     Atque sui famam cernere in ore virum:

17.   Non dedit his sors: virtutes quae noluit arcta
     Et scelera excelsum tollere lege caput:
  Ne peteret quisquam per strages regna cruentus,
     Nescius humanae cedere mite preci:

18.   Et stimulos veri luctantes condere corde,
     Vera pudicitiae stinguere signa genis,
  Luxuriae vel thure focum cumulare superbae
     Quod prius accendit lampade Musa sua.

19.   Hi procul insana miscenti jurgia plebe,
     Non votis modicis frena dedere suis:
  Devia qua ducit tranquillaque semita vitae
     Aequato peragunt usque tenore viam.

20.   Ut tamen ossa vel haec inopum intemerata quiescant
     Qui lapis infirmus forte superstes adest,
  Incultis sculptus numeris rudibusque figuris
     Dona viatoris murmura ab ore petit.

21.   Nomina et aetates indocta scripta Camena
     Pro tumido famae carmine busta notant,
  Dictaque divini diffundit plurima libri,
     Rusticus ut discat lector obire pie.

22.   Quem nam muta adeo tenuere oblivia captum,
     Linqueret ut vitae gaudia mixta metu,
  Nec fugiens oras genialis lucis apricas
     Verteret exoptans lentior ora semel?

23.   Scilicet expirans alicui confidit amico,
      Atque pias lacrymas lumina clausa cient;
    Audias e busto naturam voce loquentem,
      Servat adhuc ignes viva favilla suos.

24.   Quique sepulchrali memor heu sine honore jacentum,
      Hisce modis vitae *dicis*[275] agreste genus;
    Si quis forte foras contemplans seria solus,
      Isque pius fuerint quae tibi fata roget,

25.   Fors aliquis dicat canescens tempora pastor,
      "Saepe sub Auroram vidimus hunce virum
    "Graminibus passu celeri detergere rores,
      "Obvius in clivo solis ut iret equis;

26.   "Ecce sub illius nutantis tegmine fagi,
      "Quae stirpes mire torquet in alta senes,
    "Fundere meridie sua languida membra solebat,
      "Ceu meditans strepitum praetereuntis aquae.

27.   "Nunc, nemus hoc propius, simulans fastidia risu,
      "Ficta sibi temere is devius ore dabat,
    "Nunc miser, expallens, languescens, more relicti,
      "Quem dolor aut exspes discruciavit amor.

28.   "Quodam mane aberat consueto[276] vertice clivi,
      "Area nec saltus, nec sua fagus habet;
    "Altera lux venit; sed non ad fluminis undas,
      "Colle vel in sylvis ille videndus erat.

29.   "Postera cum luctu proprio pompaque dolentum
      "Segne sacra vidit funera ducta via;
    "Accedens lege (namque potes tu) carmina saxo
      "En ubi marcescens spinus obumbrat humum."[277]

---

[275] MS alteration in BL copy; printed word 'narras' erased.
[276] BL copy has 'in' erased in MS after 'consueto'.
[277] Hamilton does not translate the Epitaph. His text ends:
'*Popularis* GEORGII BUCHANAN.'

HAMILTON, Gavin, c.1830-1907.

His version appeared anonymously as *Gray's Elegy, Translated into Latin Elegiacs, by G.H. (Countryman of George Buchanan)* (Edinburgh, 1877). It was intended to be 'as faithful to the Elegy of Gray as fidelity to the language of Ovid will permit'; and was 'respectfully dedicated to those countrymen of George Buchanan who still desire to see the old Scottish scholarship maintained, by their faithful friend, the translator, G.H.' It was not reprinted. The British Library copy exhibits the marks of a perfectionist: not only does the printed text provide a number of alternative phrasings, but Hamilton also appears to have added MS variations.

A native of Lesmahago, Lanarkshire, Hamilton was a student at Glasgow University. He became Rector of Elgin Academy, apparently combining his teaching with farming. Later he returned to the south of Scotland and taught in Edinburgh. He avowed himself a Scottish classicist, taking on himself the mantle of George Buchanan (1506-1582), the greatest Scottish writer of Latin verse. Between *The Functions of Si and Qui with Special Reference to German Theories* (Edinburgh, 1862), and *The Moods of the English Bible the Same as in Latin and Greek, Contrasted with their Treatment by Priscian's German Followers* (Edinburgh, 1889), he produced at least ten publications, most of them uncompromisingly philological and several extolling Scottish scholarship.

32. BENJAMIN HALL KENNEDY, 1877.[278]

Νεκρόδεγμον ῞Ερκος.[279]

(Ecloga Graiana.)

1. *OCCIDVAE luci solitus ualedicit*[280] ab aede
clangor; iter mugit flectens grex segne per herbam:
mox ego (namque domum fesso pede pergit arator)[281]
solus *ero*[282] in tenebris. 2.   fallunt sublustria circum
rura oculos, penitusque omnes *premit*[283] aetheris auras
sancta quies, ni *qua*[284] tractim, scarabaee, susurrans
orbibus aeriis *uolitas*,[285] et ouilia longe
tinnitu *subigit*[286] pigro sopor. 3.   aut, ubi turrim
palla nigrans hederae tegit, insociabilis intus
ad lunam *increpitat*[287] bubo, si forte recessus
arcanos adiens cursu palante uiator
abdita longaeui *temerat*[288] penetralia regni.
4.   at procul hinc, rigidis ulmis taxoque sub atra,
putris ubi multo distenditur aggere caespes,
longus, in exiguo depostum quemque sepulchro,
somnus habet proauos, agrestia saecula, pagi.
5.   illos non humili potis est excire cubili
nuntius Aurorae Zephyrus spirantis odores,
non quae stramineo sub culmine garrit hirundo,
non alacris galli canor et quae clara resultant
cornua ualle caua. 6.   non illis igne caminus
amplius ardebit, non sedula uespere coniunx

---

[278] Kennedy's translation was published three times, in 1877, 1882 and, with revisions, 1890. The text here is that of 1877. The revisions of 1890 appear in the footnotes. A few tiny changes of spelling and punctuation have been ignored.

[279] This phrase, combining the words for 'enclosure' and 'receiving the dead' appears to be Kennedy's own, rather than a quotation.

[280] OCCIDVAM maeret lucem sollemnis

[281] iamque domum reptans it arator fessus, ut errem

[282] ego

[283] premat

[284] tu

[285] uolites

[286] subigat

[287] increpitet

[288] temeret

instaurabit opus; non nuntia, patre reuerso,
balba domum curret suboles genibusque reposcet
oscula certatim *ascensis*.[289] 7.   at plurima falci
cesserat illorum seges, inuitamque domabant
saepe suis *glebam*[290] sulcis: ut in arua iugalis
elatis egere animis, quantosque per ictus
subiecere sibi prostratae robora siluae!
8.   nec tibi, quem magnis inuitat Gloria rebus,
illa sit utilium series spernenda laborum,
deliciaeque casarum humiles obscuraque fata;
nec qui diues opum gemma bibit, incubat ostro,
audiat inridens exilia pauperis acta
annalesque *breuis*.[291] 9.   nam siquid stemmata pulchri
siquid nummus habet uel forma uel alta potestas,
omne manet pariter non exorabilis horae
euentus, famaeque subest in fine sepulchrum.
10.   nec tamen his uitio uertant inpune superbi,
si memor induerit nullis amor ossa tropaeis,
qua tenor alarum longus caelataque tecta
multiplicant dias retonantia carmina laudes.
11.   inscriptane fugax reuocetur spiritus urna
aut simili uitae statua? cineremne cierit
postera laus mutum, aut blandi pellacia uersus
indocilem Leti frigentis *mouerit*[292] aurem?
12.   forsitan hic teneat neglecto gramine tellus
pectora diuinis olim praegnantia flammis,
quaeque manus regni poterant attollere fasces
aut anima instinctae plusquam mortalia chordis
inspirare lyrae. 13.   sed numquam euoluerat illis
ditatos aeui spoliis Sapientia libros;
frigida Paupertas *genialis obruit aestus*
et glacie mentis frenauit nobile flumen:[293]

---

[289] escensis
[290] glaebam
[291] breues
[292] mulserit
[293] geniales obruit aestus
et glacie flumen frenauit nobile mentis.

14.   haut aliter radio purissima gemma sereno
plurima sub nigris fundoque carentibus antris
nascitur oceani; sic flos persaepe fefellit
suaue rubens uacuisque auris effudit odorem.
15.   *hic dormire potest Hampdenus,*[294] gloria pagi
exiguoque audax agrorum obstare tyranno,
hic aliquis Milto mutos ignobilis annos
uixerit, hic patrii Cromuellus sanguinis insons.[295]
16.   attamen intentos plausum exciuisse senatus,
fortunae spreuisse minas stimulosque doloris,
per laetas urbes Cererem sparsisse, suaeque
in populi *uoltu*[296] uitae legisse tenorem,
17.   talia sors illis renuit sua, nec modo magnas
crescere uirtutes uetuit, sed crescere culpas,
regia ne peterent per strages sceptra cruentas,
neu generi humano pietatis iura negarent:
18.   nec celare metus dedit et suspiria ueri
conscia et ingenuum facie ignescente pudorem,
musaeis neque tura focis accendere, quae mox
Luxuriae possent aras adolere superbae.
19.   sobria uota isdem, non errabunda fuerunt,
nota nec insani lis illa ingloria *uolgi:*[297]
quod secura quies, ut callem in ualle reducta,
celat iter uitae, tacito pede leniter ibant.
20.   haec etiam a noxa turpi quae protegat ossa,
sit fragilis quamquam, tamen illic saxea moles
uersibus incomptis rudibusque insculpta figuris
impendas gemitum sibi praetereasque precatur.
21.   Musa, sepultorum quae nomina dicit et annos,
rustica nil famae supplendum uoce reliquit,
nil elegis: et multa sacri prouerbia libri
adstruit, ut monitus discat pius incola ruris
sana mente mori. 22.   cui muta obliuia cordi
tantum, ut sollicitae iam iam dulcedine uitae
cessurus, calidi fugiens loca laeta diei,

---

[294] forsitan hic Brutus requiescat
[295] clauserit hic aliquis mutos ignobilis annos
Flaccus, et haud patrio pollutus sanguine Caesar.
[296] uultu
[297] uulgi

non desiderio tangatur et ista moranti
lumine respiciat? 23.   cordi confidit amico
expirans anima, et lacrimarum dona piarum
marcentes orant oculi: natura sepulchro
uocem aliquam emittit; restat sua flamma fauillae.
24.   de te, qui recolis sine nomine mortua saecla,
arte carens uates, siquis perpendere multa
more tuo secum solitus tua fata requirat,
25.   fors aliquis cani capitis testetur agrestis:
"saepius ad reditum lucis conspeximus illum
"praefestinanti gressu dispergere rores
"colle super uiridi properantem occurrere Phoebo:
26.   "quo remeans, fagi nutantis tegmine subter
"illius, antiquis quae sic radicibus errat
"mire intertextis alteque extantibus herba,
"membra die medio prosternere lenta solebat
"atque inhiare citae quae garrula praefluit undae.
27.   "saepe etiam quam cernis ibi ad confinia siluae
"nunc, uelut inridens mundo, uaga somnia mussans,
"nunc miser errabat deiecto pallidus ore,
"ut qui uel sociis orbus uel pondere curae
"mentis inops uel iniquo exspes maereret amore.
28.   "quondam mane nouo non illum in gramine campi
"colle nec in solito propriaue sub arbore uidi:
"altera lux uenit: non ille ad flumina nota,
"non dorso nemoris, non summi in caespite cliui:
29.   "tertia successit: tunc eheu uidimus illum
"elatum tarde sacrati ad limina templi,
"triste ministerium, nec derat naenia pompae.
"huc ades et, quoniam promptum tibi, perlege carmen
"incusum lapidi posito sub uepre uetusto:"

Epicedium.

30.   Cui non ulla fuit nec res nec gloria uiuo,
hic iuuenem gremio tellus fouet. hunc necque uidit
candida non placide plebeia stirpe creatum
Pieris, et proprium legit sibi Cura sodalem.

31.   largus erat dandi, sincera mente, Deusque
donauit larga pariter mercede merentem:
ipse dabat miseris lacrimam, nil maius habebat,
dante Deo nanctus, nec plura optauit, amicum.
32.   ne tamen ulterius uirtutes quaere iacentis
exprimere, aut latebra uitia extraxisse uerenda:
unus enim, quod spe tremula *fatearis*,[298] apud se
haec habet omnipotens, idem Pater et Deus idem.

———————————————————

KENNEDY, Benjamin Hall, 1804-1889

Kennedy's translation appeared in *Between Whiles, or Wayside Amusements of a Working Life* (London, 1877), and its second edition, 1882. The text above is taken from the first edition. It was reprinted with revisions in the fourth edition (1890) of *Sabrinae Corolla*, a collection of verse translations associated with Shrewsbury School.

Kennedy was the most eminent member of a remarkable intellectual dynasty. His father was a poet, schoolmaster and friend of S.T. Coleridge – and produced three sons who each became the senior classics of their year at Cambridge. In turn three of B.H. Kennedy's daughters achieved renown in the fields of classics and educational reform. As a schoolboy, Kennedy was unique in winning the Porson Prize for Latin Verse at Cambridge. As a charismatic if idiosyncratic Headmaster of Shrewsbury School, from 1832 to 1866, he earned a reputation as the greatest classical teacher of the century. From 1867 he was Regius Professor of Greek at Cambridge. Kennedy's *Latin Primer* was first published in 1866 and remained the bible for schoolboy classicists for the next century.

ODNB

———————————————————

[298] fateantur

33. JAMES PYCROFT, 1880.

ELEGEIA IN COEMETERIO RUSTICO SCRIPTA.

1.   Audisn'? Aera sonant, obeuntis naenia Phoebi,
      Mugitu redeunt agmina tarda boum,
    Membra trahit jam lenta domum defessus arator,
      Solus ego! soli nox manet atra mihi!

2.   Lumine jam dubio rarescunt rura tuenti,
      Omne silet, credas numen inesse loco:
    At gyros scarabaeus agit tractimque susurrat,
      Somniferumque sonans tinnit ovile procul.

3.   Necnon ex hedera vestit quae plurima turrim
      Integrat ad Lunam noctua maesta preces,
    Siquis oberravit violans arcana recessus
      Sola ubi per silvas sceptra vetusta gerit.

3A.   *En! tibi sacra quies, late quae cuncta serenat*
      Pectore ne saevo fluctuet ira monet;
    Voce loqui tenui e terra natura videtur; –
      "Foedere sic certo pax sine fine piis."

4.   Ulmus ubi nodosa viret, taxique sub umbra,
      Undique suggesto cespite terra tumet,
    Hic pagi gens dura, patres atavique quiescunt
      Sortiti exiguum quisque cubile suum.

5.   Non Aurora illos spirans sua thura per auras,
      Garrula non Procne stramine tecta casae,
    Non arguta canens gallus repetitave saxis
      Ex humili lecto cornua mane cient.

6.   Non jam ligna foco crepitant, sub vespere fessis
      Nulla lares conjux sedula more fovet;
    Non patri occurrens balbutit parvulus aula,
      Nec genua amplectens oscula cara rapit.

7.   Saepe seges, dum vita illis, sub falce cadebat,
       Glebaque per sulcos saepe soluta fuit:
    Ah! quoties laeti flexere per arva jugales,
       Silvas quot valida subsecuere manu!

8.   Ambitione mala agrestes ne sperne labores,
       Vitas fallentes, exiguosque Lares;
    Nec moveat fastum captanti grandia sermo,
       Qui brevis et simplex pauperis Acta ferat.

9.   Pompa quid imperii scutive superbia picti,
       Gratia quid formae divitiaeve valent?
    Omnibus una datur nulli vitabilis hora:
       Gloria quo ducit? Sors manet una, Mori!

10.   Neu spernas cineres (ne tanta superbia fallat)
       Si memor heu! frustra sculpta tropaea petis
    Atria ubi laqueata inter gracilesque columnas
       Divinum pleno fluctuat ore melos!

11.   Urna inscripta animam spirantiave aera fugacem
       Qua sit lapsa domo quae revocare potest?
    Ecqua movent cineres mutos praeconia Famae?
       Blanditiasve auris frigida morte bibet?

12.   Forsitan haec sic senta situ neglectaque sedes
       Flamma coelesti pectora feta tenet,
    Forsitan imperii dextras sceptrique capaces,
       Dulcisonave aptas cor tetigisse lyra.

13.   At spoliis aevi dives, Doctrina, peracti,
       Non licuit Fastos evoluisse tuos;
    Frigida paupertas generosos corde repressit
       Motus, et stricta est vena benigna gelu.

14.   Plurima quae radiis scintillat gemma serenis,
       Mersa sub oceano caeca per antra micat;
    Plurimus in silvis nullo flos teste rubescit,
       Et vacuas auras miscet odore suo.

15.   Alter ioi Hampdenus forsan, qui pectore forti
        Pro fundo exiguo rustica bella tulit,
      Alter Miltonus, mutus sine laude quiescit,
        Cromvelle, et patriae tu sine clade lates!

16.   Efferri plausu pendentis ab ore Senatus,
        Temnere, posthabitis corpore reque, minas,
      Spargere per laetas terrai munera gentes,
        Spectari et patriae lux columenque suae,

17.   Non ea sors illis; at quae virtutibus obstant
        Ipsa locum vitiis criminibusque negant;
      Non sceptrum petere obstantes per stragis acervos,
        Janua quo leti gentibus usque patet,

18.   Non premere ingenuo luctantes pectore motus
        Conscia ne scelerum tingeret ora Pudor;
      Non Luxus Fastusque aras cumulare licebat,
        Ex adytis rapto thure, Camaena, tuis.

19.   Hos procul a rabie vulgi rixaque juvabat,
        Sobria quas ratio suadet, obire vias:
      Itur et ut placide vallis per amoena reductae,
        Aequo fallebat vita tenore suo.

20.   Ossibus his etiam insultet ne forte viator,
        Saxa locum signant ipsa caduca tamen,
      Quae versuque monent sculptisque sine arte figuris,
        "Qui transis, *Eheu!* contribuisse velis."

21.   Quis fuerit quem terra tegit, quot vixerit annos,
        Musa rudis scripsit; famam elegosque negat:
      Versiculosque legas passim pia dicta ferentes
        Quae doceant, "Meditans, Rustice, disce mori."

22.   Ecquis enim linquit, Lethes ita praeda silentis,
        Quae miscet curis dulcia vita suis,
      Quis vitale jubar, laeti quis luminis oras,
        Limine quin sistens ora retorta gerat!

23. Jam fugiente anima, gremium est solamen amicum,
    Lumina clausurum gutta aliena juvat;
    Non natura silet: vox ipso est missa sepulcro;
    Vel cineres nostri, quo prius, igne calent.

24. Qui legis hic vitas et luce et honore carentum,
    Narrat ubi versu simplice quisque suam,
    Si quis fors alius de te, per sola locorum
    More tuo meditans, quae tibi fata roget;

25. "Saepe virum vidi," (senio sic canus agrestis),
    "Aurora summis ora ferente jugis,
    "Verrentem celeri gressu de gramine rorem,
    "Qua declivis ager Phoebo oriente nitet.

26. "Fagus ubi illa procul sublimi vertice nutat,
    "Radix daedaleis nexibus extat humo,
    "Sole ibi securus medio recubabat in umbra,
    "Aure bibens murmur desilientis aquae.

25A. *"Saepe mihi est visus, solito dum forte labore*
    "Functus transibam per sata prata rubis
    "Silvestri cantante 'Vale!' jam vespere alauda,
    "Invitis oculis lumina sera sequi.[299]

27. "Juxta silvam illam risu commotus amaro,
    "Mussans mente vaga quae fluitare solent,
    "Nunc vultum demissus erat, nunc tristis et exspes;
    "Lymphatum credas, quemve fefellit amor.

28. "Mane novo quondam collem non more petebat,
    "Non fagum caram, non sata prata rubis;
    "Altera lux venit: silvas et gramen apricum,
    "Notaque vae! repeto flumina, Nullus erat!

---

[299] Gray originally placed this verse to follow stanza 25, but later omitted it. Of the four translators who included it, three (Colton, Hickie and Pycroft) placed it one stanza later, presumably to complete the time sequence (dawn, noon, evening) suggested by previous verses.

29. "Funere nunc longo qua semita ducit ad aedem,
   "Elatum vidi; naenia justa sonat.
  "Accede, et lege (namque potes), sculptum inspice carmen
   "Spino sub veteri quod gerit iste lapis."

EPITAPHIUM.

30. Hic jacet, ut gremio matris, tellure repostus, –
   Cui res parva domi parvaque fama fuit;
  Re quamvis tenui, infausta non ille Minerva
   Vixit, et ad vitae tristia natus erat.

31. Ille manu larga, sincero et pectore in omnes
   Notus; cui Genitor praemia digna dedit:
  Quae miseris habuit, lacrymas solatia fudit;
   Quae petiit, coelo, numina amica tulit.

32. Sit dixisse satis vivo bene gesta, nec ultra
   Quae secus arcana sede movere licet:
  Illic spe tremula maneant quae corde paterno
   Justus utrique Deus debita jura fovet.

PYCROFT, James, 1813-1895.

He published *Elegeia in Coemeterio Rustico. Anglice Scripta a Thoma Graio. Latine Reddidit Jacobus Pycroft, B.A., E Coll. Trin. Oxon (1832-6)* (Brighton, 1880). The typesetting is poor: we have silently corrected obvious errors. It was not reprinted. Pycroft's introductory note runs: 'The result of hours of weariness, while confined to the sofa with a broken arm. LEX OPERIS. Not, as in all other translations which I have yet seen, to steer wide of the peculiar difficulties which Gray's Elegy presents, but to translate literally, with the nearest classical equivalents.'

A schoolmaster, clergyman and voluminous author, Pycroft is best remembered as a cricketer and the first cricket historian. He played in the first revived Oxford v. Cambridge match of 1836, and in 1851 published *The Cricket Field*, a combined history and manual of instruction, which was frequently reprinted. Besides cricket, his literary output included novels, autobiography, school textbooks on Latin, Greek and English – and the first manual on roller skating.

ODNB; *Times* obituary

34. HENRY JOHN DODWELL, 1882.[300]

GRAII ELEGEIA
Apud rusticorum tumulos conscripta ita latine reddita est.

1.   Edidit interitum vox aerea rite diurnum,
        Errat mugitu segne per arva pecus;
    Fessa labore domum vestigia tendit arator,
        Qui tenebris orbem tradidit atque mihi.

2.   Haud mora vanescunt sublustri rura sub umbra,
        Aethere fit toto religiosa quies;
    Ni qua volvit iter penna scarabaeus inerti,
        Quaque levis distans sopit ovile sonus.

3.   Ni qua cincta hedera turris se tollit in auras,
        Unde dolens Lunam Noctua voce ciet;
    Deque vagis queritur, qui per secreta recessus
        Sollicitent veterem, quam regit una, domum.

3A.   *Quam tibi sacra suis haec circumfusa rebelles*
        Consiliis motus supprimit ipsa quies;
    Et placida dulces e terra voce susurrans
        Primitias pacis fine carentis habet!

4.   *His sub rugosis ulmis taxoque sub illa,*[301]
        (Cespite qua tumido putris abundat humus)
    Ruricolum proavos, sortitum quemque cubile,
        Alta quies loculi tempus in omne premit.

5.   Flatibus Aurorae neque vox spirantis odores,
        Nec quae stramineo de lare garrit avis;
    Nec resonans galli cantus, neque buccina clara
        Amplius hos humili sede movere potest.

---

[300] As well as including two of the stanzas usually omitted (3A and 25A), Dodwell also provides alternative renderings of five lines at various points in his text.

[301] Alternative version:

Ad laceras ulmos illas taxoque sub illa,

6.   His focus emittet flammas haud amplius ardens,
        Vespere nec conjux his properabit opus:
    Haud patris in reditu quisquam balbutiet infans,
        Invidus ut socio labra genuque petat.

7.   Saepius his messis cedebat falce resecta,
        Saepius ars duram vomere fregit humum:
    Quam sibi laetantes agitabant plaustra per agros!
        Quam nemora his valida caesa ruere manu!

8.   Ne labor utilium, proceres, spernatur honestus,
        Deliciae tenues, sors humilisque casae:
    Neu moveat fastum, vani, si simplice versu
        Annales parvos historiasque[302] canam.

9.   Gloria pictorum decorum, spectacula Regum,
        Divitiae quicquid, forma venusve dedit –
    Cuncta manent pariter non evitabile tempus:
        Justa suam metam compita laudis habent.

10.   Ne tamen indignos, elati, ducite famae,
        Queis decora ad tumulos nulla dicata jacent,
    Qua per coelatum laquear perque atria longa
        Divino resonans carmen honore tumet.

11.   Grande sonans animam titulus, spirantiave aera,
        Quae semel effugit, num revocare valent?
    Num Laus voce potest cineres excire silentum,
        Mollia num surda Mortis in aure vigent?

12.   Forsitan hac jaceat neglecta sede repostus,
        Cui supero quondam cor fuit igne calens;
    Dextera cui regni movisset sceptra patentis,
        Mirificosve modos apta ciere lyra.[303]

---

[302] 'historias que' in original.
[303] Alternative version:
    Vocalive modos apta ciere lyra.

13. Ast his explicuit nullum Doctrina volumen,
   Plurima quas dederant saecula, dives opum:
Frigida Pauperies retinebat clara minantes,
   Cordaque tardabat laudis avara gelu.[304]

14. Nempe sub Oceano splendens pelagique cavernis
   Purior ante omnes plurima gemma latet;
Nascitur obscuro rosa plurima flore rubescens,
   Aethera cui vacuum lambit inanis odor.

15. Obstitit hic forsan mira virtute tyranno
   Contenditque heros, ut sibi rura forent:
Forsitan hic jaceat proprio sine carmine vates,
   Nollet et hic patrii sanguinis esse reus.

16. Attenti plausus hi non meruere senatus,
   Nec mala tempserunt exitiique minas:
Nec bona (sic placitum) laetos sparsere per agros,
   Nec famam norunt grata per ora suam,

17. At quae virtutes teneras Fortuna repressit,
   His vitia indulgens esse minora dedit,
Quatenus haud largo petierunt sanguine regnum,
   Nec miserans saeclo cor pepulere suo.

18. Nec sibi luctantem ficti pressere dolorem,
   Nec quae signa decens dat rubicunda pudor;
Carmine Luxuriem nullo coluere superbam,
   Thure neque accenso, quod sibi Musa sacrat.

19. Cum procul insano vulgi certamine abessent,
   Nullius errabant vota petentis opes;
Sed per iter facile et per devia, lite remota,
   Tota adeo latuit vita tenore suo.

---

[304] Alternative version:
   Lentaque tardabat fervida corda gelu.

20. Hoc tamen in luco fragili de robore signa,
   Ne quis inhumanus polluat ossa, monent;
  Et sibi jure rudis species ac rustica Musa
   Te supplex orat "Stes; miseratus eas."

21. Quae faber indocta descripsit ab arte tabellis,
   Pro decore ac titulis nomen et annus erunt;
  Multaque per tumulos spargit pia carmina vates,
   Queis pius agrestis laetus obire queat.

22. Nam dulcem hanc animam, quam vexat cura, relinquens
   Quis mutae Lethes victima totus abit?
  Quis nitidos hilaresque dies sub morte resignat,
   Nec semel hanc avido respicit ore domum?

23. Corde pio fretus moriens valedicit amatis,
   Quem pia languentem lumina gutta juvat;
  Clarior ex ipso clamat Natura sepulchro,
   Et cineres flammae vis genitalis alit.

24. Indole si junctus quis viset honore carentes,
   (In loca quem duxit sola quietis amor)
  Et tumulos lustrans forsan tibi fata requiret,
   Qui memor exstinctos versibus hisce colis:

25. Forte senex quidam qui rura haec grata colebat,
   Talia dum narrat, testificata feret:
  "Rore novo madidus juvenis properabat ad arces,
   "Cui sol exoriens lumina prima daret.

26. "Illa sub fago, quae nutat celsa, sibique
   "Radices mire torta levavit humo,
  "Sub medio vacuus prope rivum sole jacebat
   "Multa notans murmur praetereuntis aquae.

27. "Saepius huc illuc errans ridensque superbe
   "Solus apud sylvam visus inepta loqui:
  "Moestus, inops, tristis, ceu quem spes alma relinquit,
   "Curave quem vexat, quemve fefellit Amor.

25A.   "*Hic, quoties dederat supremum carmen Alauda,*
       "*(Dum facimus per agros post data pensa vias)*
       "*Ad viridem sylvam cessantes ore solebat*
       "*Defixus radios sole cadente sequi.*[305]

28.   "Prima dies aderat, noto neque colle sedebat,
       "Arbor item vidua est, nec via pressa pede est:
       "Altera praeteriit, neque rivum visit amoenum,
       "Deseruit campos, hospite sylva caret.

29.   "Tum vero exsequiae: in bustum moerente caterva
       "Vidimus elatum tardius ire domum:
       "Tu precor accedas (nam scis legere) et lege carmen
       "In lapide incisum, quem rubus ille tegit:"

TITULUS.

30.   Hic caput in terra juvenis componit, ut infans
       In gremio matris: Fama siletque genus.
       Pulchra suis oculis humili Doctrina favebat,
       Quem tamen adscivit pallida cura suum.

31.   Largus opis cunctis fuit idem pectore puro,
       Pro meritis cui sors reddidit aequa vicem:
       Veris (quam potuit) lacrymis solatus egenos
       Repperit ex votis Omnipotentis opem.[306]

32.   Ne tamen ex adytis virtutes promere quaeras,
       Neu vitia in lucem ferre tegenda velis;
       Huc metus inclinat, partem spes fertur in illam:
       At propria de re judicet ipse Deus.

---

[305] Gray originally placed this verse to follow stanza 25, but later omitted it. Of the four translators who included it, three (Colton, Hickie and Pycroft) placed it one stanza later, presumably to complete the time sequence (dawn, noon, evening) suggested by previous verses; while Dodwell placed it one stanza later than the others.

[306] Alternative version:

Qui miseris lacrymas pro se solatia fudit,
    Hunc datus ex votis juvit amicus ope.

DODWELL, Henry John, 1826-1900.

His version appeared as *Gray's Elegy in Latin and English. Translated by Henry J. Dodwell, M.A., Oxon. Broadmoor Criminal Lunatic Asylum, June 12 1882* (privately printed, London, 1884). The only copy found is in the Bodleian Library. The quality of his translation and versification places him among the better translators.

Certainly the most eccentric of the translators, Dodwell's career had an orthodox beginning at Exeter College, Oxford, followed by ordination and schoolteaching. His headmastership at Colyton Grammar School ended in 1875 when the roll of pupils fell to one.[307] His next post, as chaplain to Brighton Workhouse, ended in dismissal – against which he petitioned in the Court of Appeal. The failure of his case seems finally to have unhinged him, resulting in his attempt to shoot the Master of the Rolls – with a pistol loaded with a blank charge. Tried for attempted murder, he was found guilty but insane. He spent the rest of his life in Broadmoor Asylum – where a fellow inmate was Dr W.C. Minor, an important contributor to the *Oxford English Dictionary*.

---

[307] In 2006, however, it was named National Co-educational School of the Year.

35. ROBERT BRUCE KENNARD, 1892.

ECLOGA GRAIANA.
In Coemeterio.

'Nec verbum verbo curabis reddere fidus
Interpres; nec desilies imitator in arctum,
Unde pedem proferre pudor vetet, aut operis lex.'
Hor. A. P. 133-5.

1.   VESPERIS aera sonant pereuntis damna diei;
       Mugit iter flectens per juga longa pecus:
    Ipse domum serus segni pede pergit arator,
       Mi tenebras linquens et loca sola foris.

2.   Jamque oculos fallunt sensim sublustria rura;
       Subrepitque auris altior usque quies;
    Ni qua soporiferum volucris rotat aere gyrum;
       Tinnitusque piger sopit ovile procul;

3.   Auditurve canens hederosae e culmine turris
       Ad lunam maestum devia carmen avis;
    Incautus si quis latebrosa cubilia propter
       Arcani rumpat jura vetusta laris.

4.   Has prope nodosas ulmos, taxique sub umbra,
       Putris ubi multo cespite terra tumet,
    Cella quemque sua compostum rite perennis
       Somnus avos pagi, rustica secla, tenet.

5.   Non Aurora ciens Zephyros et odoribus halans,
       Nec quae e straminea garrit hirundo casa;
    Non galli canor argutus, resonansque per agros
       Buccina, eos rursus surgere coget humo.

6.   Illis non iterum focus ardens igne calescet;
       Vespere non uxor sedula carpet opus;
    "En reditum patris" non jam balbutiet infans;
       Oscula nec cupide turba minuta feret.

7.　　Illorum quoties cessit seges aurea falci,
　　　　Duraque versa gravi vomere gleba fuit;
　　　Ut laeti latos agitabant plaustra per agros;
　　　　Robora quot valida procubuere manu.

8.　　Utilium hanc seriem tu ne aspernere laborum,
　　　　Quem titulis tumidum nomen inane trahit:
　　　Delicias cave contemnas obscuraque fata,
　　　　Simplicia illa quidem pauperis acta casae.

9.　　Jactat avos si quis, magnaeque insignia Famae;
　　　　Formae si quis habet munera, si quis opes;
　　　Omnibus obrepit non exorabilis Hora;
　　　　Restat honos tumuli, Mortis inane decus.

10.　　Nec tamen hos ideo vos insimulate, Superbi,
　　　　Quod tumulis Pietas marmora nulla locet;
　　　Alae ubi porrectae templi caelataque fornix
　　　　Laudis provolvunt ingeminantque melos.

11.　　Num titulis urnae inscriptis et imagine viva
　　　　In sua lapsam animam membra referre potes?
　　　Succendat cinerem num Gloria voce silentem?
　　　　Morte rigentem aurem mulceat arte Dolus?

12.　　Fors et in hac demum neglecta sede repostum,
　　　　Coelesti praegnans cor prius igne cubet;
　　　Regna manus habiles sceptro tenuisse potenti,
　　　　Attonitam aut pulsu sollicitasse lyram.

13.　　Musa sed historias non illis tradidit amplas,
　　　　Nec dedit annales evoluisse suos;
　　　Frigore ferventes aestus frenavit Egestas,
　　　　Ingeniique pigro flumina larga gelu.

14.　　Oceani caeca caligine mersa sub antris,
　　　　Luce nitens rara, plurima gemma latet:
　　　Plurimus in sylvis flos natus suave rubescens
　　　　Fallit, et incultum spargit odore nemus.

15.　　Rusticus agresti qui restitit ante Tyranno
　　　　　Hampdenus pagi spesque decusque sui;
　　　Miltonus jaceat tacitus, Cromvellus et alter,
　　　　　Ast insons patrii sanguinis iste cubet.

16.　　Intenti plausum voce excivisse senatus;
　　　　　Paenarum et Fati temnere mente minas;
　　　Ridentes Cererem per campos spargere; Plebis
　　　　　Vultibus historiam cernere posse suam,

17.　　Sorte negatum illis: sed quae fuit invida laudi,
　　　　　Sors eadem vetuit longius ire nefas;
　　　Nec sivit per caedem aliena capessere regna,
　　　　　Pacis et occlusas usque tenere fores;

18.　　Conscia nec veri compescere corda catena,
　　　　　Candida purpureus ne notet ora pudor;
　　　Luxuriae et tumidi cumulare altaria Fastus
　　　　　Ture quod incendit lampade Musa pia.

19.　　Lite procul vesana urbis, turbaque forensi,
　　　　　Contentus parvo vivere in orbe suo,
　　　Qua secreta tulit fallentis semita vitae,
　　　　　Valle ut in umbrosa, quisque peregit iter.

20.　　Rite reposta tamen ne quis violaverit ossa,
　　　　　Exilis quamvis, tollitur ecce lapis,
　　　Qui versu incompto, sculptisque sine arte figuris,
　　　　　"Des modo lacrymulam, praetereasque", roget.

21.　　Ista sepultorum quae nomina signat et annos,
　　　　　Musa satis Famae suppeditare potest;
　　　Sparsaque multa dedit sacrato e codice dicta,
　　　　　Quae doceant melius rustica corda mori.

22.　　Praeteritae quemnam tenuere oblivia vitae,
　　　　　Dulcis ut hoc animae triste gravetur onus?
　　　Linquere quis tulerit calidi loca laeta diei,
　　　　　Quin semel, excedens, flexerit ora retro?

23.   Spiritus hinc abiens de pectore pendet amanti;
      Lumina egent lacrymis, nubila morte, piis:
   Ex imo vocem emittit Natura sepulcro;
      Ardet adhuc solitis ignibus ipse cinis.

24.   Quod si quis de te, qui sic sine honore jacentum
      Versibus acta memor qualiacunque refers,
   More tuo secum solitus perpendere multa
      Solivagus, fuerint quae tua fata, roget:

25.   "Vidimus hunc quoties," canus fors dicat Agrestis,
      "Per nebulas vixdum se retegente die,
   "Jam pede festino teneros detergere rores,
      "Purpureumque jugis anticipare jubar.

26.   "Idem illic patulae recubans sub tegmine fagi,
      "Radicem informem quae erigit ecce solo,
   "Membra die medio stratus, sic lentus in umbra
      "Hauribat murmur praetereuntis aquae.

27.   "Ad nemus inde vagans, risu mussabat amaro
      "Nescio quae mentis somnia vana suae;
   "Vel miser errabat, ceu desolatus et exspes
      "Quem cura aut fallax conficiebat amor.

28.   "Mane erat, ast illum non vidi in vertice collis,
      "Gramine nec campi, nec sua fagus habet:
   "Altera lux oritur; non ille ad flumina nota,
      "Non dorso clivi, nec nemora inter, erat.

29.   "Tertia subsequitur; tristi comitante caterva
      "Supremam elatum vidimus ire viam.
   "Huc ades, et scriptum, facile est tibi, perlege carmen,
      "Quod veterem ad spinam continet iste lapis."

Epicedium.

30.   Hic recubat gremio Terrae omniparentis alumnus;
        Ignotus Famae, pauper inopsque fuit:
      Adspexit placido nascentem lumine Musa,
        Curaque delegit jam comitem inde suum.

31.   Larga manus, simplexque fides, sed largior ultro,
        Libera dona ferens, retulit ipse Deus:
      Pauperibus pauper lacrymam largitus, Amicum
        (Quod solum optabat) repperit ille Polo.

32.   Ulterius tu virtutes, tu desine culpas
        Ex adyto augusto promere velle suo:
      Illic spe pariter, pariterque timore latescant,
        In Patris arcano non retegenda sinu.

————————————————

KENNARD, Robert Bruce, 1824-1895.

His version appeared as *ECLOGA GRAIANA, Latine Reddidit Robertus B. Kennard, M.A., e Coll. Di. Joh. Bapt., Oxon; Rector de Marnhull, Dorset* (Oxford, 1892). It contains a number of borrowings from the versions by Macaulay, Latham and Pycroft.

After St. John's, Oxford (3rd class Lit. Hum.), Kennard was ordained. He held the living of Marnhull, Dorset, from 1858 until his death. He was also a well-known breeder of short-horn cattle. He produced around 20 publications, mainly on theological controversies, over the period 1850-1892, including: *The Declaration of the King's Supremacy, the Magna Charta of the English Churchman's Freedom* (1854); and *The Admission of Jews into Parliament, the Subversion of the British Constitution. A Plea for the Maintenance of our National Christianity* (1855). While his titles suggest an ultra-conservative churchman, they also include two publications protesting against the 'persecution' of the controversially liberal *Essays and Reviews*, where his protests were aimed to defend the radical theologian, H.B. Wilson, his much-admired Oxford tutor. In addition to tackling Gray, he published a Latin anthology, *Arundines Sturi, sive Eclogæ ex Mureto, Buchanano, Aliisque Recentioris Aevi Poetis* (1878).

36. SIDNEY GEORGE OWEN, 1898.[308]

MORS SOLA FATETUR QUANTULA SINT HOMINUM CORPUSCULA.[309]

.

1. Increpuere tubae morientia lumina Phoebi,
    mugitu lento deserit arva pecus.
    ecce domum repetit tardo pede tardus arator;
    cuncta manent nocti tradita, cuncta mihi.

2. pallida jam sensim rerum obscuratur imago,
    iamque silet toto sancta sub axe quies;
    erigitur nisi qua culicum fuga concita bombis,
    tinnulus et distans sopit ovile sonus;

3. perque hederas nisi qua ferali a culmine bubo
    ad lunam questum fertque iteratque suum,
    erravisse per haec secreta umbrosa protervos,
    mutaque sacrilegos regna aperire pedes.

4. en prope nodosas ulmos taxique sub umbra,
    marcida qua putri caespite turget humus,
    compositi angustis, bona turba sine arte, sepulchris
    pagani aeterna pace fruuntur avi.

5. his non Panchaei mane afflabuntur odores,
    stramineave ales sub trabe Thressa canet:
    non liquidus galli cantus sub luce ciebit,
    elicientve humili cornua clara toro.

6. non focus accensis adoleverit ignibus umquam,
    sedula nec serum traxerit uxor opus;
    non blaesus patris ad reditus occurrerit infans,
    non genua insistens oscula rapta feret.

7. saepe quidem messes horum sub falce crepabant:
    saepe infringebant vomere segne solum.
    quam laetus tauros urgebat in arva colonus!
    vi valida quotiens proruit ille nemus!

8. i nunc, tolle animos et honesto illude labori:
    sors parca agricolis gaudia parva dedit.
    quamquam gente tumes, posito nunc accipe fastu
    quae sint acta inopum pauca brevisque labor.

---

[308] The original does not break the text into verses, but each quatrain matches Gray's equivalent stanza. For the convenience of the reader stanza numbers have been inserted by the editors.
[309] Juvenal, *Satires*, 10, 172-3.

9.   an prosunt fasces, longaeque per atria cerae?
      divitiae pereunt, forma caduca perit.
    omnibus exspectatur ineluctabilis hora:
      gloria, te propter mortis adimus iter.

10.   nec, qui te iactas, vitio nunc verte sepulchris
      quod pius his tituli non tribuatur honor;
    qua per vasta adyti laquearia perque columnas
      laudantur numeris carminibusque dei.

11.   num Parii lapides, num vivida possit imago
      ad solitas animam nunc revocare domos?
    nil taciti Manes plebis praeconia curant:
      blanditias, o Mors, surda rigensque fugis.

12.   avius' hic forsan condat sinus ossa perempti,
      igneus ingenii cui prius ardor erat:
    is poterat fasces sellamque implere curulem,
      vividaque is sacrae fila movere lyrae.

13.   contigerat numquam doctas perdiscere chartas,
      rerum quasque dies longa profundit opes:
    namque animi vires ignava repressit egestas,
      pectoris ardorem continuitque gelu.

14.   scilicet inmensis pelagi caecisque cavernis
      lumine candenti plurima gemma micat.
    scilicet urbe procul natus flos saepe rubescit,
      desertisque locis spirat inanis odor.

15.   quis scit an Arpinas dominis hoc rure pusillis
      acriter obstiterit contuderitque minas;
    Vergiliusque aliquis sine laude et honore recumbat,
      Sullaque non patriae sanguinis ille reus?

16.   hi plausum attenti poterant captare senatus,
      despicere et luctus exitiique metum;
    aut patriam cornu laetam ditare benigno,
      vel populi ex voltu facta probare sua.

17.   dis aliter visum. neque sola coercita virtus,
      criminibus raris area parva data est.
    sceptrorum cupidi spissa non caede madebant,
      non fessos venia destituere viros.

18.   non cura his tegere ad verum nitentia verba,
      non premere ingenui signa pudoris erat:
    non luxus cumulare aras fastusque superbi
      ture, quod Aonius foverat igne focus.

19.   sed procul a turpi rabidae certamine turbae
      quaerendi modici nominis ardor erat.
    nescio qua positi gelidis sub vallibus Haemi
      explebant vitae tempora muta suae.

20.   at rite exiguis tituli stant cuique sepulchris,
      qui famam servent ossaque lecta virum:
    quippe rudes versus ac signa informia poscunt
      ut lacrimae detur praetereuntis honor.

21.   rustica musa annosque refert ac nomina signat:
      hos elegos meruit gloria parva tamen;
    carminibusque pii sacris didicere bubulci
      qua sine fraude mala detur ad astra via.

22.   numquis adhuc animo tam surda oblivia passus
      heu dulcem vitae liquit amaritiem,
    quin ubi deficerent prope templa calentia lucis
      dilectos gemeret respiceretve locos?

23.   fas caris umbra gremiis labente foveri:
      fas lacrima spargi lumina lassa pia:
    clamat et e tacitis hominem vox orta sepulchris,
      et solitos ignes cana alit usque cinis.

24.   te qui mente vacas memori sine honore peremptis,
      et tenui cantu tenuia facta refers,
    forsitan exstiterit secum qui singula lustrans
      te quoque respiciat fataque summa tui.

25.   nempe senex aliquis sparsus per tempora canis
      "vidimus hunc," dicet, "saepe oriente die:
    "saepe citis pedibus rores verrebat oberrans,
      "ibat et ad clivos ille videre diem.

26.   "et modo nutantis recubans sub tegmine fagi
      "(radices miras altius arbor agit)
    "ille iacebat iners medio iam lumine solis,
      "et rapidae scatebras aure legebat aquae:

27.   "adque nemus, ridens inter fastidia, mentis
      "delicias caecis edidit ore sonis:
    "et modo pallebat qualis spe fractus inani
      "aut demens curis utque repulsus amans.

28.   "mane erat: hunc frustra noto sub colle petebam;
      "non saltus usquam, non solita arbor habet;
    "non prope consuetum retegit lux postera rivum,
      "non reducem caespes, non nemora ipsa cient.

29.   "altera mox pompa tristi cantuque tubarum
       "viderat efferri funera lenta dies.
    "perlege, namque potes; breve sustinet ista columna
       "carmen, spinarum quam vetus umbra tegit."

ELOGIUM.

30.   Hic caput in terrae pectus demisit amicum,
       Cui Fortuna parum Famaque nota, puer:
    nascenti laribus parvis Sapientia risit:
       nascentem sibi habet tempus in omne Dolor.
31.   largus opum puros e pectore protulit aestus,
       praemia reddebant pro quibus ampla dei:
    nam lacrimam dederat miseris, ea sola potestas:
       contigerat fidus, spes ea sola, comes.
32.   parce sed ulterius pueri tu quaerere laudes,
       parce ciere Orci non bene facta domo.
    istic spe trepida sopita favilla quiescit,
       et Patris in gremio dormiet usque Dei.

OWEN, Sidney George, 1858-1940.

The translation was included in S.G. Owen & J.S. Phillimore, *Musa Clauda, Translations into Latin Elegiac Verse* (Oxford, 1898). It was not reprinted.

The son of an Oxford don, Owen studied at Balliol, where he won undergraduate Latin prizes, and later followed his father in becoming Student and Tutor at Christ Church, a post he held from 1890 until his retirement in 1926. His obituary described him as 'a great Latin scholar with a special affection for the Elegists'. His publications include editions of books of Juvenal's *Satires* and of Ovid's *Tristia*. *Musa Clauda* was written in collaboration with his pupil, Professor J.S. Phillimore. His obituary suggests a certain affinity with Gray, recording that his long-planned complete edition of Juvenal 'never saw the light, a magnum opus sacrificed to the fastidious and exacting standards of his scholarship'.

Times obituary

37. JOHN WILLIAM SHERINGHAM, 1901.

GRAIANA ELEGIA.

Doctiores praevenere, humilis sequor.

1.   Murmure jam lento pecudes per prata vagantur;
      Percutit aes custos; lux peritura, vale!
    Mox casulam repetit tardo pede fessus arator;
      Nox ruit et superest nox mihi sola comes.

2.   Nunc oculos fallit, rerum pallescit imago;
      Mystica pax omnes occupat; aura silet,
    Ni circumvolitans scarabaeus lene susurrat,
      Tinnula sopitas vis procul ambit oves.

3.   Est ubi se plorans hederato ex culmine bubo
      Indignata vocat te, vaga luna, deam,
    Improbus antiquas si vult turbare latebras,
      Semotasque procul sollicitare domus.

4.   Stant nodosae ulmi, nemorosaque brachia taxi,
      Illic terra putris plurima gleba tumet;
    En commisit humo fratres gens prisca sepultos,
      Et vici proceres comprimit arcta domus.

5.   Aura redit nunquam quae thus spiravit odorum;
      Carmine hirundineo culmina flava carent.
    Stridula vox galli, resonantes cornua silvae
      Illum humili nequeunt exagitare toro.

6.   Ah! non ille foci lambentes aspicit ignes,
      Praeparat uxoris sedula cura nihil.
    Haud redit, haud unquam balbutit parvula "salve",
      Invidus in gremio basia nescit amor.

7.   Heu quoties prodit pingues messurus aristas
      Falcifer, et duram findit arator humum;
    Quot juga lenta boum laetans deduxit agrestis,
      Silvaque verberibus fortiter icta ruit.

8.   At si magna petis parvorum respice curas,
        Sorte vel obscura gaudia digna latent;
    Sive placent regum turres ne sperne tabernas;
        Est brevis est simplex fabula pauperies.

9.   Gloria nil prodest patrum nil summa potestas;
        Quicquid opes addunt pulchraque forma perit.
    His quoque finis adest; omnes coguntur eodem;
        Mille vias ineant, una coronat opus.

10.   Parcite vos proceres culpae, si forte sepultis
        Pauperibus desit neu tribuatur honos;
    Ordine qua nexo surgunt fastigia tecti,
        Qua laudes iterant templa canora Dei.

11.   Paene animam spirat marmor, perscribitur urna,
        Exanimes memorat, vivificare nequit.
    Fingimus haud meritas laudes; heu munus inane!
        Mors silet, humanam surda recusat opem.

12.   Forte sub ignoto compostum cespite vatis
        Cor prius instinctum caelitus igne jacet;
    Dextra habilis regno ni sors vetuisset iniqua,
        Aut raptam afflatu vivificare lyram.

13.   Pauperibus clausa est veteris sapientia mundi,
        Divitias aevi non monumenta docent;
    Frigida paupertas, raperet quum nobilis astus,
        Comprimit, haec sistit flumina triste gelu.

14.   Saepe per oceani purissima gemma latebras
        Emicat, irradians antra profunda jubar;
    Per deserta suum flos jam spiravit odorem,
        Fallit et effuso saepe rubore perit.

15.   Terruit impavidum pectus non ira tyranni
        Ruricolae, vindex noscitur ille domi.
    Si vel spreta silet, vox est bene nota poetae,
        Sive aliena rapit regna, cruore vacat.

16.   Sunt quibus attonitum detur captare senatum,
      Pauperies nihili est visa, levisque dolor.
  Sunt quorum imperio fas sit ditescere regnis,
      Discere quod populi gaudia plena docent.

17.   Hoc fortuna vetat, quorum virtutibus aequos
      Et vitiis fines sors bene fausta dedit,
  Et pede sanguineo regum conscendere sedes,
      Claudere quas aperit pax benedicta fores.

18.   Saepe reluctantes vexat mens conscia pravi,
      Et secreta pudor novit et erubuit.
  Urget prava alios augere superbia fastus,
      Hos adversa nequit Musa vocare suos.

19.   Hos procul urbs fremitans populique ignobilis aestus
      Nil movere; dedit sors potiora domi;
  Semita fallentis vitae semotaque vallis
      Umbriferos pedibus pandit utrinque sinus.

20.   Ossa tamen spreti ni forte injuria fastus
      Irrumpat, simplex commemoravit amor.
  Versibus incomptis haec saxum informe precatur,
      Si vel pauca fleas siste, viator, ait.

21.   Sculpsit Musa rudis titulos summamque dierum,
      Actum'st – vixerunt – hic fuit unus honor,
  Hic et ubique tamen celebrant pia verba sepultos,
      "Quod docet ipse locus, Rustice, disce mori".

22.   Sors ea qualis erat! cui muta oblivia curas
      Addebant animae deliciasque simul.
  Quis potuit moriens non respexisse retrorsum,
      Et dixisse, "sat est; lux abit; hora, veni."

23.   Nititur amplexu tenero moriturus, in ore
      Quum fallunt oculi lacrima fusa madet;
  Sic memor e medio clamat natura sepulchro,
      Ipsa nec insolitis ignibus ossa calent.

24.   Visne ignotorum non immemor esse, Viator?
      Si quis adit mirans, "sors tibi qualis erit?"
   Fabula narratur; de te narrabitur ipsa,
      Quae fuit emeritis haec tibi certa manet.

25.   Forte senex annos veteris revocabit amici,
      "Quum jam mane novo rore madebat ager,
   "Hic pede carpsit iter rorem verrente diurnum,
      "Sole oriente fuit solis et ipse comes.

26.   "Sole ardente jacet veteris sub tegmine fagi;
      "Stirpibus innexis umbra fit atque torus.
   "Occupat alta quies, placidatque incuria mentem,
      "Fluminis in leni murmure totus inest.

27.   "Nunc voluit spissam prope silvam forte vagari,
      "Et prae contemptu risus in ore fuit;
   "Palluit aut vultus quasi desperantis amorem,
      "Incubuit miseris sortibus ipse miser.

28.   "Tandem mane refert vestigia nulla retrorsum;
      "Flumen, ager solitus collis utrinque vacant.
   "Advenit silvas alius pes flumen agrosque;
      "Ille mihi ignotus noster amicus abit.

29.   "Nec mora; triste agmen per jugera sacra vagatur,
      "Defletum meritis fletibus assequitur.
   "Incisum lapidi est carmen: quae prompta legenti,
      "Sculpta sub antiquo perlege verba rubo."

[EPITAPH.]

30.   Hic jacet ignotus, cui nil praeclara juventus
      Addidit, et mundi fama negavit opes.
   Insipiens, humilis, crevit juvenisque senexque;
      Vivum ascripserunt tristia fata sibi.

31.   Cor fuit huic simplex, et quicquid habebat egenis
          Haud parcus tribuit dives amore Dei;
      Ille dedit lacrimas; Deus his respondit Amicus;
          Nec potiora valet, nec potiora cupit.

32.   Parce, viator, adhuc si vis censere sepulti
          Virtutes culpas quas tegit atra domus;
      Seu bene sit meritus, seu non, spes anxia solvit;
          Vult Pater in gremio condere cuncta Deus.

SHERINGHAM, John William, 1820-1904.

The translation was published as *Graiana Elegia, by J.W. Sheringham, M.A., Archdeacon and Canon of Gloucester. For Tewkesbury Abbey Restoration* (Gloucester, 1901). It was not reprinted. A few typesetting errors have been silently corrected in our edition.

Sheringham was an undergraduate at St. John's College, Cambridge, before he embarked on his long clerical career, which was mainly in Gloucestershire. He was Archdeacon of Gloucester, 1881-1902, and Canon Residentiary of the Cathedral, 1889-1904. His son had been vicar of Tewkesbury Abbey when major restoration was needed. Sheringham was active in fund-raising for the project – though we have found no record of the proceeds generated by the *Elegy*. His other publications include pamphlets on the taxation of the clergy and on education.

Times obituary

38. WILLIAM A. CLARKE, 1903.[310]

ELEGIA GRAIANA
IN COEMETERIO RURALI SCRIPTA.

'Sunt lacrimae rerum et mentem mortalia tangunt.'
Verg. *Aen.* I. 462

1.   ULTIMA delapsi sonuerunt signa diei,
      Errat mugitu turba per arva boum,
    Defessisque domum gradibus pervenit arator:
      Nox ruit; et tenebris solus inane colo.

2.   Quae nuper plane nunc vix bene cernere possis,
      Aurae etiam lugent et manet alta quies,
    Praeterquam lente qua incedit cantharis ales,
      Et dulci sonitu rure vagantur oves.

3.   Ni modo qua tristes exercet noctua cantus,
      Ad lunam ex hedera multa dolore querens,
    Quod sint errantes et qui sua tecta propinquent
      Seclusa et vexent regna vetusta sua.

4.   Haud procul a taxo nodosae et frondibus ulmi
      Qua tumulis multis accumulatur humus,
    Ecce ubi in angusta cella nunc quisque recumbit
      Mulcentque incultos somnia semper avos.

5.   Nec blandae Aurorae flatus nec garrula hirundo
      Stramineo tecto carmina mane canens,
    Nec galli cantus strepitu nec bucina clara
      Unquam turbabunt hos humilesve toros.

6.   Dormitant; nunquam curabit vespere nupta.
      Dormitant; nullo luceat igne focus.
    Heu! fesso suboles occurret nulla parenti
      Complectens genua et basia grata petens.

---

[310] Clarke's extremely idiosyncratic punctuation has been silently edited wherever appropriate, often bringing it closer to that of Gray.

7.   Falcibus illorum segetes persaepe cadebant,
        Gleba et in autumno vomere fracta fuit,
    Laetitia quanta duxere per arva jugales,
        Ictibus et quantis silva ruebat humi.

8.   Nec licuit cuivis humiles ridere labores,
        Sortesve obscuras exiguasve domos,
    Nec licuit parvos contemptu audire superbis
        Pauperis aut fastos ludificare jocis.

9.   Pompae quae jactant, quae jactat magna potestas,
        Quaeque dedere et opes formaque pulchra dedit,
    Cuncta manent horam mortalem munera mundi,
        Finemque in cinerem cursus Honoris habet.

10.   Nec vos dotati parvis adscribite culpam
        Quod forte in tumulis nulla reperta nota,
    Ut saepe in templi speciosi *moenibus*[311] altis
        Laudis cum puris invenienda sonis.

11.   Quis revocare animam fugientem quid simulacrum,
        Quae nunc ad vitam fictilis urna potest,
    Num plausus possint mulcere silentia mortis
        Frigora num tristis mollia verba queant.

12.   Sedibus his aliquis placidis fortasse recumbit
        Qui forti ingentes pectore habebat opes,
    Qui poterat terras magnas constringere habenis,
        Aut populo lyricis dulce placere modis.

13.   Plena oculis autem doctrinae pagina nunquam
        Aevorum spoliis est patefacta frui,
    Pauperie saeva est conclusus nobilis ardor,
        Vinxit et ingenium frigida bruma gelu.

---

[311] 'maenibus' in original.

14. Saepe latent gemmae; speluncis ecce profundi
    Invenies imis; sic sine luce nitent.
  Floribus est multis sors tristis munera fungi
    Duro qua nullos limine odore juvent.

15. Hic etiam jaceat paganus forte tyranni
    Qui poterat ruri vir prohibere nefas,
  Aut aliquis cupiens fama perscribere dignum
    Seu quod vicinos dulce poema juvet.

16. Non datur attenti laudes audire senatus
    Illis, nec damni temnere posse minas,
  Non datur in terris large dispergere fruges,
    Nec populi laeti sollicitare preces.

17. Ferrea sors culpas angusto limite clausit,
    Ingenium et vetuit longius ire bonum;
  Caedibus ad regnum vetuit procedere virtus,
    Claudere laetitiae vel prohibere fores.

18. Nec licuit veri conatus condere duros
    Qua patuit simplex ingenuusque pudor,
  Addere divitibus nummos et dare superbis
    Carmina dum Musis sunt numerata simul.

19. Indignis turbae pugnis iraque remoti
    Contenti paucis ambitione carent,
  Exigere innocue vitae tranquilla juvabat,
    Passibus et lentis quisque tenebat iter.

20. Haec tamen a damnis defendant pauperum ut ossa
    Cernere nunc etiam signa caduca potes;
  Versibus incultis rudibusque ornata figuris
    Poscunt ut sistas et lacrimare monent.

21. Nomina et aetates scripta hic sine lege videnda
    Famae quae possint suppeditare locum,
  Multaque funduntur de sancto verba libello
    Ruricolam ut doceant qua ratione mori.

22.   Quinam tam vitae carae oblitique suorum
      Omnes vel placidos deposuere dies,
  Audentes hilarem blandamque relinquere lucem,
      Nec flexere oculos (nec cupiere) retro.

23.   Quivis delecto moriens confidit amico,
      Flagitat et lacrimas hora suprema pias,
  Nec non de tumulo naturae audita querela,
      Haud solitis flammis maesta favilla caret.

24.   Te, defunctorum vero qui nunc memor esses
      Quorum fabellam carminibusque refers;
  Solus si meditans nullo comitante propinquus
      Sub silvas aliquis, quae tibi fata, roget,

25.   Forte senex adeat qui tarde sic memorabit:
      "Saepius hunc poteram mane videre novo
  "Spargentem gelidos passim rapido pede rores;
      "Sole oriente etiam sub juga montis erat.

26.   "Illic antiquae recubans sub tegmine fagi
      "Quae quoque radices altius arbor agit,
  "Stratus humi segnis media de luce jacebat,
      "Tristitia aspectans qua fluit unda loquax.

27.   "Nunc juxta silvas ut qui derideat ille
      "Errabat solus quae meditata loquens,
  "Nunc miser ut posset nullam sperare salutem,
      "Aut quem curae aut quem saepe momordit amor.

28.   "Venit lux juvenem cum frustra monte requiro,
      "Nec viridi campo neve sub arbore erat;
  "Altera lux oritur, sed nunc vestigia nulla
      "In silvis solitis sunt patefacta locis.

29.   "Exsequias eheu tristes lux proxima spectat,
      "Longo processu funeris ecce via.
  "Huc ades; et, cum sis doctus, percurre legendo
      "Saxo sub veteri carmina ficta rubo."

EPITAPHIUM.

30. Gramineo hic juvenis campo nunc membra quiescunt,
     Fortuna et fama vae miser ille procul,
Munera se puero doctrinae pauca parabant,
     Cura et confectus tristior ille fuit.

31. Contulit ille animo sincero dona benigne,
     Et Pater omnipotens praemia magna dedit,
Donavit miseris lacrimas, nec plurima posset,
     Et datur e caelo (quod sibi vellet) amor.

32. Sed neque sit nobis virtutes pandere dignas,
     Errores contra nec meminisse decet,
Quae recte fecit vel quae male tota paterno
     In gremio restant spe trepidante Dei.

––––––––––––––––––––––––

CLARKE, William Ambrose, c.1841-1911.

Clarke's version appeared as *Elegia Graiana in Coemeterio Rurali Scripta, Latine Reddidit Willelmus A. Clarke (Recensuerunt Amici)* (Oxford, 1903). It must have been a private publication: the only copy we have found is in the Bodleian Library. As the title suggests, Clarke was conscious of being an amateur among experts, expanding on this theme in his prefatory note: 'me in annis jam provectum juventutis studia hoc modo renovare juvabat, et ... vereor ne in hoc munusculo non paucis offendare maculis.' He received a rather patronizing notice in *Notes & Queries,* 10th series, i, pp. 58, 59 (1904).

Clarke is one of the few translators not to have had a university education, nor to have been a schoolmaster or clergyman. The son of a clergyman, he became a solicitor in Chippenham and held the office of Mayor. He was also a botanist and published *First Records of British Flowering Plants* (1897). He probably produced the translation during his retirement in Oxford.

39. ULRIC GANTILLON, 1928.[312]

ELEGIA APUD TUMULOS PAGANOS COMPOSITA.

1.   LUGUBRIS admonitus superantes increpat umbras,
     Mugit grex, lentus flectit iter per agrum;
  Languidiore domum gressu procedit arator,
     Nil manet in mundo, nil nisi nox et ego.

2.   Ultima nunc oculis abolet se linea rerum,
     Iamque omnem requies aera sacra tenet,
  Ni gyros edit mussanti blatta volatu,
     Tinnituque procul mulcet ovile sopor;

3.   Qua dat turritos hederosa ruina recessus
     Auditur Phoebae strix meditata queri:
  Sunt qui non prope secretas errare latebras
     Nec priscum regnum sollicitare timent.

4.   Sub scabris ulmis illis, taxique sub umbra,
     Plurima qua putri caespite busta tument,
  Angusta in cella iacet aeternumque iacebit
     Quisque pater vici rusticus atque rudis.

5.   Flamina turiferi venti, vox prima diei,
     Procnes sub tecti stramine lingua loquax,
  Cornua venantesque, argutaque buccina galli,
     Ex humili nequeunt plus cito ferre toro.

6.   Non his ara flagrat, non iam focus uritur ardens,
     Sedula nec curam vespere nupta ciet:
  Non referunt blaesa redeuntem voce pusilli,
     Scandentesve genu basia rapta legunt.

7.   Heu, quoties olim sata falce secantur eorum,
     Difficili teritur vomere gleba tenax;
  Quam genialis equos impellit arator in arva!
     Bracchia quam valide robora curva dolant!

8.   Utile tam studium, plebeiae gaudia sortis,
     Ludibrium ne gens ambitiosa putet;
  Tollite contemptum, proceres, risumque procacem,
     Historia est simplex pauperis, atque brevis.

---

[312] The original does not break the text into verses, but each quatrain matches Gray's equivalent stanza. For the convenience of the reader stanza numbers have been inserted by the editors.

9.   Stemmata nobilitas cui pompa superbia fastus,
        Omnia cui dederint gratia luxus opes,
    Dira manet tandem hora et ineluctabile tempus:
        Unica honoratis meta in honore mori.

10.   Illane, patricii, culpandi causa videtur,
        Quod memor his statuat nulla tropaea manus?
    Fornice marmoreo monumentum grande sepulcri
        Non hic, non doluit nenia tristis eos.

11.   Effigiesne animosa animum revocare fugacem,
        Urnave clara potest, qua fuit ante domo?
    Num cinerem stimulant tacitum praeconia laudis?
        Funera blanditiis quis domuisse valet?

12.   Fors ibi neglegitur caelesti praeditus igni,
        Fors et queis deerant nomen et omen opis;
    Auspicio fausto digni ditione fuissent,
        Vividaque attonitae pellere fila lyrae.

13.   Musa tamen voluit celare volumen opimum,
        Quo magis atque magis scribit ut hora fugit;
    Magnanimum vetuit Penuria nuda furorem,
        Ingenii cursum bruma gelabat iners.

14.   Sub maris immensi caligine, luce serena
        Pura super pretium plurima gemma latet;
    Plurimus ingratum desertum ditat odore
        Et rubet invisus flos ubi nullus homo.

15.   Qui fuit agresti velut alter Ahala tyranno,
        Hic iacet; impavida vir pietate fuit:
    Aemulus infelix, pariter, sine voce Maroni,
        Hic insons patrio Sulla cruore novus.

16.   Erectos captare patres plausumque senatus,
        Despicere aerumnaeque exitiique minas,
    Fertilitate soli ridentem spargere terram,
        Annales populi posse vocare suos,

17.   Virtutes passa est non solum limite tales
        Crescere, sed docuit sors cohibere nefas;
    Noluit imperio per corpora caesa potiri,
        Humano generi mitia iura premi;

18.   Conscia percepti certamina condere veri,
        Atque pudicitiam dissimulare rubram;
    Qui fieret fastu trux luxuriosa Camena?
        Quis velit incensum tus violare sacrum?

19.   Insano procul a vulgo, rixaque profana
        Nunquam plura graves appetiere sibi;
    Semotam vallis placidi sine sole, sine aestu,
        Uno pergebant usque tenore viam.

20.   Haec vel ab opprobrio fragilis tutela pedestri
        Erecti iuxta protegit ossa rogi;
    Versibus incomptis decorata et imagine turpi
        Corde vibrat subito lene ministerium.

21.   Inculta arte legas quis sit, quot vixerit annos:
        Hoc decus obscuris haec elegia viris;
    Passim scalpta piis suadent sanctissima verba
        Agricolis mortem conciliare bonam.

22.   Cedere quis poterat iucundae taedia vitae
        Mutus et imprudens, anxietate carens,
    Nec desiderio sua lumina linquere longo
        Haerebant hilaris fervida templa poli?

23.   Immo suppeditat moribundo fidus amorem,
        Suppeditat lacrimas fidus amore pias;
    Mortuus ex tumulo vivoque simillimus urget,
        Et candere velut flamma favilla solet.

24.   Tu qui praeteritos obscuros laudibus ipse
        Ornas, et numeris facta sine arte refers,
    Mens studiosa tuae similis si forte requiret,
        Quae tandem fuerint ultima fata tibi,

25.   "Solis ut exciperet primum iubar", inquiet olim
        Albior upilio cui nive barba senex,
    "Saepe fuit nostri quaerentem acclive viretum
        "Cernere per rores accelerare pedes;

26.   "Illic sub fago varios quae stipite nodos
        "Implicat, eque alto nutat ad ima coma,
    "Laxius extensum medio fervore diei
        "Perspicua rivi garrulitate frui.

27.   "Nunc iuxta nemus hoc errat fastidia ridens,
        "Effrenata animi mobilitate fremit;
    "Nunc ut inops vagus est languescens pallidus exspes,
        "Ceu trepidus cura, quemve fefellit amor.

28.   "Lux erat, hunc frustra solito sub colle manebam,
        "Hunc frustra filices, arbor amata manet;
    "Altera adhuc; aberat quaerens acclive viretum,
        "Nec fuit ad rivum, nec fuit ante nemus;

29.   "Tertia; rite choro lessum cum tibia habente
      "Effert in maestam pulla caterva pyram:
      "Qui potes, huc ades, et tituli lege marmore puro
      "Qua tegit inscriptas spina vetusta notas."

[EPITAPH.]

30.   *Hic posuit caput in gremio Telluris amicae*
      Regibus ignotus divitibusque puer;
    Donarunt humili natalia dona modestae
      Musae, Tristitiae filius unus erat.
31.   *Largus erat bonitate, anima sincerus in omni;*
      Praemia largiri sic voluere dei:
    Omne suum miseris lacrimam dabat, omne cupitum
      Praebuit Omnipotens numen, amicitiam.
32.   *Cetera quae fuerint merita ultra quaerere noli,*
      Parce, precor, morum si qua fuere malis;
    Utraque sunt tremulo merita et mala pignore Patri
      Cognita, sunt una condita corde Dei.

GANTILLON, James Ulric Innes, 1881-1934.

Gantillon's only verse publication was the sixteen-page *Elegia apud Tumulos Paganos Composita, and Other Versions* (Oxford, 1928). At the end of the poem Gantillon added the date: 'A.D. IV. Kal. Iul. MCMXIV' [28th June 1914]. The interval between the composition and publication dates makes one wonder whether he saw the translation as his elegy for the generation of young men killed in the First World War.

Gantillon showed a precocious gift for languages, and eventually acquired proficiency in at least a dozen beyond Latin and Greek. A classical scholarship took him to Keble College, Oxford, where his wide interests took him beyond the classics and towards near-eastern languages. His greatest speciality was Syriac, and in 1926 he published his revision of W. Jennings's *Lexicon to the Syriac New Testament*. He held the post of Chief Reader in Oriental Languages at the Oxford University Press from 1923 until his death – and achieved something of a proof-reading tour de force in the publication of the *Festschrift to Professor F.L. Griffith*, where the text involved 11 languages including Egyptian hieroglyphics. His linguistic gifts were almost matched by his musical ability, both as performer and composer: at one time he was training for a career as a concert pianist.

Times obituary

40. HERBERT LIONEL DRAKE, 1934.[313]

A Version in Latin Elegiacs.

1.   In numerum sonat aes; moritur lux sera diei;
        Mugit, iter flectens segne per arva, pecus;
    Gressu tecta petit sua tardo fessus arator;
        Omnia nigrescunt; hic moror unus ego.

2.   Protinus ex oculis mihi rus sublustre recedit;
        Aethera complevit relligiosa quies;
    Ni peragit gyros stridenti cantharis ala,
        Tinnitusve procul sopit ovile sonus:

3.   Aut illic, hederis qua stat circumdata turris,
        Perstitit ad lunam noctua maesta queri,
    Si prope secretam sedem quis noxius errat;
        Nempe illic regnat noctua sola diu.

4.   Nodosae videas ulmi taxique sub umbra
        Aggeribus curvis putre tumere solum:
    Hic recubant, pagum qui, gens rudis, ante colebant,
        Perpetuo in cellae limite quisque suae.

5.   Mane novo fragrans aura invitabit, hirundo
        Stramineam circum garrula mane casam;
    Clara canet gallus, reboabunt cornua; at illi
        Non poterunt humiles deseruisse toros.

6.   Non focus ardebit flammis, non amplius uxor
        Illis pensa domi sedula nocte trahet;
    Non iam blaesa patri reduci ruet obvia proles,
        Nec genua amplectens oscula grata petet.

---

[313] The British Library copy is a presentation copy from Drake to Falconer Madan, formerly Bodley's Librarian. It contains a number of pencilled notes and alterations which do not appear to be in Drake's hand but may be by Madan. We have not included them here.

7. Saepe reluctantes fregerunt vomere glaebas;
   Saepe illis cessit falce resecta seges.
   Quam laeti per agros sua plaustra agitare solebant!
   Quam valida pinus decidit icta manu!

8. Ne fortuna latens, opus utile, gaudia vitae
   Simplicia agrestis sint tibi, Magne, ioco;
   Neve breves fastos temnas cum risibus, Appi,
   Parvula dum Mopsi pauperis acta legis.

9. Hi titulos iactant, placet his speciosa potestas,
   Hos superi forma divitiisve beant:
   At restat leti non evitabile tempus
   Omnibus; ad Stygios fert Via Sacra lacus.

10. Neu vitio hoc illis tu verte, Metelle, sepulcrum
    Quod memori signant nulla tropaea nota,
    Sicubi per laqueata tholi, per longa fororum,
    Carmina laudantum congeminata sonant.

11. Num lapis inscriptus signumve e marmore vivum
    Decedentem animam restituisse potest?
    Num potis est cineres accendere gloria mutos?
    Morte hebetes auris mollia verba iuvant?

12. Fors aliquis positus neglecto hoc caespite subter
    Aetherii gravidus numinis igne fuit;
    Posset Alexandri qui sceptra tenere, vel Orphei
    Pollice vocalem sollicitare lyram.

13. Non ita; non illis collatas mille per annos
    Pierides gazas evoluere suas:
    Pauperies studium compressit frigida famae;
    Mens riguit; glacie sic vada laeta rigent.

14. Multos perspicua radiantes luce lapillos
    Antra tenent caeci non adeunda maris;
    Multa rubet nulli rosa conspicienda; per auras
    Ambrosius vacuas perditus exit odor.

15. Forsitan hic iaceat qui pectore fortis agrorum
        Restitit iniusto, Cassius alter, ero;
     Qui tacuit, vates inglorius, Ennius; aut qui
        Civili nullo sanguine Sulla madet.

16. Sors illos vetuit plausum movisse senatus,
        Angorum spretis exitiique minis;
     Ridentem terram pleno conspergere cornu;
        In populi laudes dispicere ore suas.

17. Nec modo virtutes sors praefinivit adultas;
        Vix tribuit sceleri criminibusque locum:
     Non illis genti per terras parcere nulli,
        Non iter ad regnum scindere caede datum est;

18. Non enisurum sub pectore condere verum,
        Conscia ne tingat culpa rubore genas;
     Non ope Musarum cumulare, ut turibus aras,
        Lucullos blandis Aemiliosque modis.

19. A rabie vulgi certaminibusque remoti
        Turpibus errandi non habuere sitim:
     Per vitam veluti per devia frigora vallis,
        Carpebant tacitam, sobria corda, viam.

20. At brevia hic, ne quis malus ossa sepulta profanet,
        Edita tutelae stant monumenta loco,
     Quae satis incompto versu rudibusque figuris
        Sculpta viatores illacrimare iubent.

21. Nomina (namque illis elegeia famaque desunt)
        Aetatisque annos ars male docta notat;
     Plurimaque inscribit vatum praecepta sacrorum,
        Rusticus ut mortem discat obire Cato.

22. Num quis enim vitam, quam longa oblivia mergant,
        Deposuit, multis gaudia mixta malis,
     Nec semel obtutu fixus cupidusque morandi
        Respexit laeto quae loca sole calent?

23.   Quis sibi praesentem non vult moriturus amicum,
      Non lacrimas visu deficiente pias?
   Morte obita vel adhuc hominum est optare priores
      Affectus: cineres, qui fuit, igne tepent.

24.   Expertes laudis vixerunt: versibus istis
      Tu memor illorum facta modesta refers.
   Quid si quis secum reputans mortalia solus
      More tuo sortem vult didicisse tuam?

25.   Dicet fors aliquis, cano iam crine colonus,
      "Vidi illum quotiens exoriente die!
   "Solem excepturus resupini in vertice montis
      "Calcabat propero roscida prata pede.

26.   "Aspice contortis fagum radicibus illam,
      "Quae vetus obliquas tollit ad astra comas;
   "Illic saepe die medio per gramina fusus
      "Quae strepit unda fugax despiciebat iners.

27.   "Errabat silvam ridens contemptor ad istam,
      "Nunc mussans animo quae vaga cunque putat,
   "Nunc, veluti curis amens, pallentibus exspes
      "Vultibus, aut qualem fallit inanis amor.

28.   "Venit forte dies, cum non declivia collis,
      "Non solitam fagum, non mihi prata petit:
   "Altera lux oritur; sed non requiescit in herbis
      "Ille, nec in silva, nec prope flumen adest:

29.   "Postera lux; tristis resonat dum nenia, lentum
      "Funus ad extremos vidimus ire rogos.
   "I, lege (namque potes) sculptum quod carmen obumbrant
      "In lapide antiqui brachia densa rubi."

[EPITAPH.]

30. *Hic caput in gremio telluris rite reponit,*
      Fortunae et Famae nescius ipse, puer.
      Stirpe humili natum tamen alma hunc spernere Pallas
      Noluit, elegit Melpomeneque sibi.

31. *Ampla fuit bonitas, sincerum pectus; et amplum*
      Pro meritis pretium di tribuere boni:
      Quod potuit, lacrimas miseris largitus, amicum,
      Quod voluit, divum munere nactus habet.

32. *Virtutes pueri pluris exquirere noli;*
      E latebris culpas promere parce; nefas:
      Nam pariter, trepidus nec spe sine, facta reliquit
      Omnia caelestis condita corde Patris.

DRAKE, Herbert Lionel, 1873-1958.

Drake's translation, privately published and bearing the dedication 'Amicis', appeared as *Gray's Elegy Written in a Country Churchyard. A Version in Latin Elegiacs* (Oxford, 1934).

After a degree at St. John's College, Oxford, and a decade as a schoolmaster, Drake was appointed a fellow of Pembroke College, Oxford, in 1907 – where he remained for the rest of his life. He was a dedicated and respected classics tutor until 1950, serving as Senior Tutor from 1912 and Vice Gerent from 1922. His special interests were Horace and Thucydides but, beyond the *Elegy* and the words of a Christmas carol, we have been unable to trace any other publications by him.

Times obituary

41. PERCIVAL ROBERT BRINTON, 1938.[314]

Fallentis Semita Vitae.[315]

1. VESPERTINA diem luget campana cadentem:
     Mugit iter flectens segne per arva pecus.
   Fessa domum repetens vestigia figit arator,
     Sic mihi sic tenebris terra relicta jacet.

2. Subtrahitur visu facies vix lucida ruris:
     Omne regit caelum numine plena quies:
   Stridenti nisi forte volutat cantharis ala,
     Tinnitusve procul septa sopore capit.

3. Statque hederis etiam turris, ceu veste, revincta,
     Unde querens moestae vox strigis astra petit,
   Si quis in has gressu latebras errante remotas
     Audeat antiquum sollicitare larem.

4. Rugosis obtecta ulmis, taxique sub umbra
     Aggeribus crebris herba friata tumet.
   Hic atavos pagi, per cellas ossibus artas
     Dispositis, somnus tempus in omne premit.

5. Hos non Aurorae vox almos flantis odores:
     Non resonum cornu: gallus acuta loquens:
   Nec quae stramineo sub culmine garrit hirundo
     Ex humili poterit nunc relevare toro.

6. His focus accepto non amplius igne calebit;
     Vespere non uxor sedula ducet opus:
   Nec patris ad reditum current blaeso agmine nati,
     Aut genua ascendens oscula quisque petet.

---

[314] When using the conjunction 'que' Brinton has usually separated it from the preceding word. The editors have silently joined it in all occurrences.
[315] Horace, *Epistles* i. 18, 103, 'An secretum iter, et fallentis semita vitae': 'Or a secluded journey along the path of a life unnoticed'.

7. Saepe induratam sulcabant vomere glebam,
    Saepe tulit messem falce resecta Ceres:
    Urgebant hilari quam voce per arva iugales!
    Sternitur ut validis ictibus omne nemus!

8. Hos tu frugiferos, Caesar, ne sperne labores:
    Sortem humilem, parvae gaudia pura domus:
    Nec tenues fastos nec vilia pauperis acta
    Tu, Dives, risu despiciente legas.

9. Imperii hic specie, titulisque superbit avitis:
    Forma decorque illum, divitiaeque iuvant.
    Omnibus at fati stat ineluctabilis hora:
    Famam ubicunque petas, mors tibi meta viae.

10. Neu quis in hos fastu culpandum obiectet inani
    Nulla memor posuit si monumenta manus,
    Qua sub fornicibus sculptis longasque per alas
    Numinis ad laudem carmina sancta sonant.

11. Elogium urna ferens, ducti de marmore vultus –
    Haec animam in corpus non revocare valent!
    Quae rigidas leto laus blanda emolliet aures?
    Qua cineres mutos voce ciebit honor?

12. Forsitan hic recubat sento cor gramine tectum
    Quod quondam aetherio foverat igne deus;
    Imperii fortasse manus sceptrique capaces,
    Aut quae aurem raperent arte lyraeque sonis.

13. Pandit at his nunquam sua vasta volumina Clio
    Ditia praeteriti temporis exuviis.
    Pauperies aestum generosaque corda repressit,
    Stringit uti Boreas flumina viva gelu.

14. Plurima mille trahens purissima gemma colores
    Nascitur in tenebris antra per ima maris:
    Plurima sorte sua rosa per loca caeca rubescit,
    Perditur et vacuo flamine suavis odor.

15.   Fors jacet hic qui pectus agresti forte tyranno
        Opposuit, partes ipse Catonis agens:
    Aut alius Brutus – patriae sed sanguinis insons,
        Aut – cui lingua tamen lausque negata – Maro.

16.   Intentas mentes plausumque ciere senatus,
        Despicere exitii saevitiaeque minas,
    Ridentes per agros largas effundere fruges,
        Dum resonant laudes grata per ora virum –

17.   Contigit his nunquam: sed, quae constrinxit honestos,
        Sors poterat mores et cohibere malos,
    Clade vetans petere imperium factisque cruentis,
        Supplicis et miseri iura negare preci.

18.   Celarint alii quod mens sincera fateri
        Certat, et ingenuo monstrat in ore rubor:
    Extulerit vates perverso carmine luxum,
        Tureus ut templis igne levatur honos:

19.   Turba procul male sana fori certamina pravi
        Gesserit – his placuit sobria vota sequi.
    Sic per agros virides ducens vallesque remotas
        Confecit tacito vita tenore viam.

20.   Hos autem cineres ne quis manus impia vexet,
        Tenuia vicino stant monumenta solo.
    Hic versusque rudes, visuque informia signa
        "Unam des lacrimam praetereasque" rogant.

21.   Cuique suum inscribens nomen, quot vixerit annos,
        Hanc famam, hos elegos rustica Musa dedit.
    Ipsa simul passim sacra carmina fundit, agrestis
        Integer ut vitae discat obire diem.

22.   Lethaeos quis enim fato demissus ad amnes,
        Anxia cum vitae grataque deposuit,
    Non semel, has linquens geniales luminis oras,
        Pectore quaesivit respiciente moram?

23.   Confugit ad fidi gremium moriturus amici:
       Clausa piam lacrimam lumina morte merent:
    Ex ipso emittit vocem natura sepulcro:
       Nos cinerem factos insitus ignis alit.

24.   De me, qui memorans defunctos vate carentes
       Versibus incomptis rustica gesta cano,
    Si quis, consimili meditatus pectore Musas,
       "Quas illi sortes fata tulere?" roget;

25.   Canescens aliquis fors respondebit agrestis:–
       "Scilicet ante oculos saepius ille meos
    "Mane novo madidam visus properare per herbam
       "Ut iubar in celsis solis obiret agris.

26.   "Aspice ut annosas nutans de culmine fagus
       "Radices miris torquet in alta modis!
    "Illic stratus iners medio iam sole iacebat
       "Inspiciens rivi dulce loquentis aquas.

27.   "Nunc vagus ad silvam, simulans fastidia risu,
       "Ambages varias labra per arta dabat:
    "Nunc veluti curis cassove agitatus amore
       "Molitur miseram pallidus ore viam.

28.   "At lux illa venit, qua nec virgulta vagantem
       "Nec iuga nec iuvenem fagus amata videt.
    "Altera adest: non ille tamen loca sueta revisit:
       "Absentem silvae, rivus, agrique dolent.

29.   "Tertia rite gradu lento cantuque lugubri
       "Lux notat ad fanum ducere funus iter.
    "I, lege, – nec labor est – quae carmina vepris ad imum
       "Incisa artificis fert lapis ille manu."

ELOGIUM.

30. Hic noscas iuvenem, famaque opibusque carentem,
     In terrae gremio deposuisse caput.
   Urania obscuris natalibus alma favebat,
     Et propria infixit pectore signa Dolor.

31. Candidus ille animae, largiri munera suetus:
     Reddidit exaequans praemia larga deus.
   Numine dante precum compos sibi norat amicum:
     Cetera inops, lacrima Tristitiam coluit.

32. Ne merita ulterius, ne quaere recludere culpas,
     Neve arcana dei sic violanda putes:
   Spe tremula pariter virtusque errorque quiescant
     Qua Pater amplexu condit amante suos!

———————————————

BRINTON, Percival Robert, 1873-1958.

His translation appeared as *Fallentis Semita Vitae, A Rendering into Latin Elegiac Verse of Gray's Elegy Written in a Country Church-Yard* (Oxford, 1938). In his introductory note Brinton pays homage to Munro, but states that his own version 'has been made without consulting any other versions', and hopes that it 'may lead the reader, as it has led the writer, to a fresh appreciation of the beauties of the original.'

An almost exact contemporary of Drake (and an undergraduate at Balliol College, Oxford, adjacent to Drake's St. John's), Brinton flirted briefly with the law before embarking on a career as a clergyman. He served in India, as chaplain to E.J. Palmer, Bishop of Bombay, whose biography he later wrote. Returning to England in 1911, he held incumbencies in Colchester, Hambleden and Darlington before returning to Oxford in 1947. As well as religious works, Brinton published four volumes of Latin verse, including translations of Lewis Carroll's *The Hunting of the Snark* (1934) and Wordsworth's *Intimations of Immortality* (1951). He was, briefly, a first class cricketer, playing one match for Worcestershire in 1904.

42. CLAUDE BLAKELEY ARMSTRONG, 1972.

ELEGEA.

A Version in Latin Elegiacs.

1.   Extinguenda perit morientis flamma diei;
        Iam per opaca boves stabula rura petunt;
    En repetit tardo tectum pede fessus arator,
        Solus et in tenebris incola linquor ego.

2.   Iamque oculi speciem nequeunt distinguere ruris,
        Sollemnique aures voce quietis hebent;
    Solus et in tenebris muscarum bombus abundat,
        Tinnituque tacens mulcet ovile sopor.

3.   Sed tamen auditur, lunae sub luce maligna,
        Vox strigis, ex hederis turris, operta gemens,
    Indignata aliquos pedibus violare paterna
        Regna, ubi sola suum rexerat usque locum.

4.   Ulmorum ramis tecti, taxique sub umbra,
        Caespite quo modico gramina fulta tument,
    Claustro quisque suo, passi sine fine quietem
        Maiores recubant, pristina saecla patrum.

5.   Floribus his frustra redolens Aurora redibit
        Eque casis frustra voce ciebit avis;
    Incassumque tubam canibus venator, alauda
        Ruricolis cantus eriget; hique silent.

6.   His non suscipiet sua munera vespere coniunx,
        Splendebit non his ignis, ut ante, foci;
    Non vocem subolis rediens pater audiet umquam,
        Amplexusque suos, oscula cara dabit.

7.   Saepe sua segetes Auctumni falce metebant,
        Findebant rigidum vomere saepe solum,
    Ictubus ah! quotiens quercus cecidere securis
        Vox et aratoris laeta ciebat equos.

8. Anne humilem agricolae spernit fortasse laborem,
      Sortem contemnens, ambitiosa cohors?
    Pauperis annales rident fortasse tyranni;
      Paupertas laudes ridet et ipsa ducum.

9. Gloria maiorum, maiestatisque superbae
      Fastus, divitiae, forma venusta, decus,
    Cuncta manent finem non exorabilis horae,
      Porta triumphalis ducit ad inferias.

10. Neve velitis ad hos humiles ascribere culpam,
      Vos proceres, quod non marmore busta nitent
    Factave grandiloquo clamant sermone sepulcra
      Qua resonant laudes templa per alta Dei.

11. Anne potest cursus vitae descriptus in urna,
      Marmore vel facies sculpta referre potest
    Vitam defuncto? Surdo quid laudibus auri,
      Quid vox et cineri dicere blanda potest?

12. Forsitan hic humili requiescat lene sepulcro
      Cor olim praegnans caelitus igne Dei,
    Vox quae coelestis potuisset carminis auctor
      Esse, vel armipotens, imperiique capax:

13. Heu! dedit his oculis numquam Doctrina libellos,
      Gloriaque his mundi divitiaeque tacent.
    Frigida paupertas contraxit nobile pectus,
      Fluminis ingenii constitit unda gelu.

14. Nimirum! Oceani vastae pretiosa cavernae
      Gemmarum occulta fragmina luce tenent,
    Quotque rubent flores nullo spectante colorem
      Perdunt; in siccis interit omnis odor.

15. Forsitan hic iaceat vici defensor, ut olim
      Ausus ruricolis tradere Gracchus agros,
    Ignotusque Maro famae requieverit alter,
      Vel purus patriae Sulla cruore suae.

16. Fata senatorum plausus audire negabant
     Hostilesque manus spernere et insidias;
     Divitiis hilares non delectare Quirites
     Fors erat, eque oculis discere fata virum.

17. Rustica virtutes adolescere vita vetabat;
     Sed crescens vitium non potuere pati;
     Inque potestatem non surgere caede suorum
     His licuit, veniae claudere posse vias.

18. Profuit his non signa tegi rubicunda pudoris;
     Emergens veritas non reticenda fuit;
     Gaudia Musarum (secus atque superbia vellet
     Uti, vel fastus) dona dedere deis.

19. Sobria non fines petiit transire voluntas,
     Quas praeter rixas aemula turba movet;
     Perque sequestratam vallem transisse placebat
     Vitae, quam praedae litibus esse fori.

20. Ne violarentur tandem datur ossa sepulcrum
     Haud procul a domibus, quo potuere sui;
     Illic inculto versu, rudibusque sigillis
     Busta rogant lacrimae praetereuntis opem.

21. Signis inscriptus paucis vix nomina narrat
     Atque annos titulus, quem vice laudis habent,
     Additus et forsan versus pius, editus olim
     Sancta e scriptura, quo didicere mori.

22. Quisnam laetitiarum adeo fuit immemor aevi
     Huius ut ex vita laetus abire velit,
     Linquere vel posset radiantia templa diei
     Neve retro aspiciens dicere velle "Vale" ?

23. Avet in amplexu moriens requiescere noto
     Spiritus, et lacrimis ossa carere dolet.
     Naturae marcens vox non silet, eque sepulcro
     Nescio quo cineres igne priore rubent.

24.   Sed tu, qui memoras illorum his versibus aevum
        Atque humili musa rustica fata canis,
    Si quis forte rogat de te qualisque fuisti,
        Fortunae meditans solus et ipse vices

25.   Nescio quis fortasse senex, albisque capillis
        "Heu" referet "Quotiens nos oriente die
    "Vidimus hunc iuvenem, madido pede rore, per arva
        "Sole salutantem jam redeunte diem.

26.   "Illic saepe fuit, stratus sub tegmine fagi
        "Qua radix ingens amplificata viget,
    "Securus, medios cursus ubi Phoebus agebat,
        "Aspiciens rivi praetereuntis aquas.

27.   "Hunc alias per eam silvam nos vidimus ipsam
        "Mussantem curas, tristitiaeque sonos,
    "Languentem, curvum, visu pallente, dolentem,
        "Vel quasi vexaret non bene sanus amor.

28.   "Sed tandem atra dies venit, qua cernere frustra
        "Quaesivi; vacui collis et arbor erant,
    "Desertusque locus: tum venit et altera; nusquam
        "Conspicitur solitis pristinus ille locis.

29.   "Tertia tum funesta vices Aurora parabat.
        "Lente, cum maesto carmine fertur onus,
    "Perque sacrum callem portatur corpus humandum.
        "Sculpta ibi sub taxo marmore verba lege!"

EPITAPHIUM.

30.   In gremio terrae quidam iuvenalibus annis
        Ignotus famae divitiisque iacet.
    Victima tristitiae vixit; Doctrina sed illum,
        Quamquam humilem natu, non negat esse suum.

31.   Prodigus ipse suorum, anima quoque candidus; aequa
      Ditavit iuvenem condicione Deus.
    Ille dedit lacrimam, solum quod munus habebat
      Tristitiae; Coeli munus amicus erat.

32.   Nolite ulterius meritum reperire, vel Orco
      Noscere de diro non bene facta viri.
    Quae bona quae mala sint dubia spe mitte sepulta;
      In gremio restant iudicioque Patris.

———————————

ARMSTRONG, Claude Blakeley, 1889-1982.

This, the last published translation, appeared as *Thomas Gray's Elegy in a Country Churchyard: A Version in Latin Elegiacs* (privately printed in an edition of 125 copies, Leeds, 1972). The only copy we have found is in the Bodleian Library.

An Irishman and classical scholar at Trinity College, Dublin, Armstrong was ordained in the Church of Ireland in 1913. He was headmaster of Cork Grammar School, and Warden of St. Columba's College, Rathfarnham (founded 80 years earlier as a High Church public school by the brother of the *Elegy* translator Henry Sewell). The headmastership of St. Andrew's College, Grahamstown, South Africa, 1934-1938, was followed by a further spell in Ireland. His last four decades were spent in England, mainly in Worcester where he was a canon of the Cathedral. As Warden of Worcester Ordination College, he was remembered with affection and respect for his gifts in training late ordinands. He published books on history and philosophy, and a translation of Aeschylus's *Persae*.

43. DONALD GIBSON, 2001.

1. Cedentem Phoebum vox aeris signat ab axe,
    Grex ovium balat taede trans rura vagantum,
    Cara ad tecta redit lassus sed laetus arator,
    Atque mihi linquit maesto orbem et noctis opacis.

2. Longius haud oculis nunc arva umbrata videntur,
    Flamina sollemni caelo tacuere quiete,
    Per tenebras nisi adhuc volitat cum murmure blatta,
    Tinnitusque procul suaves praesepia placant;

3. Exsequiale et strix hederata cantat ab arce
    Carmen, deplorans lunae tristissima et astris
    Incomptos homines subeant qui ad condita tecta
    Sollicitantes ingrate sua regna vetusta.

4. Sub veteri fago, taxis et subter opacis
    Qua cumuli signant persaepe sepulcra tabentes
    Accipiunt vici patres aeterna soporem;
    Perpetuo torus est illis angustaque cella.

5. Fragranti flatu jam non Aurora vocabit
    Illos a stratis, volucris nec carmina fundens
    Stramineis domibus, gallus cornuve ciebit
    A somnis iterum, gnavissimus usque quiescet.

6. In penetralibus non illis iterabitur ignis,
    Vespere non renovabit opus carissima coniunx;
    Non pueri dulces hodie excipiunt bene patrem
    Nec cupidi poplites scandunt dum basia quaerunt.

7. Saepius illorum falci cessere segetes,
    Persaepe et duram fregerunt vomere glebam;
    Ah! quoties laeti pellebant pondus aratri!
    Ictibus et validis silvarum ligna metebant!

8.   Ambitiosi ne ludant haec parva laborum,
    Gaudia pauperiei durae, miserandaque fata;
    Neu videat dives contemptim pauperis acta;
    Non generosorum est fastos tempsisse pusilli.

9.   Hi gaudent atavis, alios recreatque potestas;
    Multus homo censu forma luxuve superbit;
    Stat sua cuique dies et ineluctabilis hora;
    Praesignesque viri tantum spatiantur ad umbras.

10.   Parcè inopes igitur tu deridere superbe
    Quod non haec laute memorantur nomina bustis
    Qua per templa Dei carmen sonat usque canorum,
    Omnipotentis qua semper melos auget honores.

11.   Num revocare animas possunt ad pectora vitae
    Dempta urnae insignes, simulacrum reddere flatus?
    Credimus haud laudis voces audire silentes;
    Aure bibit non mors tristis blandissima verba.

12.   Sternitur hac forsan mens in statione relicta
    Ardescebat quae quondam fervore verendo,
    Hic sceptrum tenuisse capax vir forte repostus,
    Scribere vel decantandos testudine versus.

13.   Contigit haud illis veteres cognoscere chartas;
    Temporis antiqui numquam legere poetas;
    Res angusta domi mentem lugubre repressit;
    Ingenio posuit glaciem crudelis egestas.

14.   Multi sunt lapides radiis et lumine puri,
    Quos retinent ponti latentes usque cavernae;
    Plurimus est numquam visus flos, ille rubescit
    In tesquis ubi nequiquam defundit odores.

15.   Forte Cato agrestis jacet hic qui pectore firmo
    Obstitit imperio domini crudelis agrorum;
    Voce carens hic Vergilius quis forte sepultus,
    Et civium haud hostis saevus Catilina suorum.

16.   Numquam inopis lingua est facili regnare senatus,
Exitii angorisque minas contemnere amari,
Vultibus in populi sua fata videre beate,
Sors vetuit; pariter rus ditavisse renidens.

17.   Eminuisse his haud igitur virtute licebat;
Nec solum bonitas, eadem sunt crimina vincta;
Numquam per caedes regno potuere potiri,
Nec victis veniam miseris retinere valebant.

18.   Surgere luctantis veri celare dolores
Non fuit illorum, nec castum ursisse pudorem;
Non venerati sunt Musas ut carmine dulci
Captarent homines pravos et turpe tumentes.

19.   Insanae plebis certamine semper amoti
Officio functi vitas sine labe petebant;
Rusticus a campis raro aut pietate vagatur;
Pristini tacitum conservat sic iter aevi.

20.   Nunc et mnemosynon multum consurgit in alta
Defendat quod conviciis haec ossa sepulta;
Versibus incultis sordenti in marmore Musa
Rustica clementem suspiria poscit euntem.

21.   Hic versus humiles sculpti in caelamine crudo;
Nomen et aetas stant inopi pro laudibus aequis;
Incompti et vates monitus posuere sagaces,
Erudiant qui paganos sua fata subire.

22.   Quis quamvis durus libenter cessit ab orbe,
Conferat ut sese ad nigrae confinia mortis?
Difficilis vitae quis gaudia rara reliquit,
Nec desiderio respexit lumina solis?

23.   Corpus destituens animus deposcit amicum
Pectore qui lacrimas morienti fundat inanes.
Vel tumulo tristi liquide natura vocavit;
Exanimatis atque animae mansere favillis.

24.   Ipse tibi qui mente tenes hos laude carentes,
       Historias humiles despectis versibus edo.
       Et solum meditans affinis forte poeta
       Olim fata tui motus pietate requiret.

25.   Tum caput incanus quaerenti rusticus aiat:
       "Saepius Aurora veniente aspeximus illum
       "Dum celeri passu rores a gramine verrit,
       "Saltibus ut soles in celsis ille salutet.

26.   "Illic nutantis grato sub tegmine fagi
       "Quae stirpem a campo sinuatim tollit in alta,
       " Languidus ad solem sua tendere membra solebat,
       "Inspiciens delabentem cum murmure rivum.

27.   "Illud quercetum prope ridens more superbi,
       "Insipientia non nunquam errans ille gemebat.
       "Interdum languens erat et miserabilis usque,
       "Forte fuit victus curis aut maestus amore.

28.   "Mane novo, tandem ad collem non ille progressus
       "Suetum, et abest longe nobis tellureque nota;
       "Aurora veniente iterum rursus manet absens
       "Hoc rivo, silvae nec iam petit ille virecta.

29.   "Nosque recens tandem spectamus corpus amici
       "Per semitam elatum templi cum carmine maesto.
       "Advenias, placeat docto recitare poetae
       "Carmina sub vepri annoso caelata lapillo."

       [EPITAPH.]

30.   In gremio terrae iuvenis caput usque repostum
       Qui non illustris sed pauper vixit in orbe;
       Sanguine vulgari est natus, Musas sed amavit;
       Omnes ast horas vitae miserabile traxit.

31.   Ingenium fuit ille capax, animamque benignus;
       Non relevare potens, lacrimas effudit egenti.
       Munera virtutis clemens Deus apta remisit,
       Solum quod voluit, donavit Divus, amicum.

32.   Virtutes nunc illius recludere parcas
       Longius, et culpas domibus ne duxeris asper
       Obscuris ad quas spe iam fugere trementi,
       Omnipotentis qua gremio patrisque quiescant.

GIBSON, Donald Charles, 1930-2002.

Ironically the last, and the only unpublished, translation, while coming at the end of the stream, is the *fons et origo* of this book. Appropriately (though probably unintentionally), Donald completed it during the 250th anniversary of Gray's original publication. Unlike the majority of the translators, he did not cast his work in elegiac couplets, but adopted the more challenging form, hexameters. In the opinion of the present editors, however, he has certainly matched, if not surpassed, his heavyweight rivals in this form.

In spirit and temperament, Donald was more akin to the earlier than the later translators. He had many of the qualities of a cultivated eighteenth-century gentleman, but lacked a country estate. After Clare College, Cambridge, on a history scholarship, he became an archivist, working first at Lewisham and, for the last 30 years of his career, at the Kent Archives Office at Maidstone. Cultivating his persona as an eccentric bachelor – and maintaining a studied indifference to the principles of modern business organisation – he nevertheless worked with great speed and expertise, producing a series of catalogues of important Kentish archive collections. Subscribing to Dr Johnson's dictum that 'No man but a blockhead ever wrote, except for money', he published little, but his *A Parson in the Vale of White Horse: George Woodward's Letters from East Hendred 1753-1761* reflected his affection for the kindred spirit of a sub Parson Woodforde. Along with a delight in P.G. Wodehouse and Gilbert and Sullivan, he maintained a lifelong interest in Latin literature. The first years of his retirement were spent enjoyably in the project of collecting for publication the *Elegy* translations – which, sadly, has to be completed by other hands.

To provide a fuller picture of Donald, we have included at the end of this volume two memoirs, based on articles by Alan Brownjohn, and by Alison Cresswell and Mark Ballard.

APPENDIX.

PERCY BYSSHE SHELLEY, 1808-9.

EPITAPHIUM.

30.   Hic sinu fessum caput hospitali
       Cespitis dormit juvenis, nec illi
       Fata ridebant, popularis ille
           Nescius aurae.

       Musa non vultu genus arroganti
       Rustica natum grege despicata,
       Et suum tristis puerum notavit
           Sollicitudo.

31.   Indoles illi bene larga, pectus
       Veritas sedem sibi vindicavit,
       Et pari tantis meritis beavit
           Munere coelum.

       Omne quod moestis habuit miserto
       Corde largivit lacrimam, recepit
       Omne quod coelo voluit, fidelis
           Pectus amici.

32.   Longius sed tu fuge curiosus
       Caeteras laudes fuge suspicari,
       Caeteras culpas fuge velle tractas
           Sede tremenda.

       Spe tremescentes recubant in illa
       Sede virtutes pariterque culpae,
       In sui Patris gremio, tremenda
           Sede Deique.

SHELLEY, Percy Bysshe, 1792-1822.

Shelley's translation of the Epitaph was preserved by Thomas Medwin, who published it in his *Life of Percy Bysshe Shelley* (London, 1847). If Medwin is correct in dating it to 1808-1809, while the poet was an Eton schoolboy, Shelley comes second to his fellow Etonian, Robert Langrishe, as the youngest translator. He had already excelled in the composition of Latin verse, and it is disappointing to find that he cribbed almost half of his version from Gilbert Wakefield – perhaps inspiring Medwin's larger-scale later efforts. Wakefield's 24 lines provide 18 borrowings – including the last stanza verbatim. But it is probably unfair to make literary strictures on a 16-year-old who may have been reluctantly delivering his Extra Work. Although extensive translations by Shelley from Latin and Greek have been published, the Epitaph and a five-line schoolboy fragment 'In Horologium' are the only examples of his Latin verse to have survived.

MEMORIES OF DONALD GIBSON

A GENTLEMAN AND A PLAYER.[316]

Alan Brownjohn pays tribute to the archivist Donald Gibson,
dedicatee of his latest poetry collection.[317]

I am short without being diminutive. But I was dwarfed by the bulk of my late school-friend Donald Gibson, archivist, scholar, crazily erratic *bon viveur*. I believe Gibson to have been an unknown giant among men, someone who played out to the full the tragi-comedy of a huge and gifted personality born in the wrong age and without the riches to indulge his eccentricities. But writing that, I already feel mean and simplistic because, in the circumstances, he did remarkably well. He deserves commemoration because his kind of colourful, anachronistic stubbornness is dying out.

His talent for conspicuous oddity showed itself early. At 12 he climbed a tree in the school grounds to avoid games, and there declaimed from memory considerable passages of *Paradise Lost*. Already he knew his Shakespeare, Milton, Johnson, Jane Austen and Dickens back to front; later came his knowledge of Latin and Greek literature (the Greek self-taught). He could provide a reference to suit almost any occasion. 'Out of this nettle danger we pluck this flower safety,' he declared in a house cricket match we were losing, citing Shakespeare's Hotspur as he took the wicket of a well-entrenched batsman with a lethal under-arm spin delivery.

But the flipside of the erudition was an inability to take life in general, and life in the modern world in particular, at all seriously. He thought the twentieth century patently inferior to the eighteenth, in which, with his size, intelligence and crushing wit, he might have cut a truly Johnsonian figure. His clothes pushed regulation school uniform to its limits in their disarray, foreshadowing a capacity for blatant social gaffes and clumsy miscalculations that developed exponentially as he grew up.

In the sixth form he was almost thrown out of school, not for smashing that library cabinet window with the swung rugger boot, but for then enraging a hostile master by remarking on the aesthetic beauty of the curve in the broken pane. Fortunately he was not expelled, and stayed on to win a Cambridge scholarship. He did National Service first, with the army in Hong Kong – where he actually

---

[316] This article first appeared in the *Guardian Weekly*, 6 November 2004.
[317] A. Brownjohn, *The Men around her Bed* (Enitharmon Press, 2004).

became a sergeant (albeit in the Education Corps). He was once found knocking in a tent peg with his rifle butt, but escaped without reprimand. So had even his army superiors recognised an ungovernable spirit?

Cambridge awarded him a good upper second in history, not enough for the academic life in which he might have become a famously strange don. At that point, parental impatience steered him into a period of training to be – an accountant. He spent much more time trying to reduce his golf handicap. Not to be a history don, he would be an archivist. After qualifying, he spent a period working as a librarian – and enjoyed a rare stroke of luck. The local authority was establishing a records office, he was appointed to oversee the work, and he became its first borough archivist. In that role he showed unexpected administrative flair and energy, along with an offbeat kind of pedantic efficiency, and was much appreciated as a bizarre personality by the councillors and the MP [Herbert Morrison], who liked to address him as 'Mr Archivist'.

Eventually he moved on to a much larger county archive, with some hopes of becoming boss. They were not fulfilled: unsympathetic persons wrote him off as just a member of the awkward squad. He began now to diversify the defiant peculiarity of his tastes and habits. The latest Savile Row suit (which he could ill afford) would be embellished with gold watch chain and topped with a deer-stalker. But then, come winter, he might cover everything with a tattered overcoat that a gentleman of the road would have spurned. It had been inherited from a relation, and was worn for reasons of loyalty as much as economy.

But he did watch the pennies scrupulously, wanting to be able to dine the new young women on the archive staff. Misjudged courtesies towards 'the ladies' were his speciality. The words 'Allow me!' invariably presaged some dreadfully wrong gesture. Once, on Snowdon, he chivalrously dropped a large slate on to a puddle to allow my then girl friend to walk across it – and drenched her up to the waist. At a chamber concert I had to haul him back when he started up to help a highly distinguished, but small, lady cellist carry her instrument on to the platform.

The energy and learning he might have put into publishing so much more than a creditable article, on a subaltern in the Peninsular War,[318] and an entertaining edition of a Berkshire cleric's letters,[319] was dissipated in cultivating an image of gentlemanly idleness. Effort of any kind he increasingly affected to despise. He had the ability to do much more, but remonstrating with him about lost opportunities and his not very healthy dependence on pheasant, malt whisky and a bottle a day of English wine just made him more obdurate.

---

[318] 'General Garrett, 1791-1869', *Archaeologia Cantiana*, vol. 81 (1966), pp. 126-135.
[319] D.C. Gibson (ed.), *A Parson in the Vale of White Horse: George Woodward's Letters from East Hendred 1753-1761* (Gloucester, 1982).

Yet his company certainly enabled his circle of friends to live with a little more joyous extravagance. He organised Norfolk Broads holidays where sailing under him as 'Captain' meant daily disasters avoided just in time, followed by lavish apologies to other sailors. Being driven long-distance by him in the old Jaguar, the bull-nosed Morris or the Austin Metro was a nightmare because he scorned maps and road signs and navigated by compass. When his dog died he perpetuated its name by transferring it to his house: 'Shansi' was a Tibetan apso, and because Michael Foot had such an animal, Donald, a lifelong Tory, registered a Labour vote for the first and last time, most incongruously, in the election of 1983. As the years went by, more Wodehousian affectations, or deliberately embarrassing party-pieces, were incorporated into his social behaviour. Waiters at Rule's or Beoty's suffered one perennial joke: dreaded by close friends, it involved ordering a most superior wine, tasting it, clutching his throat, and collapsing backwards with a loud, strangled shriek.

We never dared to ask about the signs of an unrevealed personal sadness. Staying in friends' houses he would wake in the small hours, call out a girl's name, and berate her for betraying him. He remained a bachelor, though friends thought he would have bestowed profound and cranky devotion on any woman with the tolerance to take him on. She would have needed to be, as one friend, John McCormick, remarked, a Mrs Thrale at ease in the world of Blandings.

What is left behind from such a life? Fond memories of the generous eccentricity? Clearly those. Fruits of the scholarship? Yes, but only too few. And yet there was one last, characteristically arcane, achievement. When he died he was working on an edition of all the translations he had unearthed of Gray's 'Elegy Written in a Country Church-yard' done into Latin by English scholars! The collection ends with a translation of his own, which I believe to be as good as any he discovered. The book has been completed by friends, as a tribute to him. I am just so sad that Donald Gibson will not be there accidentally unleashing Bollinger all over the copies just arrived from the press.

AN UNCONVENTIONAL ARCHIVIST.

Alison Cresswell and Mark Ballard remember their colleague and friend.[320]

In an article on the Crimean War commander Lieutenant-General Robert Garrett, Donald Gibson began, 'Antiquarian studies are unjustly neglected by most careerists. Local archives contain much evidence of iron determination to get on in the world, and occasional absorbing glimpses as to how it was actually done ... [Garrett] was clearly a Jones type, the sort that gets on in the world, as against the species Robinson to which most of us belong.' Despite his unusual talents, Donald clearly recognised by then that his own career was unfolding along 'Robinson' lines; and due perhaps to his apparently frivolous attitude towards his own profession, he was never appointed to a managerial position. But above all as a prolific and expert cataloguer, he made an enormous contribution to the archives of Kent. As his career neared its end, it was apparent to a newcomer to the Kent County Archives that the work on its most historically significant collections was then being done by the archivist who took his role the least seriously.

The son of pharmacists, Donald grew up in Lewisham and Petts Wood. He was educated at Brockley County School, where he met his lifelong friends Alan Brownjohn, the poet, and John McCormick. After National Service he took up a history scholarship to Clare College, Cambridge, where G.R. Elton was one of his tutors, but it was the classics, in which he was largely self-taught, which increasingly attracted him. After a false start in accountancy, he attended the archive course at University College London, and for about six years he was the sole archivist in Lewisham Library, where he began to assemble and organize its manuscript collection. In 1962 he joined Felix Hull's staff at the Kent Archives Office and there he remained.

A colleague who joined the Kent Archives in the 1970s remembers her own fascination at watching Donald, at her first tea break, bring out of a battered old music case a porcelain cup, saucer and plate with a linen napkin. While the rest drank mugs of coffee, he enjoyed a civilised picnic complete with home-made cake. He was a connoisseur of several types of alcoholic beverage, becoming an ardent patron of the English vineyard of Spilstead. His reading matter was wide and various: at home almost every wall and surface was covered with books, among which his favourites included Horace, Virgil, Ovid, Dr Johnson, Wodehouse, *Just William*, and *Dear Bill*. He was a long-standing member of the Jane Austen Society, and he would also sing, tunelessly and interminably, from the works of Gilbert and Sullivan. If once, aged 12, he had avoided participating on

---

[320] This is an edited version of the obituary published in the *Journal of the Society of Archivists*, vol. 25, no. 1, 2004

the school games field by climbing a nearby tree, from which he recited passages from *Paradise Lost* to the schoolboy audience that gathered below, he did not evade all sport, and became a keen golfer. Thoroughly at variance with most of the ways of the twentieth century, he absorbed the attitudes of the English gentry of the eighteenth, even some of their habits of speech. He insisted, so far as was reasonable, upon the appendage 'Esquire'. His strong sense of duty, and his belief that figures of authority should be revered, exemplified by his admiration for Captain Bligh, was put into effect in the archive searchroom, where he terrorised members of the public, and it also convinced him of the utter futility of any sort of staff meeting.

Adam Smith may have been another of Donald's mentors. At any rate, there was in Donald a veneration for market forces so profound as to override all archival principles, and also his Cambridge tutor Elton's famous insistence upon the merits of archival research. For Donald, the public benefit to education and research which would accrue from depositing private archives in a public repository could never outweigh his instinct that their financial worth should be exploited to the full. Returning once from one of his regular excursions to stay with family friends in East Devon, he collected from its owners in Wiltshire a small addition to some family papers he had catalogued twenty-five years before. He related, 'The family said it would be about a wine crate-full ... When I collected it they threw in with the deposit a rather nice hand-painted estate map of circa 1740. I said, "Are you quite sure you want the archives to accession this? It could be sold on the open market for quite a respectable sum." But unfortunately they ignored what I said, and insisted on entrusting it to our custody. There was nothing I could say to dissuade them.' His listeners felt obliged to concur that such public-spiritedness had to be deplored. 'Quite so ... In fact I used to say as much to Dr Hull ... that it was well within our means to address our own financial problems, simply by selling off some of our more valuable acquisitions at auction ... But – I don't know why – he never seemed to see the good sense in this. In fact he used to get quite upset ...'

Large, generous, sociable and congenitally accident-prone, Donald seldom ventured out in latter years without his habitual Norfolk suit, brogues, rucksack and deerstalker hat. Thus attired, he would stride to work across Mote Park, his rucksack a receptacle for purchases of gamebirds which often friends might be invited to share (and help to prepare) at the weekends, but which on occasion might be carried around for days until festering odours in the office prompted their rediscovery. At his approach, telephones would suddenly accelerate off desks and clatter to the floor; and while his genial company was welcomed by friends, the destructive effect he was likely to have upon any chair on which he sat was not. His long journeys to cheer hospital-bound friends became legendary: to the dismay of the nursing staff, Donald would disturb the peace of the wards on his arrival by loudly uncorking bottles of vintage champagne.

With time Donald's linguistic, palaeographic and interpretative skills were needed at Maidstone more than ever. But about 1985, a conjunction of health and family difficulties caused him to take semi-retirement. Remarkably, these unpropitious circumstances may even have contributed to him beginning probably the most important work of his life. At this time Nigel Yates, who in 1980 had succeeded Dr Hull as County Archivist, arranged for him to work, mornings only, exclusively upon a catalogue of the extensive personal archives of Lionel Cranfield, Earl of Middlesex, Lord Treasurer to James I, which had come to form part of the accumulations of the Sackville dukes of Dorset at Knole. His talent for pithy, précis-like description, sustained throughout this long difficult project, provided ample evidence – if there was ever any doubt – of his underlying dedication to his craft.

By the 1990s perceived European threats to British sovereignty were causing Donald some distress. Soon after Denmark voted in a referendum against ratifying the Maastricht Treaty, news came that the European Commission had awarded Kent a grant to support a travelling exhibition of archive and museum artifacts. Donald's response was, 'Let us donate it to the sagacious people of Denmark.' When later he voted for the UK Independence Party in the European Parliamentary elections, Nigel Yates told him that he was rowing against the tide of history. 'Ha ha', countered Donald, 'I don't suppose you have read the *Georgics*: they contain a famous simile about a just society resembling a man rowing against the stream.'

Semi-retirement suited Donald. As his 65th birthday approached, he did not want to stop and managed to postpone the evil day by some months. He stayed on at the Centre for Kentish Studies, as it was by then called, until 1996. Some were apprehensive as to how he would settle to retirement, but Donald was unworried, assuring them it was surprising how little occupation a really powerful mind required. At first all went well: as long as he could, he went on playing badminton, improved his classical Greek, and began to edit the Latin translations of Gray's *Elegy*. He continued coming to the archives regularly to join former colleagues for lunch, and he was looking forward to a trip to Italy with old friends to see favourite classical sites. Sadly he was denied this. After a hip operation he was diagnosed with cancer in April 2002, and told by the consultant he had perhaps only six months to live. 'And what is worse', Donald told a friend after receiving this announcement, 'I'm down to my last four bottles of Bollinger!'

Donald rarely if ever admitted to an inner commitment to his work. But maybe he divulged something of his real attitude when he said, 'Of course I'm fading away as an archivist now, and I cannot share Nigel's ferocious addiction to historical study ... All this rummaging through the old bones of the past, it's like mucking about in a charnel-house, a bit morbid. I feel differently about the literature of the past.'

INDEX OF TRANSLATORS

No.	Author [bold indicates *ODNB* entry]	Life date	Publication Date	Career etc.
22A	**Adams, Francis**	1796-1861	1853	Physician & classicist
4	Anonymous [? Evangeli, Antonio]	[1741-1805]	1772	[Poet]
12	Anonymous, 'G' [*Gentleman's Magazine*]		1793	
19A	Anonymous, 'S.N.E.'		1824	
24	Anonymous, c.1860			
26	Anonymous, c.1870			
30	Anonymous, 1876		1876	
1	**Anstey, Christopher**	1724-1805	1762; 1778	Poet
42	Armstrong, Claude Blakeley	1889-1982	1972	Clergyman
16	Barbieri, Giovanni Francesco	1772-?1836	1817	Translator
41	Brinton, Percival Robert	1873-1958	1938	Clergyman
38	Clarke, William Ambrose	c.1841-1911	1903	Solicitor
27	**Cockburn, Sir Alexander James Edmund**	1802-1880	1871?	Lord Chief Justice
18	**Colton, Charles Caleb**	1777-1832	1822	Writer
3, 5	Costa, Giovanni	1736-1816	1772; 1775	Academic
17	Del Bene, Benedetto	1749-1825	1817	Translator
22	Dickinson, Henry Strahan	1810-1896	1849	Clergyman
34	Dodwell, Henry John	1826-1900	1882	Lunatic
40	Drake, Herbert Lionel	1873-1958	1934	Academic
11	Dupré, John	1753-1834	1793	Schoolmaster
39	Gantillon, Ulric	1881-1934	1928	Linguist
43	Gibson, Donald	1930-2002	2001	Archivist
31	Hamilton, Gavin	c.1830-1907	1877	Schoolmaster
19	Hickie, Daniel Bamfield	c.1791-1867	1823	Schoolmaster
20	Hildyard, William	1791-1872	1838	Clergyman
35	Kennard, Robert Bruce	1824-1895	1892	Clergyman
32	**Kennedy, Benjamin Hall**	1804-1889	1877	Schoolmaster
13	Kerr, Nelson	1772-1830	1802	Clergyman
6	Langrishe, Robert	1756-1835	1775	Irish baronet
25	**Latham, Henry**	1794-1866	1864	Clergyman

No.	Author [bold indicates *ODNB* entry]	Life date	Publication Date	Career etc.
2	**Lloyd, Robert**	1733-1764	1762	Poet
21	Macaulay, John Heyrick	1799-1840	1841	Schoolmaster
23	**Medwin, Thomas**	1788-1869	1856	Writer
28	**Munro, Hugh Andrew Johnstone**	1819-1885	1873	Academic
9	**Murphy, Arthur**	1727-1805	1786	Playwright
36	Owen, Sidney George	1858-1940	1898	Academic
33	**Pycroft, James**	1813-1895	1880	Cricketer
14	Queen Elizabeth's Grammar School, Blackburn		1805	
1	**Roberts, William Hayward**	1734-1791	1762; 1778	Provost of Eton
29	**Sewell, Henry**	1807-1879	1875	Premier of New Zealand
37	Sheringham, John William	1820-1904	1901	Clergyman
7	**Wakefield, Gilbert**	1756-1801	1776	Writer
15	Wheelwright, Charles Apthorp	c.1785-1858	1810	Clergyman
10	**Woty, William**	1732-1791	1789	Poet
8	Wright, John	fl. 1784-1787	1786	Poet

LIST OF SUBSCRIBERS

Fleur Adcock
Mark Ballard
Stuart & Ann Bayley
John Birtwhistle
Dr Shirley Burgoyne Black
Penny & Peter Brook
Michael Carter
John Considine
Stanley George Cornford
Alison Cresswell
Brian A. Crowdy
Colin Dexter
John Dexter
Bruno Fagagnini
Elizabeth A. Finn
Dr Gilbert L. Gigliotti
Patricia Gill
John Gilmore
Miss B.M. Griffith-Williams
Professor Estelle Haan
Hugh A. Hanley
Tony Hannan
John Hawkins
Deborah Hedgecock
Alexander Huber
Tim Hudson
Roy Hunnisett
Richard Incledon
Mollie Kennedy
Timothy Kent, F.S.A.
Professor John Killen
Professor Colin Leach
Roger Lonsdale
Leslie Lloyd

R. McCormick
Elizabeth Melling
Clarence H. Miller
Jonathan Morgan
Elizabeth O'Callaghan
Matthew Payne
The Librarian, Pembroke
    College, Cambridge
Peggy Pryke-Lees
David Raeburn
Professor Niall Rudd
Cressida Ryan
Fiona Sampson
Dr Richard Saville
David J. Shaw
Derek Shorthouse
Dr Stuart Shotwell
M.E.L. Skeggs
Godfrey Smith
Valerie Smith
Sylvia & Peter Thomas
Shirley Toulson
Trevor-Roberts School
Charles Harrison Wallace
Heather Warne
Hugh Wilkinson
Jo Wisdom
Alan Wood
Professor Dennis Wood
Kit Wright
Professor Nigel Yates